지역사회에서 마귀의 진을 헐라

C. 피터 왜그너 지음 · 홍용표 옮김

도서
출판 서로사랑

BREAKING STRONGHOLDS IN YOUR CITY

© Copyright 1993 edited by C. Peter Wagner
All rights reserved.
1997 / Korean by Seo Ro Sa Rang
Translated and published by permission

편집자 서문

걸프전 때, 사담 후세인은 스커드 미사일을 발사하고 난 후, CNN 뉴스를 시청하고 나서야 그들이 어디를 폭격했는지를 알았다. 그러나 연합군은 스마트 폭탄을 쏘아 폭격하고자 하는 지점에 정확하게 맞췄다. 이제 그리스도인들은 스마트 폭탄 기도를 시작해야 한다고 나는 믿는다.

본서는 사단의 간계를 폭로하고 성도의 기도 목표를 분명하게 설정하도록 한다. 독자는 본서를 읽고 나면 사단에게 사로잡혀 있는 구원받지 못한 수많은 영혼을 해방시키는 데 일조를 하게 될 것이다. 나는 하나님께서 효과적인 영적전투를 위한 이 강력한 새 장비를 주셨음에 대해 무한히 감사하고 있다.

C. Peter Wagner

차 례

서론 피터 왜그너 13
영적 도해는 세상을 외양대로가 아니라 실제대로 보려는 시도이다.

제1장 영적 도해의 개괄 조지 오티스 19
현재의 모습을 알고자 한다면, 과거를 먼저 살펴보아야 한다. 우리는 우리 지역의 견고한 진의 근원에 대한 수수께끼를 반드시 풀어야 한다.

제2장 가시적인 것과 불가시적인 것 피터 왜그너 45
영적 도해는 우리가 창조주보다 피조물을 영화롭게 하기를 언제 시작했는지 알게 하며, 선한 권세든 악한 권세든 일상생활의 가시적인 국면들 배후에 있는 불가시적인 권세들을 보여준다.

제3장 견고한 진 파하기 신디 제이콥스 69
견고한 진이란 하나님의 지식과 계획에 대항하여 자신을 높이기 위하여 지은 요새이다. 사단은 간교하게도 문화라는 미명하에 자기의 견고한 진을 숨기고 있다.

제4장 예언자적 기도를 위한 영적 도해 쉘 쇡버그 81
우리는 성령 안에서 기도하며 성령으로부터 정보를 얻는다. 그러나 우리는 또한 우리의 이성을 사용하여 기도할 수 있어야 한다. 영적 도해의 기본 개념은 우리가 기도를 할 때 가능한한 많은 정보가 필요하다는 것이다.

제5장 영적 도해로 원수를 대적하라 해롤드 카발레로스 109
영적 도해는 원수를 찾아내기 위한 도구, 즉 영적인 정탐 활동이다.

제6장 지역사회 구원을 위한 실제적 조치 밥 베케트 137
한 공동체가 종교적인 냉담, 경제적인 인색, 주술적인 우상 숭배와 같은 것들을 산출하는 통치의 영들로부터 참된 구원을 얻기 위해서는 그곳 사람들과 그 지역을 위해서 헌신하는 기독교 지도자들이 함께 이일을 시작해야 한다.

제7장 흑암에 처한 도시 복음화하기 빅토르 로렌조 161
악마의 간계를 알려하는 것은 성경적이다. 그리고 영적 도해는 우리가 이 일을 할 수 있도록 도와준다.

제8장 시애틀 도해와 그 분석 마아크 맥그레거와 베브 클롭 193
우리는 기도와 화해를 통하여 시애틀의 변화를 위해 노력한다.

제9장 요약 : 당신의 마을을 진단하고 처방하라 피터 왜그너 221
어떤 마을에 대한 영적 도해를 하려고 할 때, 첫번째 단계는 정보를 수집하는 것이고 두번째 단계는 그 정보에 근거하여 행동하는 것이다. 충실한 정보에 근거한 기도는 더욱 효과를 발휘할 것이다.

지역사회에서 마귀의 진을 헐라

서 론

피터 와그너(C. Peter Wagner)

영적 도해는 새로운 주제라서 사전 지식을 갖고 있는 사람들이 거의 없을 것이다. 전략적 수준의 영적 전쟁에 대해서 알고 있는 사람들에게는 그것이 그렇게 어려운 주제는 아닐 것이다. 왜냐하면 그들은 마음속에 이미 어떤 구도를 가지고 있을 것이기 때문이다. 그러나 그렇지 않은 사람들에게는 이 책이, 성령께서 1990년대에 교회에 말씀하시고자 하는 가장 중요한 사항들 중의 하나라고 생각되며 본 서론은 그러한 입문 과정과 관련하여 크게 도움이 될 것이다.

영적 도해의 출현

나 자신도 1970년대나 1980년내에는 "영직 도해"란 말을 들어 본

적이 없다. 최근 1990년에 영적 전투 조직(the Spiritual Warfare Network)이라 불리는 한 작은 단체의 모임에서 나는 쥬빌리 크리스찬 센터(Jubilee Christian Center)의 딕 버널(Dick Bernal)이 자기 교회의 지도자들과 중보 기도자들이 샌프란시스코 만 근처의 여러 도시와 종교를 지배하고 있는 영적 권세들을 알아내려고 어떤 일을 시도하였는지에 대해 말하는 것을 들었다. 그 모임에 참석한 사람들은 그런 일을 하는 것이 지혜로운 일인가에 대하여 질문을 하고 있었고 뒤이어 상당히 활발한 토론이 진행되었다. 물론 전에 그 용어를 사용해 본 사람이 있기는 하겠지만, 적어도 나에게 있어서는 그때가 그 개념에 대해서 들을 수 있었던 첫번째 기회였다.

이어서 여러 사건들이 속속 빠르게 전개되었고, 그 결과 영적 전투 조직이 서기 2000년 운동의 연합 기도 부서로 통합되기에 이르렀다. 서기 2000년 운동은 전세계의 많은 교회, 단체, 목회자 그리고 교파간에 촉매 역할을 하여 그들의 힘을 합함으로써 가능한 한 적어도 서기 2000년까지는 세계 복음화 임무를 완수하도록 하기 위하여 하나님께서 일으키신 단체이다. 그것은 민중 조직인데, 활동은 열 개의 개별적인 부서 또는 자료 조직들로 나누어진다. 내 책임은 서기 2000년 연합 기도 부서를 지도하는 일인데, 이 부서는 전 세계적인 기도 기지를 세워서 다른 모든 모임들과 전도 운동 단체들을 하나로 묶는 역할을 하고 있다.

연합 기도 부서 안에서 가장 눈에 띄는 조직은 이 기도 모임의 공동 대표인 조지 오티스(George Otis, Jr.)가 지도하는 영적 도해과이다. 이 과가 설립됨으로써 이 과가 가지고 있는 새로운 사역의 모습이 세계적으로 알려지게 되었다. 서기 2000년 운동에 참여하고 있는 우리는 영적 도해를 해야 하느냐에 대해서는 이제 더 이상 논쟁을 하지 않는다. 지금 우리는 어떻게 하면 영적 도해를 잘 할 수 있는가에 온 힘을 집중시키고 있다.

자질구레한 것들을 걸러냄

중보 기도, 영적 전쟁, 마귀를 다루는 것, 그리고 영적 도해가 점점 더 많은 관심을 불러 일으킨다는 것은 이제는 전혀 비밀이 아니다. 이 책의 저자들이 속해 있는 영적 전투 조직, 연합 기도 부서, 영적 도해과 그리고 서기 2000년 운동 등은 가능한 한 자질구레한 것들을 걸러내고 책임있는 한 체계를 만들어야 한다는 책임감을 깊이 느끼고 있다. 그러한 체계는 우리들이 분열되지 않도록 해줄 것이다. 우리는 영적 도해를 위해서 성서적, 신학적, 그리고 목회적으로 공감할 수 있는 목회 기초를 철저하게 잘 놓으려고 애를 쓰고 있다. 아마 우리들 자신이 오류를 범할 수도 있을 것이다. 그러나 그때마다 우리가 그것으로부터 교훈받아 그 오류를 즉각 시정할 수 있을 것이다.

왜 이 책인가?

이 글을 쓴 지 5년 아니 2년만 지난다 하더라도 분명히 우리는 영적 도해에 대하여 오늘날 우리가 알고 있는 것보다 더 많이 알게 될 것이다. 하나님은 섭리 가운데서, 극히 소수의 사람들을 세계 도처에 일으키셨는데, 그들은 거의 20년 동안이나 영적 도해를 실천해 왔으며 따라서 상당한 경험을 축적하고 있다.

나는 내가 쓴 다른 어떤 책보다도 이 책이 하나님의 직접적인 인도를 받아서 썼다고 믿고 있다. 기도에 대해서 세 권의 책을 연달아 쓰려고 계획을 했는데, 민지 출간된 책은 『기도는 전투다』

(Warfare Prayer)와 『방패 기도』(Prayer Shield)이다. 세번째 책은 개교회에 관련된 기도에 대해서 쓰려고 계획했다. 세 권의 책 모두 사람들로 전략적이고도 정확한 기도는 세계 복음화를 촉진하는 데 이바지한다는 사실을 보여 주려는 목적이었다. 그러나 하나님이 이 일에 개입하시자, 나는 이번에는 영적 도해에 관한 책을 써야겠다는 마음을 강하게 느끼게 되었다. 왜냐하면 성령께서 지금 영적 도해에 대하여 교회들에게 말씀하고 계신 것을 이행하기 위한 실제적인 지침서를 교회 지도자들이 가지는 것을 하나님께서 원하셨기 때문이다.

우리는 영적 도해 그 자체를 목적으로 생각하지 않는다. 기도하는 하나님의 백성들의 신실성과 그의 나라의 도래 사이에는 인과 관계가 있다.

내가 책 한 권을 쓸 정도로 영적 도해에 대해서 충분히 알고 있지 못하다고 반론을 제기하려 하자, 하나님은 좀더 특별하게 인도하시는 것 같았다. 한번은 내가 오래곤 포틀랜드에 있는 한 모텔에서 기도를 드리고 있었는데, 주님으로부터 기름 부으심이 임하고 있음을 느끼게 되었으며 그후 45분도 채 못 되어서 나는 노란 종이 위에다가 당신이 지금 들고 있는 책의 개요를 기록하게 되었다는 것을 나는 지금도 생생하게 회상할 수가 있다. 물론 이 세상에는 이 책의 저자들에게 필적할 만한 통찰력과 지혜를 가진 다른 기독교 지도자들이 더 있을 터이지만, 이들보다 뛰어난 사람들이 많이

있을지는 의심스럽다. 이 책에 기고한 사람들은 미국, 스웨덴, 과테말라, 그리고 아르헨티나 출신이다. 그들은 모두 전혀 훈련받은 일이 없고 서로간에 접촉한 적도 없이 영적 도해를 시작했다. 이제는 그들이 영적 전투 조직을 통하여 서로 교류하고 있으며, 그들은 수 년 동안 자신들이 주님으로부터 서로 유사한 지시를 받고 있었다는 사실에 대하여 모두 놀라면서 기뻐하고 있다.

기고가들을 만나라

영적 도해란 무엇인가? 몇몇 우리 전문가들이 각자의 정의를 내린 적이 있었는데, 그것들은 모두 다른 사람들의 정의들을 보강하고 보충해 주는 것들이었다. 비전문적이지만 간결하게 정의하자면 다음과 같다. (원하는 지역의 이름을 써 넣으시오)을 외양대로가 아니라 사실 그대로 보려는 시도. 이것은 조지 오티스가 정의한 것이다. 나를 포함하여 많은 사람들은, 『거인들의 최후』(The Last of the Giants)와 같은 책을 저술하고 파수꾼 집단(The Sentinel Group)과 서기 2000년 연합 기도 부서에서 세계적인 사역을 수행하고 있는 그를 이 분야의 최고 지도자로 인정하고 있다. 나는 조지가 이 책의 첫번째 장을 기고해 주는 데 동의하고 영적 도해의 철학을 개괄해 준 데 대하여 기쁘게 생각한다.

「중보 사역의 장군들」(Generals of Intercession)의 창설자이며 총재인 신디 제이콥스(Cindy Jacobs)는 전략적 수준의 영적 전쟁에 대하여 가르치는 일에 그리고 목회자들과 중보 기도자들이 실제로 그것을 현장에서 실천토록 지도하는 일에 뛰어난 재능을 가진 사람이다. 견고한 진에 관한 그녀의 기고는 자주 제기되고 있는 많은 질문들에 대하여 명쾌한 해답을 줄 것이다. 신디의 책 『사단의 세력을 묶고』(Possessing the Gates of the Enemy)는 전투적 중보기도를 위한 계몽적인 훈련 교재이며, 높이 평가받고 있는 책이다.

쉘 쇠버그는(Kjell Sjoberg)는 전략적 수준의 영적 중보기도, 예언자적 기도, 그리고 영적 도해 사역과 관련하여 다른 어떤 기고가들보다도 오래 전부터 명성을 얻고 있는 사람이다. 그의 저서 『기도 전쟁에서 이기는 법』(Winning the Prayer War)은 이 분야에서 새 지평을 연 책이다. 쉘이 본서에서 기술한 것처럼 통찰력과 현장 경험을 가지고서 영적 도해를 예언자적 기도 행위와 연관시킬 수 있는 사람은 내가 아는 한 없다.

내가 최근에 쓴 글 중에서 가장 중요한 논문 중의 하나로 생각하고 있는 가시적인 것과 불가시적인 것과 함께 이 논문들은 본서의 '원리' 부분을 구성하고 있다. '실제' 부분과 관련하여서, 나는 세 나라로부터 세 명의 기고가들을 선택하였는데, 이들은 모두 영적 도해와 깊은 연관을 가지고 있으며 사실상 어느 누구의 도움도 없이 그리고 다른 사람들로부터 받은 교훈이나 모범도 없이 영적 도해를 시작하였던 사람들이다.

실제 부분

과테말라의 현직 대통령과 그의 가족이 열심히 출석하고 있는 과테말라의 엘 샤다이 교회의 목사인 해롤드 카발레로스(Harold Caballeros)는, 로마서 주석보다도 고고학에 대한 책을 더 많이 갖고 있다. 그 말은, 해롤드가 목회를 하는 데에 있어서 좋은 성경 주석을 경시한다는 뜻이 아니라 마야 제국 시대 이후로 그가 살고 있는 사회를 조성해 온 영적 세력을 이해해야 할 필요성을 그가 매우 심각하게 고려하고 있다는 의미이다. 그의 논문은 본 논제의 핵심을 정확하게 보여줄 것이다.

밥 베케트(Bob Beckett)는 그의 교회인 주거지 가정교회(The Dwelling Place Family Church)와 그의 마을인 캘리포니아의 헤메트에서, 영적 도해와 전략적 수준의 영적 전투의 실제적인 결과를 다른 어떤 사람보다도 더욱 자세히 관찰할 수 있었던 사람일 것이다. 내가 훌러신학교에서 이 주제에 대하여 강의하는 동안, 밥에게 영적 도해에 대하여 강의해 달라고 요청하고 나서, 반 모든 학생들을 데리고 헤메트로 가서 영적 도해에 대한 현장 실습을 실시하였는데, 밥이 그 강의를 인도하였다. 그의 글을 읽는 동안 독자는 그때 우리 훌러신학교의 학생들이 그를 통하여 배운 감동을 함께 느낄 수 있을 것이다.

빅토르 로렌조(Victor Lorenzo)에 대해서는 나의 책『기도는 전투다』에서 자주 언급하였다. 왜냐하면 아르헨티나는 우리가 전략적 수준의 영적 전투를 시험하러 가던 주요 현장 실습지였고 빅토르는 그 과정에 꼭 참석하는 핵심 인물이었기 때문이다. 그가 설명한 대로, 그는 신디 제이콥스와 많이 동역하였다. 우리의 모든 기고가들 중에서 빅토르는 주어진 한 도시에 있는 원수의 세력에 대해서 특별한 정보를 가장 많이 찾아낸 사람인데, 거기에는 몇몇 지역 귀신들에 대한 정확한 이름을 발견한 것도 포함되어 있다. 물론, 결과는 만족스러운 것이었다.

적용

마지막의 '적용' 부분은 내가 가장 자주 받는 질문들 중의 하나에 대하여 답을 하는 데 도움이 될까 하여 첨가한 것이다. 셀 쇠버 그나 신디 제이콥스도 아닌 네브라스카의 한 풋내기 목회자가 어떻게 영석 도해를 할 수 있다는 말인가? 마크 맥그래거(Mark

McGregor)는 이 질문에 대하여 답하기에 적당한 사람이다. 그는 헌신적인 기독교인으로서 평신도이며, 할 수만 있다면 어디서든지 하나님의 일을 하기 원하는 컴퓨터 프로그래밍 전문가이다. 그는 본서에 글을 기고한 사람들 중 영적 전투 조직과 관련이 없는 유일한 사람이다. 그가 살고 있는 도시인 시애틀을 도해하기 위해서, 그는 존 도슨(John Dawson)의 책『하나님을 위해서 우리의 도시를 구해 내자』(Taking Our Cities for God)로부터는 질문들의 목록만을 취하였다. 그리고 그는 다른 책들이나 도서관, 시청, 또는 역사학회와 같은 대중들이 이용할 수 있는 정보기관들로부터 자료들을 찾아내었다. 이것은 마크를 깍아내리려는 의도에서 하는 말이 아니라 만일 그가 도해를 할 수 있다면, 당신도 할 수가 있다는 것이다. 당신이 필요로 하는 정보의 일반적인 개념을 얻기 위해서는 본서에 실린 그의 글을 읽어 보라.

  자료 수집은 필수적인 단계이긴 하지만 거기서 끝나는 것은 아니다. 여기에 주 안에서 특별한 영적 은사들과 경험을 가지고 있으며 성숙한 신자들이 개입해야 할 필요가 있는 것이다. 수 년 동안 인정받아 온 중보 기도자이며 영적 전투 조직을 위한 중보 기도팀의 일원인 베브 클롭(Bev Klopp)이 바로 그런 사람들 중 하나이다. 시애틀을 위해서 기도해 온 수 년 동안의 경험과 함께 영 분별 은사를 이용함으로써, 베브는 자료들을 해석하고 목표물들을 찾아내기 위한 한 모델을 제시하고 있다. 당신이 정보 수집으로부터 전쟁터로 나아갈 준비가 되었다면, 꼭 베브 클롭같은 사람들이 함께 있어야 함을 명심하라.

  마지막 장에서는 본서에서 논의된 내용을 발췌하여 통합함으로써 영적 도해에 대한 하나의 수단을 제시해 보려고 하였다. 그것은 실제 사역에 들어가려고 할 때에 도움이 될 것이다.

영적 도해의 유익은 무엇인가?

우리는 영적 도해 그 자체를 목적으로 생각하지 않는다. 그러나 "당신의 나라가 임하옵시며 당신의 뜻이 하늘에서 이루어진 것같이 땅에서도 이루어지이다"(마6:10)라고 기도하는 것은 우리를 향하신 하나님의 뜻이라고 믿는다. 또한 기도하는 하나님의 백성들의 신실성과 그의 나라의 도래 사이에는 인과 관계가 있음을 알고 있다. 하나님의 뜻이 땅에서 이루어질 때에는, 그 유익들 중에서 단 몇 가지만 언급해 본다고 할지라도, 잃어버렸던 백성들이 구원받게 될 것이요, 아픈 사람들이 치료를 받게 될 것이요, 가난한 사람들이 충분한 양식을 얻게 될 것이요, 전쟁과 다툼과 피흘림이 끝나게 될 것이요, 압박당하는 사람들이 해방을 받게 될 것이요, 공의로운 정부가 이루어질 것이요, 공평하고 정의로운 경제 구조가 정착될 것이요, 종족간의 화합이 이루어지게 될 것이다.

많은 기독교 지도자들은, 오늘날 교회의 기도사역이 능력을 별로 발휘하지 못하고 있다고 느끼고 있다. 조지 오티스는 이것을 다음과 같이 표현하였다.

> 대개 기도는 세계 복음화에 중요한 요소라고 인식한다. 하지만 이러한 표현은 대개는 참된 신념을 반영한 것이라기보다는 종교적인 습관의 소산이라고 할 수 있다. 다른 종교를 가지고 있는 사람들과 같이 우리도 기도를 한다. 어떤 일을 시도하기 전에 먼저 하나님께 보고하지 않으면 안된다고 생각하기 때문이다. 어떤 요청에 대해서 하나님께서 응답을 하시느냐 하시지 않느냐 하는 것은, 우리가 그에게 우리의 의도를 말씀드리지 않음으로써 하나님의 심기를 불쾌하게 해

드리지 않도록 주의하는 것보다는 덜 중요한 것이다. 이런 의미에서 본다면, 기도는 초자연적이며 생산적이라기보다는 미신적이며 예방적이라고 하겠다.

밥 베케트는 그의 기고에서, 우리 기도의 대부분은 스커드 미사일을 발사하는 사담 후세인과 같다고 말하였다. 사담은 미사일을 어디다 대고 발사하는지에 대해서는 거의 알지를 못하고 있었다. 따라서 그러한 시도는 별로 좋은 결과를 가져다 주지 못하였다. 일반적으로 말한다면, 사단의 압제로 신음하는 이들을 구원해 달라고 기도하는 사람들은, 악령들의 정체를 밝히고 그것들이 물러가도록 예수의 이름으로 특별하게 명령해야만 한다. '주여, 만일 여기에 뭔가 귀신들이 있다면, 우리는 그것들이 모두 물러가기를 당신의 이름으로 명합니다'와 같은 초점 없는 막연한 기도를 드려서는 안된다. 구체적이고 목표가 분명한 기도를 드려야 한다. 우리가 이웃과 도시와 국가의 구원을 위해 드리는 기도 역시도 마찬가지라고 할 수 있다. 영적 도해는 우리가 지역 사회를 위해서 기도할 때에 좀더 구체적으로 좀더 능력있게 기도할 수 있도록 해주는 도구이다.

조지 오티스는 "그들의 모험적인 사역을 시작하기 전에 시간을 내어서 하나님께 아뢰고 하나님의 음성에 귀를 기울이는 사람들은, 제 시간에 적당한 장소에 가게 될 뿐만 아니라 그들이 거기에 도착할 때에도 어떤 일을 해야 할 것인지를 알게 될 것이다"[2]라고 말하였다. 영적 도해라는 주제를 발전시키고 있는 우리들은, 하나님의 음성을 들을 수 있는 능력을 신장시키고 우리가 듣고 있는 것을 가능한 한 정확하게 다른 사람들에게 전달하려고 노력하고 있는 것이다.

영적 도해는 성서적인가?

우리 기고가들은 영적 도해의 성경적 기초 문제를 다루었다. 나는 여기서 그들의 주장을 반복하고 싶은 의도는 없다. 다만 이 책에 기고한 우리는 스스로를 성경적 기독교인으로 생각하고 있으며, 만일 우리의 글이 하나님의 뜻이며 성경의 가르침에 조금도 위배되지 않는다고 철저하게 확신하지 못한다면 감히 교회 앞에 내놓지 못했을 것이다. 우리는 영적 도해는 성경적이며 그러한 전제 위에서 진행된다는 것을 개인적으로 확신하고 있다.

동시에 우리는 높은 기독교적 고결함을 가지고 있는 다른 형제 자매들이 우리와 의견을 달리할 수도 있다는 사실을 안다. 최근에 이미 몇몇 사람들이 기사나 저서들을 통하여 그러한 생각들을 표출한 적이 있다. 우리는 그러한 경건한 비판자들이 있음에 대하여 하나님께 감사드리며 그들을 축복하는 바이다. 그 이유는, 그들은 우리가 저지른 실수나 잘못된 진술, 과장들을 지적해 주었기에 그것들을 고쳤고 또 고치고 있는 중이기 때문이다. 또 비록 그렇게 적극적이지 못한 비판자들이라고 할지라도 말이나 행동에 있어서 우리가 조심할 수 있도록 돕는다고 느끼고 있기 때문이다. 비판자들과 논쟁을 벌이거나 논박하려는 의도는 조금도 없다. 우리는 그리스도 안에 있는 형제 자매들이 나쁘게 보이도록 함으로써 우리 자신이 잘 보이도록 하고 싶은 의사가 전혀 없다. 독자는 본서에서 그와 같은 사실을 진히 찾아볼 수 없을 것이다.

우리는 영적 도해가 전략적 수준의 영적 전투와 함께 교회에 소개되고 있는 비교적 새롭고 혁신적인 일이라는 것을 절실히 깨닫고 있다. 우리는 성령이 우리를 이끌고 계시다는 것을 믿는다. 그러나 그렇다고 하너라도, 혁신적인 일의 확산에 대해시는 일반적

법칙이 작용할 것이다. 모든 혁신적인 일에는 대개 처음 단계에서 그것을 채택하는 이들이 있고, 중간 단계에서 채택하는 이들도 있고, 맨 나중 단계에서 그것을 채택하는 이들이 있는 법이다. 많은 경우에 있어서는 그것을 채택하기를 종내 거부하는 사람들도 있는 법이다. 영적 도해는 지금 초기 단계에 있으며, 예측컨대 이것은 지금 가장 열띤 논쟁을 불러 일으킬 것이다. 비판적인 기독교인은 '이것은 성경적이 아니다'라고 말을 할 것이다. 주일학교가 처음 도입되었을 때에 그리고 노예 제도 폐지가 처음으로 거론되었을 때에 몇몇 사람들이 그랬던 것처럼 말이다.

성경적 그리고 고고학적인 예들

영적 도해의 한 예는 에스겔 4:1-3에서 찾아 볼 수 있다. 여기서 하나님께서는 에스겔에게 예루살렘 시의 지도를 진흙판 위에다 그리고 '그 성읍을 에워싸라'고 명령하셨는데, 이것은 보통의 전쟁이 아닌 영적 전쟁을 가리킨 것이다.

이런 언급을 하는 이유는 고대 수메르 문화의 중심지였던 니푸르라는 도시의 최초의 지도라고 생각되는 것이 고고학자들의 조사를 통하여서 발견되었기 때문이다. 그것은 잘 간직된 진흙판 위에 있었는데, 물론 에스겔이 사용했던 진흙판과 흡사한 것이다. 그 지도 위의 형상들은 기원 전 1500년 경에 그려진 것인데도 오늘날 우리가 영적 도해라고 부를 수 있을 만한 것이다. 그 도시의 가운데에는 '에닐(Enil)의 장소'라는 말이 적혀 있었다. 그것은 이 도시에 '수메르인 신전에서 가장 뛰어난 신인 하늘의 신 에닐이 살고 있었다'는 사실을 말해 준다. 우리는 이것이 수메르를 지배하고 있던 지역 귀신이었다고 간주할 수 있을 것이다.

그 지도에 나타난 다른 건물들은 수메르의 가장 유명한 사원인

에쿠르(Ekur), 카골 난나(Kagal Nanna), 즉 수메르의 월신인 난나(Nanna)의 문, 카골 네르갈(Kagal Nergal), 즉 지하 세계의 임금이며 여신 에쉬키갈(Ereshkigal)의 남편이었던 네르갈의 문, 에쉬마(Eshimah), 즉 시 외곽 지역에 있던 '높은 신전' 등 여러 가지의 것들이다.[4]

재미있는 사실이 하나 더 있다. 뒤에 가서 빅토르 로렌조의 글을 읽어보면, 아르헨티나의 라 플라타라 시에서는 악하고 주술적인 구조를 통하여서 도로들이 기본 방위, 즉 북남동서를 통과하지 않게 함으로써 의도적으로 라틴아메리카의 통상적인 형태를 깨고 있다는 사실을 알게 될 것이다. 동일한 일이 니푸르에서도 일어났다. 앗시리아 학자인 사무엘 크래머는 "이 지도는 남북을 지향하고 있지 아니하고 45도 정도 비뚤어져 있다"고 말하였다. 영적 도해에 대한 역사적인 선례들이 존재하고 있음이 분명한 것이다.

이것은 사단을 영화롭게 하는가?

악마의 간계를 파헤치는 일에 너무 집착한 나머지 사단에게 관심을 집중하는 일부터 시작할 수가 있는데, 우리는 이를 피해야 한다. 만일 그렇게 한다면, 우리는 원수의 손에 놀아나게 되기 때문이다. 사단의 주요 목적은 하나님을 영화롭게 하지 못하도록 하는 것이다. 그것은 그가 자기 자신의 영광을 원하고 있기 때문이다. 할 수만 있다면, 사단은 하나님의 종들을 속여서 결국 그들로 하여금 창조주보다는 피조물을 더 높이도록 회유하는 것이다.

이 책의 기고자들은 모두 영적으로 성숙되고 경험이 많은 이들이라서 사단의 욕심을 훤히 알고 있으며, 따라서 사단을 만족시키지는 않을 것이다. 그들은 사단과의 결투에서 결코 뒤로 물러서지 않고 공격하며 원수의 욕심과 전략과 전술과 무기를 노출시킨다.

이런 일을 위한 연구는 사단을 영화롭게 하지 않는다. 그것은 암 연구가 암을 영화롭게 하지 않는 것과 같다. 우리가 암의 본질, 원인, 특성들과 효과들에 대해서 더 많이 알면 알수록 암을 박멸할 가능성은 더 높아진다. 예를 들면, 천연두를 연구한 결과 수 백만의 인명이 구원을 받게 되었던 것이다. 천연두가 영화롭게 된 것이 아니라 오히려 천연두가 퇴치된 것이다.

이 책의 기고자들이 간절히 바라는 바는 세계가 다 믿고, 잃어버린 수많은 사람들이 원수의 어두운 압제에서 벗어나 성령의 인도를 받아서 그리스도의 복음의 영광스러운 빛으로 나아오는 것이다. 이런 일이 이루어지는 것을 보기 위하여 우리는 그리스도의 몸이 성령 안에서 하나가 되도록 예수 그리스도와 기도로 연합해야 한다.

원수를 영화롭게 할 위험보다 더 심각한 것은 원수에 대하여 무지한 것이다. 나는 서기 2000년 운동의 아프리카 지회 의장이며 영적 전투 조직의 지도자인 윌리엄 쿠무이의 다음과 같은 말을 좋아한다. '원수는 종종 우리의 무지를 이용합니다. 당신을 파멸시키기로 결심한 보이지 않는 원수와 싸우고 있는 당신이 만일 깨어 있지 않는다면, 당신은 보이지 않는 원수 사단과의 싸움이 진행중인지 조차도 알지 못할 것이고 원수는 그 무지를 이용하여 전쟁터 한 가운데서 당신을 패퇴시킬 것입니다."[6]

루이스가 『나사 끈 편지들』(The Screwtape Letters)을 쓴 것은 사단을 영화롭게 하기 위함이 아니고, 우리가 예수 이름으로 사단과 더 잘 싸우게 해주기 위한 도구들을 제공해 주기 위해서였다. 영적 도해에 대한 이러한 책들은 바로 이같은 목적을 위하여 쓰여졌다.

모든 사람이 최전선으로 부름을 받은 것은 아니다

본서를 읽는 동안, "나는 해롤드 카발레로스와 같이 되기를 원한다"든가 "나는 밥 베케트와 같이 되기를 원한다"고 말하는 것은 아주 자연스러운 일이다. 하나님께서 당신을 부르셨다면, 그런 소망을 갖는 것이 나쁠 게 없다. 그러나 하나님은 영적 전투의 일선에 서도록 모든 사람을 부르시지 않는다. 이것은 대중 전도자 또는 타문화권 선교사가 되도록 모든 사람을 부르시지 않으시는 것과 마찬가지다. 예를 들면, 공군에 있는 사람들 중에서 실제로는 단지 소수의 사람들만이 전투기를 조종하거나 조종사와 함께 전투기에 탑승하게 된다. 이같은 사실은 영적인 전쟁에도 적용된다.

교회는 군대이며 영적 전쟁을 하고 있다. 우리 모두는 '그리스도의 군사여 앞으로 나아가라'는 노래를 불러야 한다. 그러나 모든 군인이 전선에 배치되지는 않는다. 전선에 있는 사람들은 후방에 있는 사람들을 필요로 하며, 후방에 있는 사람은 전선에 있는 사람들을 필요로 한다.

전투의 법칙

이스라엘의 자녀들이 약속의 땅을 차지하려 할 즈음에, 하나님은 그들에게 전투 법칙을 주셨다. 하나님께서 그들로 하여금 일반 전투가 아닌 영적 전투에 대비토록 하셨으며, 우리가 그 사실을 깨닫는다면, 이 전투 법칙은 오늘날 우리에게도 중요한 것이 될 것이다. 일반 군대가 어떤 도시를 몇 바퀴 돈 후에 나팔을 붊으로써 그 도시를 점령한 경우가 있었던가? 신명기 20장에 기록되어 있는 전투 법칙은 오늘날에도 유효하다고 나는 믿는다.

여호수아의 용사 중, 금방 새 집을 지은 사람들, 포도원을 새롭게 시작한 사람들, 그리고 약혼한 후에 아직 결혼을 하지 않은 용사들은 집으로 돌아가게 했다. 그 이유는 성경에서 말하고 있다. 그러나 그후에 계속하여 말씀하시기를 '두려워서 마음에 겁내는' 사람들도 돌아가게 했다(신20:8).

여기서 의미있는 사실은, 그들을 꾸짖었다거나 그들 때문에 실망했다는 내용이 전혀 암시되어 있지 않다는 점이다. 그들이 있기에 적당한 장소는 전쟁터가 아니라 집이라는 점은 분명하다.

이런 전투 법칙은 후에 기드온에게도 적용되었다. 기드온은 자원한 용사 삼만이천 명과 함께 출발하였다. 이들 중 이만이천 명이 두려워하거나 연약한 마음을 가지고 있었으며, 그들은 집으로 돌아가게 했다. 그런 후에 하나님은 다른 면에서는 하자가 없는 만명 중에서 삼백명만을 따로 불러내었다. 그들은 가장 키가 큰 사람들도, 가장 혈기 왕성한 청년들만도, 가장 빨리 달리는 사람들도, 가장 경험 많은 사람들도, 가장 칼을 잘 쓰는 사람들도, 더 나아가서는 가장 용감한 사람들도 아니었다. 하나님은 주권적으로 그리고 자신의 방법대로 삼백명을 부르신 후에 나머지 구천칠백 명한테는 가지 말라고 명하셨다.

바로 이것이 교회가 행해야 할 길이다. 하나님께서는 단지 소수의 사람들만을 부르셔서 공공 전도자가 되어 거리에서 대중들에게 전도하도록 하신다. 하나님은 단지 소수의 사람들만을 부르셔서 고향과 가정을 떠나서 외국 선교사가 되도록 하신다. 그들은 거리로 나가지 않고 있는, 또는 다른 나라로 가지 않고 있는 우리가 모든 면에서 그들을 지원해 주는 것을 필요로 한다. 그리고 우리도 그들을 필요로 한다. 눈이 손에게 '나는 네가 필요없다'고 말할 수 없는 것이다(고전12:21).

영적 일치를 위한 기도

우리는 노방 전도자들과 타문화권 선교사들을 어떻게 대해야 하는지 잘 알고 있다. 그런데 우리가 동일한 원리와 절차를 영적 전투에도 적용할 수가 있는가? 하나님께서는 어떤 사람들은 전선으로 가라고 부르시고 어떤 사람들은 다른 일을 하도록 부르신다. 가야 되는 사람들은 가지 않는 사람들보다 자신들이 더 영적이라거나 하나님께로부터 더 많은 사랑을 받고 있다고 생각하지 말아야 한다. 집에 머무는 사람들은 하나님께서 전쟁터로 부르시는 사람들을 비판하지 말아야 한다. 모든 사람들이 서로를 인정해 주고 도와주어야 한다. 다윗 왕은 "전장에 내려갔던 자의 분깃이나 소유물 곁에 머물렀던 자의 분깃이나 일반일지니 같이 분배할 것이니라"고 말하였다. 전쟁에서 이기게 되면 모든 이들이 그 승리로 인하여 이익을 얻게 된다. 전선으로 갔던 사람이나 집에서 그들의 재산을 지켜 준 사람이나 모두 다.

이 점을 강조하는 이유는, 사단은 이 책을 사용하여 교회의 몸이 분열을 일으키는 것을 가장 바라고 있을 것이라고 생각하기 때문이다. 예수께서는 아버지께 "저희도 다 하나가 되어…세상으로…

믿게 하옵소서"(요.17:21을 보라)라고 기도하셨다. 이 책에 기고한 모든 사람들이 간절히 바라는 바는 온 세계가 그리스도를 믿고, 잃어버린 수많은 영혼이 원수의 어두운 압제에서 성령의 인도를 받아서 그리스도의 복음의 영광스러운 빛으로 나아오는 것이다. 이런 일이 이루어지는 것을 보기 위하여 우리는 그리스도의 몸이 성령 안에서 하나가 되도록 예수 그리스도와 기도로 연합해야 한다.

초점 지키기

내가 경험을 통해서 알게 된 것은 영적 도해는 너무도 매력적이어서 어떤 사람들은 그것 자체를 목적으로 생각하는 함정에 빠질 수도 있다는 점이다. 그렇지 않으면 그것보다 한층 더 나쁘다고 할 수 있는 것은, 영적 도해 없이는 우리는 더 이상 전도도 구제도 발전도 그리고 어떤 종류의 사역도 할 수 없다고 생각하는 사람들이 있을 수 있다는 점이다.

영적 도해는 그 자체가 목적이 아닐 뿐만 아니라 사역에 있어서의 필수 불가결의 전제 조건도 아니다. 이것은 세계 복음화라는 우리의 책무를 수행하기 위한 또 다른 도구라고 인식해야 할 것이다. 영적 도해의 도움 없이도 복음이 놀랍게 진척된 사례들은 네팔, 알제리, 또는 몽고와 같은 어두운 지역에서 많이 찾아볼 수 있다. 그러나 영적 도해가 가능한 환경 하에서는 그리고 영적 도해가 성령의 기름 부으심 아래서 이루어질 때에는, 하나님의 나라가 전례없이 진척될 가능성이 있다는 것이다.

내가 바라는 것은 독자가 이 책을 읽으면서 항상 초점을 잃지 않는 것이다. 우리의 궁극적인 목표는 만왕의 왕이시며 만주의 주이

신 예수 그리스도를 통하여 하나님이 영광을 받으시는 것이다. 우리의 임무는 그 영광이 모든 나라, 민족, 언어, 그리고 지상에 있는 모든 백성에게 퍼지도록 기여하는 것이다.

주(註)

1. George Otis, Jr., in a descriptive document introducing "Operation Second Chance," 1992, n.p.
2. Ibid.
3. Samuel Noah Kramer, *From the Tablets of Sumer*(Indian Hills, CO: The Falcon's Wing Press, 1956), p.271.
4. Ibid., pp.272,273.
5. Ibid., p.272.
6. W.F. Kumuyi, *The Key to Revival and Church Growth*(Lagos, Nigeria: Zoe Publishing Company, 1988), p.25.

제1장
영적 도해의 개괄

조지 오티스 (George Otis, Jr.)

　1992년 12월, 나는 나의 개인적인 이정표를 대하게 되었다. 내가 선교 일선에 투신한 지 20주년이 된 것이다. 이 기회는 축하와 함께 반성의 계기를 마련해 주었다. 그것은 하나님의 신실하심을 기뻐할 수 있는 시간이기도 하였으나 지나간 20년 동안 세계와 선교 현장이 얼마나 급격하게 변했는가를 회고할 수 있는 기회이기도 했다.

　1970년대 초반부터 복음전도는 아주 눈부신 진보를 했다. 아르헨티나, 러시아, 인도네시아, 과테말라, 브라질, 나이지리아, 인도, 중국, 필리핀, 그리고 한국에서의 하나님의 크신 역사 이외에도, 아프가니스탄, 네팔, 이란, 몽고, 사우디 아라비아와 같이 선교의 가능성이 희박한 지역에서도 괄목할 만한 발전이 이루어졌던 것이다. 태평양, 아프리카, 남아메리카에서의 성공적인 교회 개척으로 인하여 세계의 주요 복음화 대상 지역이 대체로 북위 10도에서 40

도에 이르는 좁은 지역으로, '10/40 창문'으로 알려진 북부 아프리카와 아시아를 관통하는 지역으로 좁혀진 것이다.

세계 복음화에 대한 두 가지 도전

나는 지난 20년 동안, 대부분의 복음전도 확장 현장을 가까이서 직접 볼 수 있는 특권을 누렸다. 몇 개의 선교 단체와 기구에서 지도자 역할을 하다보니 100여개 나라를 여행하면서 사역할 수 있는 기회가 주어졌다. KGB 구치소 본부에도 가 보았고, 베이루트의 비참하고 피비린내나는 거리들도 보았으며, 귀신들이 들끓는 히말라야 산중의 수도원도 둘러보았다.

여행하면서 나는 최근 수십 년 간 지속되어 온 복음 전도 확장은 기독교인들이 영적 전쟁의 원리에 대하여 정통해지지 않는 한 장래가 불투명할 것이라는 결론을 내리게 되었다. 세계 복음화의 임무가 점점 줄어들게 될런지 모르지만(적어도 지역적 그리고 인구 통계에 관한 한은 그렇다), 그것은 또한 더욱 도전적인 임무가 되어 가고 있기 때문이다. 지난 수 년 동안, 중보 기도자들과 전도자들은 10/40 지역의 창턱에 포진하고 있던, 지구상에서 가장 무시무시하고 영적으로 견고한 진들을 직접 눈으로 목격하게 되었던 것이다.

교회는 지금 계속적인 확장을 막는 본질적인 두 가지 도전을 받고 있다. 그것은 '마귀의 참호 구축'과 '뒤늦은 때'이다.

마귀의 참호 구축은 과거에도 있었고(히브리인들은 애굽과 바벨론에서 이것을 만났으며 사도 바울은 이것을 에베소에서 발견하였다) 오늘날도 계속되고 있다. 더구나 우리는 지금 역사가 수 세기

더 진척되어 있다는 사실을 생각해야 한다. 오늘날 지구상의 어떤 곳, 특히 아시아에서는 영적인 불빛이 거의 꺼져가고 있다.

더 나아가서, 우리는 우리가 살고 있는 때를 생각해야 한다. 하나님은 계시록에서 사람들에게 경고하신다. '이는 마귀가 자기의 때가 얼마 못된 줄을 알므로 크게 분내어 너희에게 내려갔음이라'(계12:12). 기도를 통하여 복음이 견고한 진을 잠식하고 있으며, 이 사실은 사단이 오래 전부터 두려워해 오던 시간이 이제 그에게 닥치고 있다는 사실을 깨닫게 해주고 있다. 마귀의 표적과 기적들의 점차적 증가는 이를 뒷받침한다. 또한 그의 은신처를 탐색하거나 파하려고 하는 사람들에 대하여 마귀가 반격을 강화한 것을 통해서도 알 수가 있다.

간단히 말해서, 20세기 말에 살고 있는 기독교 용사들은 영적 전쟁터에서 그 형태와 규모가 전례없이 커다란 도전에 직면하게 되었다. 이러한 도전들을 식별해 내고 그것에 대해서 반응하는 데 사용해 오던 통상적인 방법들은 이제 더 이상 쓸모가 없게 되었다. 최근 『거인들의 최후』(The Last of the Giants)에서 기술하였듯이, 만일 우리가 원수의 준동을 성공적으로 분쇄하려고 한다면, "우리는 세계를 사실 그대로 보아야지 외양대로 보아서는 안된다."

정의와 가정

1990년에 나는 이러한 새로운 관찰법을 일컫는 용어를 만들어 내었다. 그것은 '영적 도해'이며, 본서의 핵심 주제이다. 그것은 "영적 세계의 세력과 사건들에 대해 이해한 바를 물질적 세계의 장소와 환경들 위에다 표시해 놓는 것이다."[1]

　여기서의 중요한 가정은, 영적 도해를 행하고 있는 사람들은 영적 세계에 대하여 예리한 통찰력을 이미 소유하고 있다는 것이다. 대부분의 그리스도인이, 실제의 세계가 뿌리 내리고 있는 차원에 대하여 이야기하고 노래하고 독서하는 데 소비하는 시간을 고려해 볼 때에, 그것은 합리적인 가정인 듯하다. 그러나 불행하게도 그렇지 않다. 그리고 이것은 크게 놀랄 만한 일이다.

　선원들이 바다에 대해서 잘 알고 있듯이 일반 신자들도 영적인 세계에 대해서 익숙하게 잘 알고 있을 것이라고 혹자는 생각할 수도 있을 것이다. 또 대다수 기독교인들은 하늘에서 사악한 영의 무리에 대하여 전쟁이 벌어지고 있다고 사도 바울이 에베소서 6장에서 말한 것에 대하여 이론과 실제를 통하여 알고 있을 것이라고 생각할 수도 있을 것이다.

　문제는 많은 신자들이 영적 차원의 언어, 원리 그리고 조례를 배우는 데 시간을 투자하지 않는다는 점이다. 어떤 사람들은 영적 차원의 가장 우주적인 형태들(하늘, 하나님, 악마)을 제외하고는 모든 것을 무시하려 하는 데 반하여 다른 사람들은 그들의 상상력으로부터 형태들을 도출해 내려는 경향이 있다. 이러한 두 경향은 다 중대한 실책이다. 전자가 실제로 있는 것을 무시하는 경우라고 하면, 후자는 실제로는 없는 것에 의하여 넋을 잃고 있는 경우이다. 두 경우 모두에서 마귀의 역사는 숨기워지게 되고 어두움의 왕국은 번성하게 된다.

　영적 도해는 물질 세계의 표면 밑에 있는 것을 우리가 볼 수 있도록 해주는 한 수단이다. 하지만 그것은 마술이 아니다. 하나님과의 올바른 관계 그리고 하나님의 세계에 대한 사랑으로부터 비롯되는 기술이라는 점에서 그것은 주관적이다. 그러나 역사, 사회학적인 관찰, 그리고 하나님의 말씀에 의하여 그것이 증명될 수도 있다(또는 부인될 수도 있다)는 점에서 그것은 객관적이기도 하다.

영적 도해는 어두움의 역사에 대해서만 한정되는 것이 아니다. 어떤 영적 전투 수행자들은 영적 도해에 대하여 더욱 협소한 정의를 내리지만---마귀의 견고한 진을 발견하는 것으로 국한시킨다---이것은 위험 요소를 내포하고 있다. 더 구체적으로 말한다면, 그것은 하나님께서도 또한 영적 차원에서 운행하고 계시다는 사실을 무시하는 한편, 원수가 있는 장소와 그 행동에 대하여 어떤 선입관념을 불러일으킬 수가 있는 것이다. 우리가 영적 세계의 세력과 사건들에 대해 이해한 바를 물질적 세계의 장소와 환경 위에다가 놓을 때에, 우리는 이 영적 세력과 사건들이 모두 어두운 것만은 아니라는 사실을 기억해야만 한다. 영적 도해는 원수의 움직임을 더 넓은 영적 차원의 상황 속에다 놓는 것에 지나지 않는다.

오늘날의 영적 전쟁터

예수 그리스도의 교회는 교회와 지상 명령의 수행 사이에 있는 영적인 장애물을 오랫 동안 세심히 살펴야 한다. 1990년대의 영적인 전쟁터는 점차 초자연적인 장소로 바뀌고 있다. 이러한 생각에 거부감을 갖는 신학을 가진 사람들도 있으나, 이런 사람들은 흔히 여행 경험이 없는 서양의 이론가들이며 그들은 아직 자기들이 가정한 것들을 실제를 통하여 시험해 보지 않은 이들이다. 반면에, 오늘날의 국제적인 목사, 선교사, 전도자 그리고 중보 기도자들의 대다수는 우리가 살고 있는 세계에는 뭔가가 있으며 이 '뭔가'가 우리의 현실 세계에 나타나고 있다는 것을 확신하고 있다.

그러면 그들이 주목하고 있는 것이란 정확히 무엇인가? 전세계의 관심있는 신자들로부터 수집한 의견에 근거해서, 그들이 관찰한 것을 세 가지로 대별할 수가 있다.

1. 영적인 어두움이 점증하고 있으며 더욱 지능화되고 있다.
2. 악하고 영적인 압제와 관련하여 지리적인 어떤 구조가 있다.
3. 사람들은 그들이 생각하고 있는 것만큼 영적인 차원에 대해서 그렇게 잘 이해하고 있지 못하다.

지역 교회는 교회 성장의 인원수 통계학이 우리의 지역 사회에 대한 모든 것을 말해 주지 않는다는 것을 깨달아 가고 있다. 선교 단체들은 타문화권에 대한 상식만 가지고는 복음이 진척될 수 없다는 것을 깨달아 가고 있다. 중보기도 그룹들은 더욱 구체적인 목표 겨냥이 필요하다는 것을 인정하고 있다. 간단히 말하면, 사람들은 그들의 사역을 좀더 효과적으로 하기 위하여 불가시적인 세계가 갖고 있는 수수께끼에 대한 해답을 원하고 있는 것이다.

지역적인 견고한 진

영적 도해 철학의 중심에는 지역적인 견고한 진에 대한 개념이 자리잡고 있다. 이것은 새로운 사상이 아니다. 많은 저술가가 전부터 이 주제를 다루어왔다. 새로운 것이라면, 지금은 좀더 많은 기독교인이 그러한 견고한 진을 다룰 필요성을 느끼고 있다는 점이다.

문제는 '지역적인 견고한 진'이란 말은 최근에서야 아주 자유스럽게 논의되기 시작하였기 때문에 그것에 대하여 정의를 내릴 필요가 있다는 점이다. 이 말은 너무도 신축성 있게 사용되어 왔기 때문에 이 주제에 새롭게 접근하는 사람들은 어떤 말을 믿어야 할지 거의 결정할 수가 없게 되었다.

어떤 기독교인 저자들은 혼동을 일으킨 나머지, 영적 지역 구조를 포함하는 영적 전투에 대한 어떠한 견해도 모두 성경 외적이라고 말하기도 하였다. 다른 사람들은 영적 전투의 가치성 자체를 의문시하였다. 이러한 목소리가 소수인 것은 분명하지만, 이 개념의 정의와 용법에 대한 정리가 요청되고 있는 것은 틀림없다.

교회는 지금 계속적인 확장을 막는 본질적인 두 가지 도전을 받고 있다. 그것은 '마귀의 참호 구축'과 '뒤늦은 때'이다.

이 개념이 성경 외적이라는 주장에 놀라서 영적 지역 구조를 멀리하게 된 사람들은 '성경 외적인 것'과 '비성경적인 것'은 크게 다르다는 것을 명심해야 한다. 성경 외적이라는 것은 주의해서 통과하라고 경고하는 노란 신호등에 해당한다. 비성경적이라는 것은 법과 상식에 의해서 행인을 멈추게 하는 붉은 신호등에 해당한다 하겠다. 지금까지 나는 영적 지역 구조가 비성경적이라고 말하는 사람을 한번도 만나 본 적이 없다. 그 이유는 그것이 비성경적이 아니기 때문이다.

피터 와그너와 기타 다른 사람들은 그들의 지시에서 성경이 영적 지역 구조의 문제를 다루고 있다고 지적하였다.² 그들이 가장 많이 인용하는 예는 다니엘 10장에 나오는 바사국 왕이다. 여기서 우리는 악한 영적 존재가 한 지역을 지극히 배타적으로 통치하고 있는 경우를 보게 된다. 학자가 아니라도 이 피조물이 중국의 왕이나 애굽의 왕과 같은 사람을 지칭하는 것이 아니라는 사실을 틀림없이 의미있게 받아들일 것이다. 에스겔28:12-19과 신명기32:8(70인 역에는, '하나님의 천사들의 수를 따라서'라고 되어 있다) 그리고 에베소서6:12(다시 말하면, kosmokratoras, 세계적 통치자들)같은 구절들과 함께 다니엘 10장을 연구해 보면 영적 지역 구조가 더욱 확연하게 드러나게 된다.

인도, 나바욜랜드, 카메룬, 아이티, 일본, 모로코, 페루, 네팔, 뉴기니 그리고 중국과 같은 곳을 찬찬히 살펴보면 누구나 신들과 영들의 위계 조직이 있다는 사실을 알게 될 것이다. 그리고 사람들은 이러한 비유형적인 존재들이 가정과 동네와 도시와 골짜기들과 지역과 국가를 지배한다고 이해하고 있으며, 이 존재들은 그 지역 주민들의 행동 양식에 지대한 영향력을 행사하고 있다. 하나님 자신도, 아브라함을 황급히 부르시고 후에는 히브리인들의 나라를 바벨론과 가나안의 만신전 가운데서 불러내실 때에 지역 신들이 대리적 권세가 있다는 사실을 인정하셨다.

왜 사정이 그런가?

대개 다른 도시나 다른 동네, 다른 나라로 갔을 때 어떤 불안감과 압박감 같은 것이 자신의 영을 억누르는 느낌을 경험하였을 것이다. 우리가 그러한 환경에 접하였다는 것은 또다른 왕국의 분위기에 압도되어 있다는 것이다. 사도 바울이 에베소서 6장에서 말한 영역의 일부인 영적 경계를 침범하고 있었던 것이다.

다른 상황들을 보면 이러한 사실이 더욱 확연해진다. 자신이 가지고 있는 신학과는 상관없이, 정직하고 신중하게 여행을 해본 기독교인이라면 누구나 오늘날 세계에는 영적인 암흑이 다른 지역보다 더 확연하게 드러나는 지역이 있다는 사실을 인식하게 될 것이다. 그것이 바라나시(Varanasi)나 카트만두같은 우상으로 찌든 도시이든, 파타야와 암스테르담같은 화려했던 폐허이든, 또는 오만이나 서부 사하라 같은 영적 황무지이든 간에, 그런 곳에서는 항상 실제가 이론보다 우위에 있게 되는 것이다.

왜 그런가? 왜 어떤 지역은 다른 지역보다 마귀의 압제가 더 강력하고, 우상이 더 많고, 영적으로 더 불모의 땅인가? 왜 암흑이 거기서는 오랫동안 머물러 있는 것처럼 보이는가?

일단 이런 근본적인 질문을 하기 시작하면, 여러 특수한 상황에다 그런 질문을 적용시켜 보는 것은 쉬운 일이다. 예를 들면, 왜 메소포타미아에서는 전제 군주적 통치가 그렇게 오랫동안 이어져 내려오고 있는가? 왜 아이티라는 나라는 서반구에서 가장 커다란 사회적 경제적 고통을 당하는 나라가 되었는가? 남아메리카 안데스 산맥의 나라들은 왜 항상 세계에서 살인률이 가장 높은 나라에 속하는가? 왜 히말라야 산맥의 안팎에서는 마귀의 활동이 그렇게도 많고 뚜렷한가? 왜 일본은 복음화가 그렇게도 어려운가? 왜 아시아 대륙이 10/40 창문의 대부분을 차지하는가?

모든 교회가 지역 사회에서 여러가지 질문을 할 수 있다. 이러한 질문이 관련이 있을 수도 있다고 일단 생각을 한다면, 그것들을 해결하기는 어렵지 않다.

그러한 질문들에 대하여 답을 얻기 위하여 지난 수년 동안, 문자

그대로 전세계를 여행하였다. 거의 50여 개국을 순방하면서 35,000
쪽에 달하는 증거 자료를 수집했다. 사진과 책과 지도를 수집하고
대담을 했고, 물론 사례 연구도 하였다.

그렇게 하는 가운데 사당, 사원, 수도원, 도서관, 그리고 대학들
을 방문하기도 하였다. 나는 신성하다는 산에 올라가 조상들의 무
덤을 조사하기도 했으며, 새벽에는 신성한 갠지즈 강을 따라서 노
를 젓기도 하였다. 티베트의 불자 라마, 토착 아메리카 인디언 주
술사들, 그리고 뉴에이지 운동(New Age Movement)의 지도층 이론가
들의 이야기에게도 귀를 기울였다. 선교사들과 일선에서 목회를
담당하고 있는 목사들과도 의견을 교환하였다. 그리고 무속 신앙
과 일본의 조상 숭배로부터 민속 회교, 흙점과 종교적인 순례에 이
르기까지 모든 것에 대하여 전문가들의 의견을 수집하였다.

이 모든 과정의 요약인 한 권의 책과 테이프로 구성된『여명의
미로』(The Twilight Labyrinth)는,『거인들의 최후』와 본서에 대한 자연
스러운 속편이 되었다. 지역적 견고한 진의 세력을 찾아내어 타파
하는 일을 진지하게 생각하고 있는 사람들에게, 이 연구는 지금까
지 나온 것들 중에서 가장 포괄적인 지식을 제공해 줄 것이다.

조사의 필요성

이 책을 읽는 사람들은, 피터 와그너와 내가 영적 지역 구조를
통하여 오늘날 세계의 어떤 도시, 국가 그리고 지역들이 처해 있는
상황에서 해야 할 일이 많다는 것에 대해 전적으로 동의하고 있다
는 것을 알게 될 것이다. 다른 많은 사람들—기도하는 목사, 사제,
선교 사역자 그리고 신학교 교수들을 포함하여—도 유사한 결론

에 이르게 되었다. 이렇듯 점증하는 의견의 일치는 고무적인 것이지만, 다른 많은 의문과 임무가 여전히 제기되고 있다.

이러한 과정을, 어떤 바이러스가 특정한 병을 일으키는 요인임을 발견한 의학 연구자의 입장에서 생각해 보는 것이 유익할 것이다. 그 사람은 중요한 발견을 하였지만, 이러한 지식이 병 때문에 고생하고 있거나 치료하려 애쓰고 있는 사람들에게 실제적인 도움이 되도록 하기 위해서는 아직도 많은 과정을 거쳐야만 한다.

첫째 단계는 가능한 한 초기 단계에서 질병을 진찰할 수 있는 기구를 만들어 내는 일이다. 오진과 상상적인 병은 그 대가가 비싸기도 하지만 위험하기 때문이다.

다음 단계는 질병에 관한 지식을 결국은 치료로 바꾸는 일이다. 무엇이 문제를 일으키는지 그리고 그것을 어떻게 추적하면 되는지를 안다고 문제가 다 해결되는 게 아니다.

따라서 영적 지역 구조의 역할을 인정하는 것은 현대의 영적 전쟁을 왜 어떻게 수행할 것인가를 이해하기 위한 탐구의 출발점에 지나지 않는다. 탐구하고 해결해야 할 다른 질문들이 여전히 남아 있는 것이다. 예를 들면, 어떻게 해서 영적인 견고한 진이 구축되었는가? 어떻게 해서 그것은 오랫동안 유지될 수 있었는가? 어떻게 해서 다른 지역에도 그와 꼭 같은 것이 존재하게 되었는가?

이 짧은 장에서 그 모든 질문들에 대하여 일일이 다 답할 수는 없다 하더라도, 적어도 그 기초만은 다룰 수 있을 것이다. 그렇게 하기 위한 출발점은 정의를 내리는 것이다. 그것은 단순하지만 중요한 일이다. 영적인 견고한 진이 정확히 무엇인가? 이 용어를 지성과 상상력에 적용시키지 아니하고, 지역적 다양성을 자세히 관찰하면 두 가지 보편적인 특성이 발견된다. 영적인 견고한 진은 '빛을 내어쫓고' '어두움을 수출한다.' (신니 세이콥스는 제3장에

서 여러 종류의 영적 견고한 진에 대하여 기술하고 있지만, 여기서는 지역적인 것만을 다룬다)

　지역적인 견고한 진은 원래 질적으로 방어적이면서 동시에 공격적이다. 그 진의 어두운 방벽들은 신이 쏜 진리의 화살들을 막아내고 있고, 사단은 무방비 상태의 목표물을 향해 불화살을 무수히 쏘아대고 있다. 그 진의 영적인 감옥에는 수천 명의 미혹된 포로들이 갇혀 있고, 사단의 통제 본부에서는 수많은 악한 영들을 통하여 악한 명령을 내리고 온갖 술책을 다 부리고 있다.

지역적인 견고한 진 구축하기

　만일 우리가 오늘날 왜 이와 같은 일들이 벌어지고 있는지 이해하려 한다면, 어제 무슨 일이 일어났었는지 조사해 보아야 한다. 지역적인 견고한 진이 존재하고 있다고 결론을 내리는 것만으로는 충분하지 않다. 또한 그것의 기원이 무엇인가 하는 수수께끼를 풀어야 한다. 그것은 어디에서 왔는가? 그것은 어떻게 해서 구축되었는가?

　이러한 연구를 위한 출발점은 바벨이다. 왜냐하면 창세기 11장이 우리에게 알려주듯이 지리적으로 응집되어 있던 사람들이 하나님에 의해서 사방으로 흩어진 것은 고대 메소포타미아에 있던 시날 평지에서다. 그러나 그들이 바벨로부터 다른 곳으로 이주할 때 이 고대인들에게 무슨 일이 일어났는가? 이 질문에 대하여 고대의 공예품과 구전들은 우리에게 어떤 단서를 제공해 주고 있는가? 그리고 만일 단서를 제공해 주고 있다면, 이러한 단서들은 지역적 견고한 진의 기원을 이해하고자 하는 우리의 탐구와 무슨 관련이 있는 것인가?
 더 나아가기 전에 우리의 논의와 관련이 있는 추가적인 사실을 하나 지적해야겠다. 간단히 말하면, 사람이 살고 있는 곳 어디에서나 귀신들을 발견할 수가 있는 것이다. 그것들이 다른 데로 갈 이유가 없는 것이다. 사람들이 살고 있지 않는 산, 강, 나무, 동굴, 별, 그리고 동물과 같은 무생물이나 비도덕적인 생물에게 사단이 관심을 둔다는 증거는 성경에서도 그리고 역사에서도 찾아볼 수 없다. 그들의 고약한 임무는 하나님이 귀하게 여기시는 것을 탈취

> 지상 최초의 가족에게 맨 처음의 명령이 주어졌던 바로 그 지역에서 지상 명령을 완수하는 것이 그의 교회에 대한 하나님의 계획인 것일까?

하고 죽이고 파괴하는 것이다. 그리고 하나님의 형상대로 지음 받은 인간은 가치있는 것들 중에서도 가장 가치 있는 존재이다.
 이것이 도시들을 휘어 싸고 있는 흑암에 대한 근본적인 설명이다. 사람들이 모이는 곳이면 어디나 귀신들이 찾아온다. 이것이 하나님께서 그렇게 급히 바벨탑에 간섭하시게 되었던 이유가 아니겠는가? 당시 지구상에서 인산이 집중되있던 유일한 지역인 시날 땅에는 역사상 가장 많은 귀신들이 집결하였을 것이라는 사실을 상상하기 어렵지 않다.
 메소포타미아로부터 나온 첫번째 사람들의 최초의 이동에 대해서는 거의 알려져 있지 않지만, 우리가 알고 있는 사실을 통해서

추측해 본다면 그들에게는 적어도 하나의 경험적인 공통 분모, 즉 충격이 있었을 것이다. 어떤 이들에 있어서, 그 충격은 그들의 길을 가로막는 험상궂은 산의 성벽이었을 것이다. 다른 이들에게 있어서는 그것이 가혹한 기후상의 조건에 의한 식량 감소이었을 것이다. 또 다른 사람들에게 있어서는 치명적인 전쟁에 휩쓸리는 것이기도 했을 것이다.

그들에게 닥친 이러한 충격이 무엇이었든지 간에, 그것은 항상 사람들로 하여금 서로 얼굴을 맞대고 필사적인 노력을 하도록 해주는 효과를 초래하였다. 그들은 어떻게 그 문제를 해결하였을까? 그런 일들에는 모두 도덕적인 의미가 실려 있었다. 그런 일들이 생길 때마다, 어떤 특정 지역에 살고 있던 특정 사람들은 회개하고 하나님께로 돌아와서 하나님을 그들의 정당한 통치자와 유일한 구원자로 인정할 수가 있었던 것이다.

그러나 불행하게도, 굵은 베옷을 입고 부복하고 있던 니느웨는 이것과 관련하여서 우리가 찾을 수 있는 극히 드문 예이다. 역사상 대다수의 사람들은 하나님의 계시를 거짓된 것과 바꾸었다. 마귀의 소리에 귀를 기울인 그들은 영의 세계와 '보상 약조'를 맺으려고 필사적으로 노력하였다. 어떤 신이 그들의 당면 문제를 해결해 줄 것에 대해 동의해 준 대가로 그들은 자신들이 계속 그 신만을 섬기겠다고 충성을 서약하였다는 말이다. 그들은 그들의 영혼을 도매금으로 팔아넘겼던 것이다.

따라서 마귀의 지역적인 견고한 진이 구축될 수 있었던 것은 이렇게 고대인들이 마귀에게 환영의 돗자리를 펴주었기 때문이다. 이 거래의 기초는 순전히 도덕적인 것이다. 사람들은 의식적으로 진리를 억누르고 거짓을 믿기로 선택한다. 결국 그들은 사기를 당하고 만다. 왜냐하면 그들 스스로가 그렇게 되도록 선택하기 때문이다. 피터 와그너는 다음 장에서 로마서1:18-25 주석을 통해 이 내용을 잘 설명해 주고 있다.

사람과 사단의 세력 사이에 맺은 고대 계약들 중 많은 것들이 아시아에서 이루어졌고 아시아는 현재 세계에서 인구가 가장 많은 곳이기 때문에, 이 대륙이 지금 10/40 창문이라고 알려진 가장 복음화되지 못한 지역이 되어 있다는 사실은 놀라운 일이 아니다. 사람의 수와 그 계약의 기간은 영적 세력의 지역적 참호와 영적 어두움 양쪽에 깊은 관련이 있다.

지역적 견고한 진의 유지

어두움의 왕조가 존재한다는 것은 서글픈 역사적 사실이다. 많은 사람을 괴롭히는 질문은 무엇이 그 왕조를 지탱해 주는가 하는 것이다. 만일 이전 세대 사람들이 잘못 선택하였기 때문에 악마의 세력이 어떤 것에 침투하게 되었다면, 어떻게 해서 이 악한 세력은 수백 년 또는 수천 년에 걸쳐서 그들의 계약 권리들을 유지할 수가 있다는 말인가? 다시 말하면, 처음에 그 계약에 서명했던 사람들이 다 죽었는데도 어떻게 그들은 그 임대 계약을 연장할 수 있었느냐는 말이다.

이에 대한 한 가지 중요한 대답은 종교적 축제, 의식, 그리고 순례 행위 권위 이양 사건에서 찾아볼 수 있다. 나는 이 주제에 대해 『여명의 미로』에서 상세하게 썼는데, 이런 사건들에 대하여 파수꾼 집단이 출판한 연대기적인 안내서는 중보 기도자들의 반격전을 위한 소책자로서 유익하다.

이러한 사건들을 통하여 영적 권세가 활개칠 수 있게 되었다는 것은 수많은 신자와 선교사들과의 대담을 통해 확인된 바다.[4] 그들은 압제를 확실하게 느꼈던 일, 박해가 증가된 사례, 그리고 때로는 마귀의 표적과 기적이 대대적으로 나타났던 일에 대하여 이야기해 주었다. 이런 시기들은 어려운 시기이며, 내가 대담하였던 기독교인들은 이런 사건들이 끝날 때는 항상 기쁘다고 말하였다. 기도와 찬양만이 도움이 되는 것 같았으며, 그럴 때에도, 다니엘의 기도에 대한 하나님의 응답을 지연시켰던 그 동일한 종류의 영적 강자(단10:12,13)에 의하여 그들의 기도에 대한 응답이 방해받지나 않을까 하고 그들은 때때로 염려하였다고 한다.

종교적인 축제, 의식, 그리고 순례가 연중 내내 매주 세계의 어디에선가는 열리고 있다는 사실에 주목해야 한다. 지역적인 행사에서부터 국제적인 행사에 이르기까지, 이러한 일들이 항상 일어나고 있는 것이다. 할로윈 축제(Halloween)와 회교의 하지(Haji)는 그것에 대한 국제적인 예로서 잘 인식되고 있다. 인도의 쿰브하 멜라(Kumbha Mela), 페루의 인티 라이미(Inti Raymi), 그리고 일본에서 여름에 가지는 축제인 본(Bon)과 같은 비교적 잘 알려지지 않은 지역적 축제들도 역시 수많은 사람들을 끌어 모으고 있다.

조상의 환영 돗자리들을 다시 펴다

이러한 행사는 종종 온화하고 예스럽고 화려한 구경거리로 꾸며지고 있지만 사실은 결코 그렇지 않다. 그것은 영적 세계와의 사이에 있는 의식적인 교제이다. 그것은 현세대로 하여금 그들의 조상들이 취했던 선택과 계약을 재확인하도록 하는 기회가 된다. 그것은 조상의 환영 돗자리를 다시 폄으로써 마귀가 오늘날 어떤 특정 지역과 사람들을 지배할 수 있도록 권리를 연상시켜 주는 계기가 된다. 이런 행사의 의미가 과소 평가되어서는 안된다.

사람들이 그런 헛된 허구에 일단 굴복하고 나면, 마귀 권세는 거기서 파생되는 신화에 재빨리 혼을 불어넣는다. 교활한 영적 세력은 오즈(Oz)의 마법사를 생각나게 하는 방법으로 무대 뒤에서 조종하는 섭정의 기교를 발휘한다. 소위 수호신에게 바쳐지는 권위와 충성심은 재빨리 흡수되고 그 이후부터는 거짓에 흘리게 된다.

불행하게도, 세계 도처에서 하루에도 수많은 아이들이 이러한 주술적인 체제하에서 태어나고 있다. 그들 거의 모두는 그 거짓에 대하여 들으면서 성장하지만, 그들 대부분이 그것의 강렬한 흡인력을 처음으로 느끼게 되는 것은 사춘기 의식과 입회식의 과정에서이다. 마귀의 사술에 의하여 더욱 강력해지는 거짓의 권세는 전통이라고 불린다. 그리고 그것은 다시 지역적인 왕조를 지탱하는 전통이 된다.

수정된 사술

지역적인 왕조를 유지하는 데 전통이 중요하긴 하지만, 그것은 원수가 이 목적을 달성하기 위하여 사용하는 유일한 수단은 아니다. 또 다른 수단은 내가 '수정된 사술'이라고 부르는 것이다. 이것은 어떤 이유에서든 전통이 그 사회에서 세력을 잃기 시작할 때에 사용된다.

수정된 사술들은 사람들이 그것을 어떻게 보느냐에 따라 다르지만, 필수적인 경로의 수정이거나 마귀의 '생산 라인'에 맞게 발전된 것이다. 그것들이 받아들여지는 이유는 인간에게는 새로운 것들을 시험해 보고 싶어하는 성향이 있기 때문이다. 사단은 일을 처리하는 데 여러가지 방법을 사용하고 있다는 것이다.

수정된 사술의 현대적인 두 예는 대중 회교와 일본의 신흥종교에서 찾을 수가 있다. 대중 회교는 정령 신앙과 회교적인 신조들을 조합한 것이고, 수많은 일본의 신흥종교들은 불교와 물질주의적인 개념을 흥미롭게 종합한 것이다. 추종자들, 곧 신자들의 숫자의 관점에서 보면, 둘 다 모두 성공적인 종교이다.

수정된 사술은 기존의 이념적 굴레를 제거시키지 않는다. 오히려 그들을 증대시킨다. 이런 의미에서, 전체적으로 볼 때 그것들은 성경에서 자신보다 더 악한 다른 일곱 귀신을 데리고 무방비 상태인 인간 속으로 되돌아갔다고 묘사된 마귀와 유사하다고 하겠다 (마12:43-45; 눅11:24-26).

유력한 속박과 근원적 속박

수정된 사술, 전통, 그리고 종교적인 축제가 지역적 왕조를 유지시키는 역할을 한다는 것을 이해하였으므로, 이제는 한 가지 교훈을 더 배워야겠다. 이것은 '유력한 속박'과 '근원적 속박' 간의 차이를 분별하는 것에 관한 것이다. 이 주제에 관하여 가르치지 않았기 때문에 기독교 용사들이 지역적인 견고한 진을 분별해 내려 할 때 종종 실수하는 경우가 있다.

여기에 대한 좋은 예가 있다. 알바니아의 영적인 견고한 진은 많은 사람들이 몇 년 전에 주장하였던 스탈린주의자적 공산주의이다. 당시 공산주의가 유력한 속박이던 것은 의심의 여지가 없지만, 많은 사람들은 공산주의가 근원적인 견고한 진이라고 널리 여겼던 것이다. 이러한 논리의 결점은, 그 나라에서 1944년까지는 공산주의가 우세한 사상이 되지 못했다는 사실을 상기할 때 분명해진다. 이러한 사실이 의미하는 것은, 이 무신론적인 체계가 사악하고 파괴적인 것이긴 하지만, 그것이 알바니아에 있게 된 것은 겨우 약

50년 전부터라는 말이다. 그러나 알바니아의 역사는 성경에 나오는 일루리곤까지 거슬러 올라갈 수 있는 수 천년인 것이다.

이와 유사한 최신의 체계들을 우리는 메소포타미아, 일본, 그리고 세계의 다른 지역들에서 발견할 수가 있다. 그것들은 바람과 함께 왔다가 사라지는 표층적인 이념들이다. 비록 그것들을 무시할 수 없겠지만, 지역적인 견고한 진을 복음을 통하여 성공적으로 정복하려면 그것들을 반드시 분쇄해야 할 영적인 근본으로 오해해서는 안될 것이다.

어두움의 확장

영적인 견고한 진이 어떻게 해서 구축되었고 유지되는가에 대한 의문들을 살펴보았다. 이제 지역적 확장이라는 주제로 눈을 돌려야겠다. 여기서 우리는 어두움의 왕국이 지리적으로 역동적인 것인가? 그렇다면 어떤 견고한 진의 특성이 다른 지역에서도 어떻게 그대로 나타나게 되는지를 알아보는 것에 관심을 갖게 된다.

『여명의 미로』에서 나는「보리수의 길」(The Banyan Way)이라는 장에서 지역적 역동성에 대해 썼다. 이 제목이 시사하듯이, 가지가 늘어뜨려지고 기근(氣根)이 내려뜨려진 열대의 보리수 나무를 취하여 어두움의 왕국의 확장에 관한 비유로 삼았다.

한 육중한 줄기로부디 니온 보리수의 꾸불꾸불한 가지는 사방으로 뻗어나간다. 이 가지들로부터 기근(氣根)이 땅으로 내려뜨려져서 새로운 줄기들을 형성하게 되는데, 이 나무의 가장 멋있는 모양은 분명 이것이다. 이러한 방식으로 보리수는 옆으로 멀리 뻗어나가게 된다. 뒤들리고, 포도나무와 같은 줄기와 가지로 이루어진 뚫고 들어갈 수 없는 숲을 종종 형성하기도 하면서 말이다.

이렇게 뻗어나간 가지들과 내려 뻗은 뿌리들은 지역적 확장이 이루어지는 것을 보여주는 두 가지 방식이다. 즉 '이념적인 수출' 과 '고통으로 인한 견고한 진'. 이념적인 수출이란 지역적인 견고한 진이 옆으로 확장되는 것을 말하는데, 이것은 세계의 여러 지역에서 이념 또는 영적인 영향력이 송출 지역, 즉 수출 본부로부터 넓게 퍼져나감을 통하여 성취된다. 그러한 본부의 예로는 카이로, 트리폴리, 카발라, 회교 세계의 콤(Qom)과 메카, 힌두교 세계의 알라하바드와 바라나시, 불교 세계의 다람살라와 동경, 그리고 물질주의적 세계인 암스테르담, 뉴욕, 파리, 헐리우드 등이 속한다. 유대-기독교적 가치의 방패가 이런 독성이 북아메리카에 깊게 스며드는 것을 막아준 적이 있기는 하지만, 기독교적 열심의 쇠퇴는 불행하게도 이제 원수는 우리라고 하는 것을 깨우쳐 주게 되었다.

원수가 이 세상에 자기 나라를 확장시키는 또 다른 방법은 새로운 고통을 끌어들이는 방법이다. 과거의 경험을 통하여 사단은 절망적인 환경이 사람들을 얼마나 효과적으로 얽히게 하는지 배웠기 때문에, 그는 종종 타락한 사람의 탐욕, 정욕 그리고 위선을 사용하여서 새로운 위기를 조성하려고 할 것이다.

서반구에서 있었던 고통으로 인한 견고한 진에 대한 아주 좋은 예는 아이티이다. 에픽(Efik) 부족과 프랑스의 노예 장사꾼들의 욕심으로 인하여, 아주 많은 수의 서부 아프리카인들이 카리브 해로 보내져 학대받고 자포자기의 상태에 이르게 되었다. 이 노예들은 영의 세계와 새롭게 계약을 맺음으로써 자신들의 곤경을 해결하기로 선택하여, 정령 신앙에 근거를 둔 제사 체계와 부돈(voudon)이라고 알려진 비밀 규칙을 확립하였다. 피터 와그너가 다음 장에서 기술한 것을 보면 알 수 있듯이, 오늘날 이 체계는 어두운 보응을 하고 있는데, 이것은 널리 알려진 사실이다.

문지방 세대

주 예수 그리스도의 군사가 10/40 창문에 대한 세계 복음화의 남은 임무를 다하기 시작할 때, 이 창문 지역의 지질학적 중심점이 고대의 에덴(즉, 이라크 지역: 창2:8-14을 참고하라)이 되어야 한다는 것은 신기한 일이다. 지상 최초의 가족에게 맨 처음의 명령이 주어졌던 바로 그 지역에서 지상 명령을 완수하는 것이 그의 교회에 대한 하나님의 계획인 것일까? (창세기1:27,28을 보라.)

그 대답이 무엇이든지 간에, 이 마지막 길을 진군하고자 하는 기독교 전사들은 무자비하고 불가시적인 적군으로부터 무서운 저항에 직면하게 될 것이라는 것이 분명하다. 만일 마귀에게 홀린 포로들을 해방시키고자 하는 사명을 성공적으로 달성하려 한다면, 원수의 지휘 통제 본부에 대한 정확한 정보와 군인들이 밤에 볼 수 있도록 쓰는 안경과 같은 영적인 도구가 필요할 것이다.

한 장에다 3년치 분의 영적 도해 정보를 다 기술해 놓는다는 것은 불가능한 일이다. 그러나 이러한 정보가 임박한 구원의 사명을 다하려고 애쓰는 독자들에게 여명의 미로를 통과할 수 있도록 인도해 주는 새로운 도구로 인식하는 데 도움이 되었기를 바란다.

❖ 토의할 문제 ❖

1. 영적 지역 구조의 개념에 대하여 토의하라. 당신은 사단에 의하여 악한 영의 권세가 어떤 일정한 지역에 배치될 수 있다는 생각에 동의하는가?

2. 이 장에서는 종교적 축제가 어떤 지역에 대한 악한 세력의 세력을 강화시킬 수 있다고 말하고 있다. 생각나는 대로 이러한 축제의 이름을 열거해 보고 그것에 대하여 토의하라.
3. 당신이 살고 있는 도시 또는 나라의 어떤 지역에서 어두움과 압제를 거의 몸으로 느끼는 것 같은 경험을 한 적이 있는가? 당신의 느낌을 다른 사람에게 얘기해 보라.
4. 한 도시나 나라를 지배하는 마귀의 견고한 진은 고통에 의하여 유입될 수가 있다. 당신이 기억하는 한에서, 당신의 도시나 나라의 역사에서 견고한 진을 구축하도록 했을지도 모르는 그러한 고통들이 있었는가?
5. '성경 외적인 것' 과 '비성경적인 것' 을 구분한 조지 오티스 2세의 견해를 다시 생각해 보라. 당신은 거기에 동의하는가?

주(註)

1. George Otis, Jr., *The Last of the Giants* (Tarrytown, NY: Chosen Books, 1991), p.85.
2. See, for example, C. Peter Wagner, *Warfare Prayer* (Ventura, CA: Regal Books, 1992), pp. 87-103.
3. Additional information on these and other intercessory support products is available through: The Sentinel Group, P.O. Box 6334, Lynnwood, WA 98036.
4. Specific testimonies have been gathered in Japan, Morocco, Indonesia, Haiti, India, Bhutan, Egypt, Turkey, Nepal, Afghanistan, Iran, Fiji, American Indian reservations and elsewhere.

제2장
가시적인 것과 불가시적인 것

피터 와그너(C. Peter Wagner)

우리 주위의 세계를 외양대로가 아니라 사실 그대로 보려는 시도, 이것은 영적 도해에 대한 고전적인 묘사이다.

영적 도해의 배경이 되고 있는 중요한 가정은, 실제는 외형 이상의 것이라는 사실이다. 우리의 일상 생활의 가시적인 것들 — 나무, 사람, 도시, 별, 정부, 동물, 직업, 예술, 행동 양식들 — 은 일상적이며 당연시되는 것들이다. 그러나 우리 주변 세계의 많은 가시적인 국면들 배후에는 영적인 세력, 즉 실제의 불가시적인 국면들이 있을지 모르며 이 국면들은 가시적인 것들보다 더욱 궁극적인 의미를 가지고 있을지도 모른다.

사도 바울이 "우리의 돌아보는 것은 보이는 것이 아니요 보이지 않는 것이니 보이는 것은 잠간이요 보이지 않는 것은 영원함이니라"(고후4:18)고 말하였는데, 여기서 그는 이 사실을 강력히 암시하고 있다.

바울은 가시적인 것과 불가시적인 것의 차이를 인식하게 될 때 '낙심하지' 않게 될 것이라고 말한다(고후4:16). 무엇에 대해서 낙심한다는 말인가? 그는 고후4:1에서 다시 한번 낙심하는 것에 대하여 언급한 다음, 그의 전도 노력이 그가 원했던 만큼 진척되지 않는다고 개탄하고 있다. "우리의 복음이 가리웠으면 망하는 자들에게 가리운 것이라"고 그는 말한다. 왜 그런가? '이 세상 신'이 그들의 마음을 혼미케 하였기 때문이다(고후4:3,4).

바울의 메시지는, 세계 복음화를 위한 실질적인 전쟁은 영적인 것이며 이 전쟁에서 사용하는 무기들은 육적인 것이 아니라 영적인 것이라는 사실을 우리가 인식해야 한다는 뜻이라고 나는 이해하고 있다. 우리는 또한 하나님께서는 우리에게 이성적이고도 공격적인 영적 전쟁을 하라고 명령하셨음을 인식해야 한다. 만일 우리가 이것을 이해한다면, 세계 복음화 과정은 한층 더 가속화될 것이다. 가시적인 것과 불가시적인 것의 차이를 이해하는 것은, 잃어버린 영혼이나 멸망하는 영혼에 대한 원수의 올무를 풀기 위하여 총체적으로 벌이는 전투 계획을 세우는 데에 있어서 중요한 요소가 된다.

하나님의 진노를 일으킴

로마서 1장은 가시적인 것을 불가시적인 것으로부터 구분하는 데 대한 핵심적인 성경 말씀이며 또한 하나님의 진노에 대한 말씀이기도 하다. 알다시피, 하나님의 진노는 우리가 좋아하는 주제가 아니다. 때문에 우리는 그것에 관한 책을 많이 가지고 있지 못하며 또한 설교도 많이 듣지 못한다. 그러나 진노는 하나님의 속성이다.

이 말의 의미는, 진노는 왔다가 사라져 버리는 어떤 일시적인 기분이 아니라 하나님의 본성의 일부라는 말이다. 하나님은 진노의 하나님이시다. 그는 또한 공의의 하나님이며, 사랑의 하나님이며, 자비의 하나님이며, 거룩하신 하나님이시다. 우리는 이런 표현을 계속해서 할 수 있을 것이다. 하지만 로마서1:18-31은 진노의 하나님에 대해서 말하고 있다.

바울은 "하나님의 진노가 불의로 진리를 막는 사람들의 모든 경건치 않음과 불의에 대하여 하늘로 좇아 나타나나니"라고 말한다(롬1:18). 이 엄청난 불의는 가시적인 것 그리고 불가시적인 것과 직접적으로 관련이 있다. 설명을 해보겠다.

하나님께서는 왜 세상을 창조하셨는가? 그가 세상을 창조하신 것은 자신의 영광을 나타내기 위해서였다. 바울은 '만들어진 것들', 즉 피조물의 가시적인 국면들을 통하여 하나님의 '불가시적인 속성들이 분명하게 나타났'고 설명을 한다. 우리가 보고 있는 모든 피조물은 예외없이 처음에는 '그의 영원하신 능력과 신성'을 나타내기 위하여 피조된 것들이었다(롬1:19,20).

이것이 우리에게 의미하는 것은 무엇인가? 우선 그것은 모든 인간이 하나님의 영광을 나타내기 위하여 피조되었다는 사실이다. 인간은 다른 피조물들보다 우월한 지위를 점하고 있는데, 그것은 우리가 하나님의 형상대로 지음 받은 유일한 피조물이기 때문이다. 모든 천사 또한 하나님의 영광을 나타내기 위하여 피조되었다. 그리고 모든 동물들도 그렇고, 모든 식물들도, 하늘에 있는 것들도, 산도, 빙산도, 화산도, 우라늄도 그렇다. 인간의 문화도 하나님의 피조물의 일부로서, 그를 영화롭게 하기 위하여 고안된 것이다. 나는 이 장이 전개됨에 따라 이 주제를 좀더 구체적으로 다루려고 한다.

하나님의 피조물을 퇴락시킴

그러나 우리의 현세계에서는 피조물이 모두 하나님을 영화롭게 하고 있지는 못하다는 사실이다. 어떤 사람들은 피조물을 취하여 그것들을 타락시킴으로써 더 이상 하나님의 영광을 나타내지 못하도록 하였다. 그들은 하나님의 영광을 "썩어질 사람과 금수와 버러지 형상의 우상으로" 바꾼 것이다. 하나님은 마땅히 자신에게 돌려져야 할 영광이 인간이나 새, 동물들과 파충류 등의 피조물에게로 돌아가는 것을 보실 때 격노하셨다. 초자연적인 권세들을 나타내기 위하여 의도적으로 이러한 가시적인 것들을 만들 때, 하나님은 진노하시는 것이다.

만일 우리가 성경에서 하나님의 진노에 대한 구절들을 찾아 살펴본다면, '피조물을 창조주보다 더 경배하고 섬기는 것' 만큼 하나님을 진노케 하는 것은 없다는 것이 분명해질 것이다(롬1:25). 하나님은 인간이 사단과 다른 악한 마귀적 존재를 영화롭게 하기 위하여 가시적인 것들을 사용할 때, 그것을 특히 더 미워하신다. 예레미야1-19장을 읽기만 하더라도, 유다 사람들은 예레미야의 경고에도 불구하고 그런 일을 하려는 마음을 가지고 있었던 것처럼, 감히 그런 무시무시한 일을 하려고 하는 사람들의 마음속에는 두려움이 생기게 될 것이다. 그들은 "나무를 향하여 너는 나의 아비라 하며 돌을 향하여 너는 나를 낳았다" 하고 있었다(렘2:27). 이것은 하나님의 마음을 너무도 상하게 하는 것이며 하나님은 그것을 간음으로 간주하신다. '네가 많은 무리와 행음하였도다' (렘3:1). 하나님은 "그가[이스라엘이] 돌과 나무와 더불어 행음하여 이 땅을 더럽혔도다" (렘3:9)라고 말씀하셨다.

나는 십계명의 순서가 우연히 그렇게 나열된 것이 아니라고 생각한다. 하나님은 살인, 도적질, 부도덕, 안식일을 범하는 것, 그리고 탐심을 증오하신다. 그러나 이 모든 것들은 십계명의 제1계명과 제2계명의 후에 오게 된다. "너는 나 외에는 다른 신들을 네게 있게 말지니라"와 "너는 너를 위하여 새긴 우상을 만들지 말지니라"(출 20:3,4). 제1계명은 가시적인 것과 관련이 있고 제2계명은 불가시적인 것과 관련이 있다.

나는 가시적인 것을 사용하여서 마귀적인 세력에게 존귀와 영광을 돌리는 것보다 더 나쁜 죄는 없다고 생각한다. 그보다 더 하나님의 질투심과 진노를 불러일으키는 것은 없기 때문이다.

일본과 떠오르는 태양

예를 들면, 일본은 '해뜨는 나라'로 알려져 있다. 물론 해는 하나님을 영화롭게 하기 위하여 피조된 하나님의 피조물이다. 일본의 국기는 바로 해를 나타내고 있다. 그것은 국가의 상징이다. 그러나 일본 국기에 있는 그 해가 하나님을 영화롭게 하고 있는가? 그것은 아마테라수 오미카미(Amaterasu Omikami), 즉 일본인들이 일본을 지배하고 있는 지신으로 인정하고 받들어 섬기는 태양여신을 영화롭게 할 의도적인 목적을 가지고 사용되는 것이다.

사람들이 일본의 국기를 볼 때에 '하나님을 찬양하라!'고 말 할 수 있어야 한다. 그러나 현재 그들이 그것을 사용할 때에, 그들은 창조주보다는 피조물을 더 영화롭게 하고 있는 것이다.

하와이의 용암

내가 최근 하와이에서 영적 전투 모임을 인도할 때, 많은 사람들이 돌, 특히 킬루에아 화산에 의하여 만들어진 용암에 관심을 집중하는 것을 보았다. 그들은 그 아름다운 화산 용암을 보면서 '하나님께 영광을! 우리 하나님은 소멸하는 불이시로다'라고 말을 해야만 했을 것이다. 하나님은 그들의 창조주이시기 때문이다.

그러나 그렇지가 않았다. 많은 하와이 사람들은 돌을 보고 '펠레께 영광을! 만일 우리가 그녀에게 영광을 돌리지 않는다면, 그녀는 우리를 불사를 것이로다'라고 말한다. 하나님의 기분이 어떻겠는가? 로마서 1장에 따르면, 그렇게 하는 것은 하나님의 진노를 불러일으킬 따름이다.

그랜드 캐년

대부분의 미국 기독교인들은, 자연적 경관에서 볼 때 그랜드 캐년(Grand Canyon)이 하나님의 위엄을 가시적으로 보여주는 것으로 타의 추종을 불허한다는 데에 동의 할 것이다. 그러나 데이비드와 제인 럼프는 어떤 사람들이 조직적으로 그것을 퇴락시켜서 지리적 우상으로 만들었다고는 거의 생각지 않는다. 그렇지만 그들은 최근 논문에서, 왜곡된 불가시적인 세력이 지금 가시적인 자연적 경관에 의하여 영화롭게 되는 것을 발견하고 그들에게 '의로운 분노'가 치밀어 올랐다고 말하였다. 애석하게도, 그랜드 캐년의 경관의 거의 대부분은 어두움의 권세와 세력의 이름을 갖고 있다.

우선 생각에 떠오르는 것들만을 열거해 보자. 애굽의 영들을 영화롭게 하는 것들로 라의 탑, 그옵스 피라미드, 오시리스 사원이 있고, 힌두교 세력에게 영광을 돌리는 것들로, 비스누 시내, 라마 사당, 크리스나 사당이 있으며, 희랍과 로마의 신들에게 영광을 돌리는 것들로, 제우스 신전, 주노 신전, 비너스 신전 등이 있다. 여기에다 환영 계곡, 유령이 출몰하는 협곡, 그리고 수정 용 계곡을 더해 보라. 그리하면 당신은 틀림없이 하나님의 진노를 일으키는 형태들을 보게 될 것이다.

나는 럼프 부부의 다음과 같은 반응을 좋아한다. "이 집단적인 죄에 대해서 다른 사람들을 대신하여서 겸손히 회개를 하고, 그곳은 당연히 하나님께 속한 것이라고 선언을 하며, 그리고 새로운 이름들을 통하여 주님께서 그곳에서 영광을 받으시도록 중보기도를 드려야 한다."

문화를 긍정함

우리는 전세계적으로, 특히 미국에서 문화에 대한 새로운 관점이 도래하고 있는 시대에 살고 있다. 문화를 재긍정하고 다문화 사회를 옹호하는 것이 유행처럼 번져가고 있다. 그러나 이것 때문에 기독교인들이 허를 찔려서는 안된다. 우리는 가시적인 것과 불가시적인 것에 비추어서 이 운동을 이해해야 할 필요가 있다. 하와이의 용암 뒤와 꼭같이, 문화 형태 뒤에는 하나님의 불가시적인 세력이 있을 수도 있고 마귀의 불가시적인 세력이 숨어 있을 수도 있다. 만일 우리가 이 사실을 간과한다면, 우리는 마귀화라는 황폐케 하는 고차원적인 물결에 의하여 불필요한 해를 입을 수도 있다.

이미 언급했듯이, 인간의 문화는 하나님의 피조물의 일부이다. 따라서 문화는 그 자체가 스스로 선할 수가 없다. 그것은 창조주를 영화롭게 하기 위하여 만들어진 가시적 요건들 중의 하나이기 때문이다. 이것은 너무도 중요한 내용이기 때문에 신구약에 있는 관련 구절을 언급함으로써 재강조하고 싶다.

바벨탑

문화의 근원은 창세기에 나타나 있다. 창세기 11장에 따르면, 인류가 모두 한 문화를 가지고 있었다. 하지만, 아마도 하나님의 원래 목적은 인류가 지상에 퍼져서 다양한 문화를 발전시키는 것이었다. 그러나 사람들은 그들의 타락한 성품을 따라서, 하나님보다 자신들이 더 나은 계획을 가지고 있다고 생각하였다. 따라서 그들은 바벨이라 불리는 탑 주위에 결집함으로써 흩어지는 과정에 거역하기로 결안하였다. 그들은 탑을 쌓았던 것이 분명하다. "온 지면에 흩어짐을 면하자"(창11:4).

그 탑은 가시적인 구조물이었다. 그러면 불가시적인 것은 무엇이었는가? 고고학자들은 그 탑은 신비 종교적 목적을 가지고 지어진 전형적인 신전으로서, 잘 알려졌던 고대의 구조물이었다고 말한다. 그들은 그들이 바라던 하나의 세계 운동을 성취하기 위하여 사단의 세력을 끌어들이려고 '그 꼭대기가 하늘에 닿는' 탑을 하나 원했던 것이다. 그들은 가시적인 것을 사용하여서 창조주보다는 피조물을 영화롭게 하였던 것이다.

하나님의 반응은 예측할 수 있는 것이었다. 그분은 진노하셨다. 그들의 언어를 혼란케 하심으로 단 한번에 그들의 계획을 무너뜨리셨다. 그리하여 그들은 하나님이 의도하셨던 대로 흩어지기 시작하였다. 인류는 결국 '여러 나라 백성으로 나뉘어서 각기 방언과 종족과 나라대로 흩어지게 되었다'(창10:5).

성경 학자들은 오늘날의 인류 문명이 하나님의 형벌인가(하나님의 계획 B) 아니면 하나님의 목적(하나님의 계획 A)인가 하는 것에 대하여 의견이 나뉘어져 있다. 내가 믿기로는 문화는 하나님의 창조적인 목적의 일부, 즉 계획 A이다. 바벨에서 하나님은 그의 원대한 계획을 바꾸지 아니하셨고, 다만 그는 그것을 가속화시키셨을 뿐이다. 내 생각이지만, 수백 년이나 수천 년이 걸렸을지도 모르는 일이 이 한 순간에 이루어진 것이다.

그 한 이유는, 다양성을 주는 것이 하나님다운 일이기 때문이다. 하나님께서 창조하신 여러 종류의 나비나 물고기 그리고 꽃들을 보라. 세계는 다양성이 있음으로 해서 없을 때보다 훨씬 더 좋아졌다. 다양한 문화는 바로 그 구도에 어울리는 것이다.

구속적 은사

개개의 문화 또는 민족 또는 각 나라들은 제각기 다른 이들이 할 수 없는 나름대로의 기여를 하고 있다. 많은 사람들이 존 도슨(John Dawson)의 선구자적인 저서 『하나님을 위하여 우리의 도시를 구해내자』(Taking Our Cities for God)를 좇아서, 이러한 문화적인 독특성을 '구속적 은사'[2]라고 부른다. 영적 도해의 중요한 부분은 인간의 도시나 국가나 조직들의 구속적 은사 또는 어떤 사람들이 말하는 것처럼 구속적인 목적을 알아내는 것이다. 사실, 이것은 가장 중요한 일이다. 궁극적으로 우리의 목표는, 사단의 견고한 진을 폭로시키거나, 주술적 사기를 노출시키거나, 영적 도해를 추진하거나, 권세들과 권위들을 묶는 것이 아니기 때문이다. 우리의 목표는 모든 피조물에 대한 하나님의 영광을 회복시키는 일이다. 하나님의 구속적 은사를 앎으로 해서, 영적 전투에서 우리는 우리의 기도와 여타의 행동에 대한 구체적이고도 긍정적인 방향을 찾을 수가 있는 것이다.

만일 인류 문화가 하나님의 의도적인 목적의 일부인가 아닌가에 대하여 아직도 어떤 의문점들이 그대로 남아 있다면, 그것들은 사도 바울이 아덴에 있는 마르스 언덕에서 말한 연설을 통하여 해결될 수 있을 것이다. 거기서 그는 "그(하나님)는 인류의 모든 족속을 한 혈통으로 만드사 온 땅에 거하게 하시고 저희의 연대를 정하시며 거주의 경계를 한하셨나"고 분명히 밀하였다(행17:26). 그런데 그렇게 많은 여러 민족이나 문화를 만드신 하나님의 목적이 무엇인가? "이는 사람으로 하나님을 혹 더듬어 찾아 발견케 하려 함이라"(행17:27). 이것은 분명히 구속적인 목적이었다.

나쁜 소식 : 문화는 타락하여 왔다

문화가 하나님의 영광을 드러내도록 고안되었다는 것은 좋은 소식이다. 그러나 그것들은 대부분 그렇게 되지 못했다고 하는 것은 나쁜 소식이다. 사단은 문화를 타락시키는 데 성공하였다. 사단의 주요 목표는 하나님이 영광을 받지 못하도록 하는 것이다. 그는 처음에 아담과 하와를 유혹하여 하나님의 형상대로 지음 받은 인간의 본성을 타락시킴으로써 그렇게 하였다. 그런 다음에, 타락한 많은 인간을 사용하여 사회 전체를 타락시키는 행위를 계속하고 있다.

바울은 마르스 언덕에서 행한 설교에서 계속 이 주제를 다루고 있는데, 전체가 가시적인 것과 불가시적인 것에 대한 내용이다. 그가 이렇게 설교한 이유는 '온 성에 우상이 가득한 것을 보고 마음에 분했기'(행17:16) 때문이다. 그 설교에서 바울은 어두움의 마귀 세력을 영화롭게 하는 데 종종 사용되는 두 가지 일반적 문화 형태를 지적하였다. 바로 사원과 예술이다. 아덴은 사원들로 꽉 차 있었으나, 하나님은 천지의 주재시므로 손으로 지은 전에 계시지 아니하신다(행17:24). 또한 아덴은 예술로 유명하였으나, "신을 금이나 은이나 돌에다 사람의 기술과 고안으로 새긴 것들과 같"이 여길 것이 아니다(행17:29).

건축과 예술은 모두 분명히 하나님을 영화롭게 할 수 있으며 대부분 그렇다. 그러나 그것들은 또한 피조물, 사단과 그의 무리들을 창조주보다 더 영화롭게 하는 도구가 될 수도 있다.

인류학자들은 여러 가지 문화 안에 있는 인간의 행동 뿐만 아니라 건축과 예술 같은 것들도 분석한다. 그들은 종종 매우 정확하게, 문화의 구성 요소의 형태, 그리고 기능과 의미를 분별할 수가 있다. 그러나 가장 우수한 사회 과학자들이라 하더라도 오직 가시적인 것만을 취급할 수 있는 것이다. 그것을 넘어서기 위해서는 문

하나님께서 세상을 창조하신 것은 자신의 영광을 나타내기 위해서였다. 그리고 모든 인간은 하나님의 영광을 나타내기 위하여 피조되었다. 인간은 다른 피조물들보다 우월한 지위를 점하고 있는데, 그것은 인간이 하나님의 형상대로 지음 받은 유일한 피조물이기 때문이다.

화 인류학에게는 생소한 한 차원이 요구된다. 즉 영들을 분별하는 차원말이다. 인류학은 문화를 그 외양대로 보지만, 영적 도해는 문화를 사실 그대로 보려고 노력한다.

문화 인류학적 기초 지식이 없었던 초기의 선교사들은 하나의 공통적인 실수를 저지르곤 하였다. 타문화권으로 들어갈 때 그들도 거기에 원수가 있다는 사실을 알고 있었다. 그런데 그들은 문화가 곧 원수라고 하는 그릇된 결론을 내렸던 것이다. 그들은 최선을 다했으나, 우리 모두 지금 애석하게 생각하고 있는 것처럼 그들은 많은 것들을 간과하였던 것이다. 오늘날 우리는 문화가 원수가 아니라 사단이 원수라는 사실을 이해하고 있다. 우리의 핵심적인 임무는 불가시적인 것이 어디에서 가시적인 것을 타락시켰는지 분간

해 내는 것인데, 권력 충돌(고후 10:4,5)을 통해서 그 문제를 다루어야 한다. 우리의 목표는 사단의 역사를 막고 하나님의 구속적 은사를 드러내도록 하는 것이지 문화를 파괴하는 것이 아니다.

미국의 문화를 재궁정함

미국에 있는 원수의 가장 강력하고도 견고한 진들 중의 하나는 노예 제도로 거슬러 올라간다. 그리고 최근에는 인종 차별주의라는 형태로 뚜렷하게 나타나고 있으며, 이는 영들을 분별하기 위한 노력을 크게 들이지 않고도 알 수 있는 것이다. 우리는 이런 사회적 부패를 극복하기 위한 정치적 방법과 수단을 찾아 왔고 또 앞으로도 계속해서 찾을 것이다. 그러나 그것은 한걸음 전진할 때마다 한걸음 후퇴하는 것 같았다.

1863년에 노예를 해방시킨 링컨의 노예 해방 선언은 하나의 진전이었다. 그러나 그후, 결과적으로는 '동화'(다시 말하면, 흑인들이 그 사회에서 용납되기 위해서는 백인처럼 되어야 한다는 것)와 같은 왜곡된 문화 형태나, '미국은 용광로이다'(즉 모든 미국인들은 다 동일하다)와 같은 잘못된 표어들을 발전시킨 백인 지배는 분명히 후퇴였다. 이것은 "우리 모두 색깔을 가리지 말아야 한다"라는 좋은 것을 "우리는 인종 차별주의에 대하여 맹인이 되어야만 한다"라는 나쁜 것과 함께 섞는 것이었다.

1960년대의 인권 운동을 통하여 이러한 사상들이 벗겨지기 시작하기까지는 100년이 걸렸다. 백인은 검정색은 아름다운 것이며 흑인들도 훌륭한 미국인들이 될 수 있다는 사실을 깨닫기 시작하였다. 우리는 미국의 다른 소수 민족들의 문화 뿐만 아니라 아프리카계 미국 문화를 재궁정하기 시작하였다. 이것은 한걸음 전진한 것이다. 한걸음 후퇴는, 너무도 새로운 것이기 때문에 많은 사람들이 아직 인식하지 못하고 있기는 하지만, 위험스러우면서도 다소 순진하게 이교 사상에 대하여 개방하는 것이다. 그리고 여기서 가시적인 것과 불가시적인 것이 직접 연관되는 것이다.

과장된 용인

용인은 차별주의와 반대되는 말이다. 문화적 다원주의를 재궁정하려는 노력에서 보면, 용인은 고상한 가치로 인식된다. KKK(Ku klux klan)단과 같은 용인하지 못하는 집단들은 오늘날 불운한 사회적 이단자들로 간주된다. 이것은 일보 전진한 것이다.

내가 두려워하는 것은 용인이 과장되면 그것은 우리를 두 걸음 후퇴시키는 것이 될 것이며 그 결과는 처음보다 더욱 나쁘게 될 것이라는 점이다. 가시적인 형태의 문화는 중립적이고 용인할 만하지만, 어떤 문화적 형태의 배후에 있는 불가시적인 세력들은 그렇지 않기 때문이다. 솔로몬은 여러 문화권으로부터 여인들을 자기 왕궁으로 데리고 왔을 때 이 사실을 깨닫게 되었다. 그 여인들이 이교적 문화로부터 가지고 온 예술과 공예품들은 언뜻 보기엔 크게 문제될 게 없었다. 그러나 그것들과 함께 들어오게 된 사단의 권세가 문제였으며 그것들이 결국 솔로몬의 몰락을 초래하였던 것이다(왕상11:4-10). 불가시적인 것이 가시적인 것과 함께 들어왔던 것이다.

오늘날 훌륭한 미국인이라고 하면 동성 연애의 생활 방식으로부터 동방 종교에 이르기까지 모두를 용인할 수 있는 사람이어야 하는 현실이다. 다문화주의는 모든 대학들의 표어가 되어 버렸다. 신문 기사, 예술가, 교사 그리고 재판관들은 '정치적으로 옳아야'할 것이다. 이렇게 되면 어떻게 되는지를 유의해서 보라. 용인이 최고로 인정되는 곳에서는 단 하나뿐인 유일한 진리는 오히려 용인받지 못한다. 본질적으로 기독교는 용인되지 못하는 것처럼 보인다. 왜냐하면 기독교는 하나님은 절대적이며, 그의 말씀은 진리이며, 그의 도덕은 표준이며, 예수 그리스도를 통해서만이 잃어버린 인간들이 하나님과의 개인적 관계를 회복할 수 있다고 주장하기 때문이다. 기독교는 정치적으로 전혀 옳지 못한 것이다.

이것이 공립학교에서는 기도를 하거나 성경을 읽을 수가 없고 십계명을 써 붙일 수 없는 이유이다. 학생들의 종교적 신조나 성적 경향에 관계없이 모든 학생에게 문호를 개방하여 지도해 줄 것을 요구하는 서류에 '학원' 선교 지도자들이 서명하도록 워싱턴 대학교가 규정한 이유인 것이다. 팀 스탠포드는 "스탠포드에서는 백인 남자들이나 종교적 근본주의자들에 대해서는 무엇이든지 그리고 얼마든지 이야기할 수가 있지만, 압제받는 자들, 즉 여자, 동성연애자, 불구자, 또는 유색인들을 불쾌하게 만들 수 있는 것을 행하거나 말하는 사람에게는 재난이 닥치게 됩니다"라고 하였다.

이것은 명백한 잘못인데, 더욱 경악스러운 것은 이러한 태도가 기독교 주류에까지 파고들어 왔다는 점이다. 조지 바나(George Barna)가 최근 연구한 바에 따르면, 중생한 복음주의적인 기독교 신자들의 23%만이 절대적인 진리가 있다고 믿고 있다는 사실이 밝혀졌다.[4] 이런 정도니, 억척스런 복음 전도의 필요성을 의문시하는 사람들이 있는 것도 무리는 아니다. 예수 그리스도를 개인적인 주님과 구세주로 믿는 신앙이 결국은 그렇게 중요하지 않을지도 모른다는 것이다!

가시적인 것과 불가시적인 것에 비추어 볼 때, 우리가 지금 논의하고 있는 것은 문화적 유희가 아니다. 용인이라는 미명하에 또 다시 이교주의를 우리 사회 안으로 불러들이는 것은, 지역 귀신들이 침입하여 통제권을 장악할 수 있는 견고한 진을 마련해 주는 것이다. 그것은 사회가 사단의 권세하에 있게 하고 사람들에게 큰 재난을 초래하는 결과를 낳는다.

어두움의 권세는 어떤 일을 하는가

이것은 얼마나 위험한 일인가? 사단의 세력이 사회를 지배하게 되면 많은 불행한 일들이 일어나게 된다. 미국에 있는 우리는 지금 눈 앞에서 그 현장을 직접 목격하고 있다. 그 구체적인 예를 들어 보도록 하자.

1. 새롭고도 한층 더 난폭한 형태로 인종차별주의의 부활을 선동할 수 있다. 아프리카계 미국인과 한국계 미국인 사이에서 또는 서바나계 미국인과 아프리카계 미국인 사이에서 분쟁이 일어나는 것과 같이, 소수 민족과 소수 민족 사이에서도 분쟁이 일어날 수가 있다.

2. 압력단체의 주장이 장기적으로 사회 전체에 어떤 해를 끼치는가에 상관없이 입법적 그리고 사법적 체계를 사용하여 그들의 권리를 합법화할 수 있다. 그리하여 동식물의 과도한 권리, 동성연애자의 권리, 사소한 환경 문제, 단지 편의를 위해서 하는 임신중절 등을 정치적으로 옳게 여기게 한다.

3. 도덕적 타락을 향하여 가는 문들이 쉽게 열릴 수 있다. 사람들이 피조물을 섬기고 창조주를 섬기지 않게 될 때, 도덕적으로 좌초하게 된다는 사실은 로마서 1장에서 밝히고 있는 바와 같이 명약관화한 것이다. 사회는 하나님이 구성원을 포기하시도록까지 나빠질 수 있다. 로마서 1상에서 바울은 세 번씩이나 반복해서 '하나님

께서 저희를 내어 버려두사'라고 말한다. 무엇에 대해서 내어 버려 두셨다는 말인가? 첫째, '하나님께서 저희를 마음의 정욕대로 더러움에 내어 버려두사 저희 몸을 서로 욕되게 하셨다'(1:24). 둘째, '남자가 여자로 더불어 부끄러운 일을 행하게 하셨다'(1:27). 셋째, '하나님께서 저희를 그 상실한 마음대로 내어 버려 두사 합당치 못한 일을 하게 하셨다'(1:28). 그리고 이어서 범죄 행위와 관련하여 성경에서 찾을 수 있는 가장 반역적인 목록 중의 하나가 나오게 된다. 애석하게도 그 목록들은 오늘날 미국 신문의 제1면에서 볼 수 있는 것들이다.

영 분별의 도전

모든 문화가 긍정되고 용인되는 국가적 그리고 국제적 환경하에서 우리는 어떻게 분별해야 하는가? 한편으로, 우리는 문화를 긍정하기를 원한다. 결국, 하나님이 모든 문화를 창조하셨으며, 하나님의 영광을 위하여 문화에 구속적인 은사나 은사들을 주시지 않았던가? 다른 한편으로, 우리는 하나님의 영광이 드러나는 것을 막고 있는 사단의 사슬들을 폭로하기를 원한다. 우리는 견고한 진을 찾아내어 영적 전투의 성경적 원칙에 따라 그것을 무너뜨리고, 그 배후에 있는 영적 세력(고후10:3-5; 엡6:12)에 대해서 축출시키는 명령을 내리기 원한다. 우리가 더욱 노련하게 영적 도해를 하면 할수록, 우리는 더욱 효율적으로 그러한 도전에 대응할 수 있게 될 것이다.

가끔씩, 어떻게 분별할지 판단하는 것이 비교적 쉬울 때가 있다. 그것은 영적인 상식을 통해서 분별하는 것이다. 그러나 다른 경우에서, 그것은 예언이나 영 분별과 같은 영적인 은사는 물론 상당한 현장 경험이 요구되는 복잡한 상황이 된다. 이제 분별하는 것에 대하여 나의 개인적인 예와 성경적인 예를 들어보려고 한다.

와그너 집의 거실 청소

기도의 전사 총서의 다른 책을 읽어 본 사람이라면 아내 도리스와 나는 캘리포니아의 알타데나에 있는 우리 집에서 악령들과 싸워야 했다는 얘기를 알고 있을 것이다. 그 총서 중의 한 권인『방패기도』(Prayer Shield)에서 나는 우리 차고에 있는 사다리에서 떨어진 얘기와 그때 캐시 쉘러의 중보기도가 나의 생명을 구했다는 것을 어떻게 해서 믿게 되었는지 상세하게 설명하였다. 증거들에 따르면 그것은 악한 영의 직접적인 역사 때문이었다. 또 다른 책『기도는 전투다』(Warfare Prayer)에서 나는 도리스가 우리 침실에서 실제로 한 영을 보았다는 것과 뒤이어서 캐시 쉘러와 조지 에카트가 우리 집으로 와서 그 영들을 쫓아주었다는 것에 대하여 말하였다.

캐시와 조지는 다른 방보다 거실에서 더 많은 영들을 찾아내었다. 그들이 떠날 때 그들은 한 영 외에는 다 쫓아내었다고 생각하였다. 그 하나는 우리가 볼리비아에서 선교사로 있을 때에 얻어 간 직했던, 퀭츄아(Quenchua) 인디언 문화의 소산인 돌로 만든 퓨마에 달라붙어 있었다는 것을 그들은 알고 있었다. 그 퓨마는 골동품은 아니었고 단지 관광객을 위한 복제품이었으나 불가시적인 것이 가시적인 것에 날라붙어 있었던 것이다. 퓨마 외에도 우리는 벽 장식품으로서 치키타노(Chiquitano) 인디언들이 사용하던 이교적인 탈 두 개와 아이마라 인디언 문화를 나타내 주는 조각한 나무 램프 두 개를 가지고 있었다.

도리스와 내가 그날 직장에서 집으로 돌아왔을 때 우리는 결정해야 할 일들이 있었다. 우리는 어디다 선을 그어야 하는가? 우리는 볼리비아 인디언 문화의 소산인 세 가지 예술품 세트를 가지고 있었다.

 1. 퓨마. 악령이 퓨마에 달라붙어 있다고 믿고 있었기에 결정은 단 하나였다. 퓨마는 없어져야만 하였다. 우리는 그것을 밖으로 가지고 가서 분쇄하여 쓰레기통에다 던져버렸다.
 2. 탈. 만일 캐티와 조지의 분별이 정확하다고 하면, 탈에는 어떠한 영들도 붙어 있지 않았다. 그러나 그 탈은 관광객들을 위한 복제품이 아니었다. 그것은 사실 치키타노 인디언들이 그들 부족의 영을 영화롭게 하기 위하여 시행하고 있던 정령 신앙 의식에서 사용하던 것들이었다. 당시 우리는 그 의식에 관해 아는 것은 별로 없었지만 그것을 버려야 한다는 생각만은 확실했다. 그래서 우리는 그렇게 하였다.
 3. 램프. 그 램프는 아름답고 순수한 예술 작품이었다. 조각하여 니스 칠을 한 인티(Inti)의 복제품이었는데, 인티는 고지대 아이마라 인디언들을 지배하고 있는 지역 귀신들 중의 하나인 태양신이었다. 그것은 우리가 볼리비아에서 가지고 온 가장 값비싼 것들 중의 하나였으며 우리 실내 장식품들과 조화를 잘 이루었다. 그리고 퓨마처럼 귀신이 달라 붙은 것도 아니었다. 그래서 우리는 논의한 끝에 그것을 우상이나 부정한 것으로 여기지 않고 순전한 예술품으로 간주하기로 했다.
 그래서 우리는 그것을 신디 제이콥스가 우리 집을 처음으로 방문할 때까지 가지고 있었다. 본서에서 사단의 견고한 진에 대해 기고한 신디는 영 분별과 영적 도해에 관한 지식에서 도리스와 나보다 훨씬 앞선 사람이다. 그녀는 우리 거실로 들어오더니, 상당히 놀란 표정으로 그 램프를 가리키면서 '저것은 무엇입니까?' 라고 물었다. 우리가 볼리비아에 있었을 때를 상기시켜 주는 기념품으로서 전혀 해가 없는 것이라고 설명했다. 그러자 신디는 부드럽게 '그것들에 대해서 기도해 보시기 바랍니다' 라고 말하였다. 그리고 그녀는 다시는 램프에 관하여 말하지 않았다.

신디가 떠난 후 우리는 기도하였다. 이번엔 하나님께서 우리의 결정에 대하여 다르게 접근할 수 있도록 인도하셨다. 우리는 결국 가장 결정적인 질문을 스스로 하지 않았다는 것을 깨닫게 되었다. 즉 이것이 하나님을 영화롭게 하는가? 그때까지 우리가 가시적인 것과 불가시적인 것에 대하여 성경적인 진리라고 이해하고 있었던 것에 비추어 보니, 그 답은 분명히 '아니오' 였다. 그 램프를 만든 손은 비록 숙련되었을지 모르지만, '썩어지지 아니하는 하나님의 영광을 썩어질 사람과 같은 형상으로 바꾼' (롬1:23) 손이었던 것이다. 그런 일의 순전한 결과는 창조주에게보다는 피조물인 태양신 '인티'에게 영광을 돌리는 것이었다. 그 램프도 역시 없어져야 할 것이었다!

후에 우리는 '조각한 신상들' 에 대하여 언급하고 있는 신명기 7:25,26을 읽게 되었는데, 우리가 가지고 있었던 '인티' 들이 바로 그런 것들이었다는 사실을 알게 되었다. 그 성구는 그것이 '하나님 여호와의 가증히 여기시는 것들' 이라고 하였다. 그리고 그 다음에는 다음과 같이 쓰여 있었다. "너는 가증한 것을 네 집에 들이지 말라. 너도 그와 같이 진멸당할 것이 될까 하노라. 너는 그것을 극히 꺼리며 심히 미워하라. 그것은 진멸당할 것임이니라." 우리는 그 램프를 무해하고 순전한 예술품으로 여겼던 것이 얼마나 잘못된 것이었는지를 분명하게 알 수가 있었다.

우리 집은 깨끗하게 정소되었다. 죄는에 이르러서야 우리의 상성한 딸 베키는 어렸을 때 자기 혼자서는 절대로 거실에 들어가고 싶지 않았다고 우리에게 말하곤 했다. 당시에는 그 애가 그것을 말로 표현할 수 없었지만, 어두움의 권세에 의하여 그 방이 오염되었다는 것을 느낄 수는 있었던 것이다. 우리 부모가 얼마나 무지했었는지!

바울은 어떻게 구별하였나

고린도의 기독교인들도 가시적인 것과 불가시적인 것에 대하여 우리 부부 만큼 무지했던 모양이다. 그들이 처했던 상황에서는, 우상에게 바쳐졌던 고기 때문에 문제가 발생하였다. 바울은 고린도전서 8-10장에서 어떻게 구별해야 하는지에 대해서 그들이 알도록 도와주었다.

우리는 이 사건의 가시적인 국면들, 즉 우상이나 고기가 주된 문제가 아니라는 것을 이해해야 한다. 바울은 수사적인 질문을 던진다. "그런즉 내가 무엇을 말하느뇨, 우상의 제물은 무엇이며 우상은 무엇이라 하느뇨"(고전10:19). 분명한 대답은 '아니오'이다. 참된 문제는 그것의 배후에 있는 마귀인 것이다.

고린도 교인들은 보통 우상의 고기를 세 가지 장소에서 구입할 수 있었다. 첫째, 공공 시장에서, 둘째, 사교적인 모임 중 친구들의 집에서, 셋째, 우상의 전에서이다. 그들은 어떻게 구별했을까?

1. **공공 시장**. 거기에 가서는 아무런 질문도 하지 말고 고기를 사라(고전10:25).

2. **친구 집에서의 식사**. 아무도 문제 삼는 이가 없으면 고기를 먹으라. 그러나 만일 그 고기가 우상에게 바쳐졌던 사실이 밝혀졌다면 그것을 먹지 말라(고전10:27,28).

3. **우상의 전에서**. 그것을 먹지 말라. 왜? 비록 불가시적인

영이 그 고기 자체나 친구의 식탁에는 없다고 할지라도 우상의 전 안에 그런 영들은 분명히 있기 때문이다. 바울은 "대저 이방인들의 제사하는 것은 귀신에게 하는 것이요"라고 하였으며 계속해서 "나는 너희가 귀신과 교제하는 자 되기를 원치 아니하노라"고 말하였다(고전10:20).

악령을 구별하는 일은 항상 쉬운 일이 아니다. 그러나 의심이 있을 때마다 다음 세 가지 질문을 해보는 것이 현명하다.

* 이것이 나로 하여금 마귀에게 직접적인 영향을 받게 하는가?
* 이것에 어떤 악의 모양이라도 있는가?
* 이것이 하나님을 영화롭게 하는가?

권한의 한계

구별하는 것과 어떤 물체나 행동에 대하여 직접적인 행동을 취하는 것은 별개의 문제이다. 나는 우리 거실에 있었던 예술품을 파괴할 수가 있었다. 왜냐하면 나는 정당한 소유주였고 그것은 나의 권한 아래 있었기 때문이다. 비록 베키나 신디가 그렇게 하기를 아주 원하고 있었다 할지라도, 그들은 마음대로 먼저 그런 일을 할 수는 없었을 것이다. 삶의 여러 상황에서, 창조주보다는 피조물을 더 영화롭게 하는 가시적인 것들이 나타나지만 우리는 그것에 대하여 아무것도 할 수가 없다.

예를 들면, 서기 2000년 연합 기도 모임의 사무실이 있는 건물 입구에는 아주 지저분한 조각상이 하나 있다. 사실 그 달갑지 않은 조각상의 손가락은 내 사무실 창을 직접적으로 가리키고 있다. 만일 내가 그 건물의 소유자라면, 나는 그 상을 옮겨버렸을 뿐만 아니라 그것을 파괴해 버렸을 것이다. 그러나 나에게는 그럴 만한 권한이 없다. 그렇기 때문에 나는 그 가시적인 것에 대하여 아무런 조치를 취할 수가 없었다. 따라서 나는 불가시적인 것에 대해서만 조치를 취했다.

도리스와 내가 처음 그 사무실로 입주할 때 신디 제이콥스를 청하여 사무실 청소를 함께 하였다. 그녀는 그 사무실 안에 있는 영들의 권세를 파괴시켰고 그 조각상에 붙어 있던 어두움의 세력들도 모두 묶었다. 그때 이후로 그 사무실은 평온하고 쾌적하게 되었다. 그 조각상 배후에 불가시적인 것이 아직도 붙어 있는지 나는 잘 모른다. 그러나 내가 아는 것은, 그 건물 중 우리가 사용하는 곳만큼은 예수의 이름 안에서 우리가 권한을 가지고 있기 때문에 우리는 지금 보호를 받고 있다는 사실이다.

전국의 귀신화

일상 생활의 가시적인 국면들의 배후에 있는 불가시적인 실재를 무시하게 된다면, 개인은 물론 사회적으로도 심각하고 불행한 일들이 야기될 수 있음을 나는 강조하고자 한다. 최근에 자국의 영토를 강력하게 만들기 위해서 마귀의 권세를 끌어들이는 어리석은 행동을 정부적 차원에서 공적으로 시행한 나라가 둘 있다. 그곳은 아이티와 일본이다.

아이티

아이티는 오랫동안 서반구에서 가장 가난한 나라였다. 오랜 기간 로마 카톨릭 교회는 그 나라의 번영에 도움이 되지 못하였다. 활기찬 개신교 선교사들의 사역도 별 도움이 되지 못하였다. 정치도 도움이 되지 못하였다. 외국의 원조도 도움이 되지 못하였다.

아이티의 장래를 위한 가장 위대한 희망의 빛은, 장 버트란트 아리스타이드(Jean Bertrand Aristide)가 아이티 역사상 최초의 민주적 경선 대통령이 되었을 때인 1990년 12월에 비춰졌다고 할 수 있을 것이다. 11명의 후보자 중에서 그는 유효 투표수의 67%를 획득하였는데, 이는 다당제하에서는 비교적 일어나기 어려운 일이었다.

사태는 호전되고 있었다. 아리스타이드 취임 후 몇 달이 지나서 짐 샤힘(Jim Shahim)은 '아이티는 많이 달라진 것처럼 보입니다'라고 보도하였다. 인간의 기본권을 박탈하는 일이 줄었다. 배를 타고 망명하는 사람들이 없어졌다. 파리를 방문하고 있던 아리스타이드는 여러 가지 사업을 위한 5억 불의 경제 원조 약속을 받았다. 사람들은 새로운 분위기에 대하여 얘기하고 있었다. 심지어는 그의 정적들 중 한 사람까지도 그를 '우리의 희망의 구세주'라고 불렀다.⁵

그러나 천주교 사제이기도 한 아리스타이드는 알면서 그랬는지 모르고서 그랬는지 중대한 영적 실수를 저질렀다. 1991년 8월 14일에 그는 아이티의 부두(voodoo)교 주술사들에게 아이티 나라를 죽은 자의 영에게 재차 바치기 위하여 행하는 부크만(Boukmann)의 국가적 의식인 부두(voodoo) 예식을 인도해 달라고 공식적으로 요청하였던 것이다. 그 의식에는 전형적인 동물 희생 의식 그리고 어떤 사람들의 말에 따르면 인간을 희생하는 의식이 포함되어 있다고 한다. 왜 그렇게 하였을까? 그들은 '아이티의 문화적 뿌리를 보전하기' 위해서라고 한다.

한 달여 후인 1991년 9월 29일, 아리스타이드는 군사 정변에 의해 실각하게 되었다. 아이티는 사회 경제적으로 급하강하였다. 국제적인 수출 금지 조치가 부과되었다. 정상적인 경제가 사실상 존재할 수 없게 되었다. 수많은 일터가 사라졌으며, 종내 회복하시

못하였다. 그 정변 이후 수 개월이 지나자, 하워드 프렌취(Howard W. French)는 '전에는 번화하였던 포토 프린스(Port-au-Prince)가 지금은 자주 지저분한 귀신의 도시같이 보인다'고 보도하였다.[6] 연료가 부족하기 때문에 공공 서비스들이 중단되었으며, 길거리에는 쓰레기가 산더미같이 쌓이게 되었다. 많은 해외 투자가들이 아이티를 아주 포기해 버렸다. 그 나라는 인류의 가장 비참한 수준에까지 이르게 되었다.

우리의 목표는 모든 피조물에 대한 하나님의 영광을 회복시키는 일이다. 하나님의 구속적 은사를 깨달음으로, 영적 전투에서 우리는 우리의 기도와 여타의 행동들에 대한 구체적이고도 긍정적인 방향을 찾을 수가 있는 것이다.

실제로 무슨 일이 일어났는가? 정치 분석가들은 가시적인 것을 보도록 훈련된 사람들이다. 그들은 아리스타이드가 해방 신학자이며 따라서 가난한 사람들에게 호감을 가졌기 때문에 부요한 자들에 의하여 버림을 받았다고 말을 한다. 또는 그가 마약 금지 정책을 폈고 군부 이외의 안보 조직을 형성하려 했기 때문에 군부의 장교들이 그에게 등을 돌렸다고 말을 한다. 또 다른 이유들도 있다.

그러나 영적 도해가들은 불가시적인 것을 보고 있다. 정치적 분석의 가치를 부정하는 것은 아니지만, 그들은 배후에서 역사하고 있는 사악한 영적 권세가 인간이나 군대와 같은 사회 조직을 자기들의 목적을 위하여 사용하고 있다고 보는 것이다. 부두교를 신봉하는 사람들 뿐만 아니라 아이티를 지배하고 있던 지역 귀신들도, 그 나라를 귀신화하기 위한 대통령의 조치를 기쁘게 받아들였었다. 그러나 일단 그들이 도둑질과 살인과 파괴를 통하여 아이티 국민을 희생시키기 위한 합법적인 거점을 확보하게 되자, 그들은 그들의 친구인 장 버트란드 아리스타이드를 더 이상 사용하지 아니하고 정치적인 쓰레기더미에다 던져버렸던 것이다. '아이티의 문화를 되살려 보겠다'던 그의 계획은 오히려 그에게 화를 가져다 주었다. 왜냐하면 그는 불가시적인 악과 가시적인 선을 구별할 수가 없었기 때문이다.

일본

내가 한번은 조용기 목사에게 한국에서는 교회가 그렇게 빨리 성장하지만 일본에서는 그렇지 못하는데 어떻게 생각하느냐고 물었다. 그는 놀라운 대답을 했다. 그도 많은 이유가 있다는 것을 인정했지만, 한 가지 이유는 일제 36년간의 압제와 뒤이은 이북 공산당의 점령으로 인하여 한국의 전통 문화가 심각하게 파괴되었기 때문이라고 말하였다. 한국에서는 기독교가 전통적인 이교 문화로부터 비교적 해를 많이 받지 않고 성장하였다는 것이다.

한편, 일본의 전통 문화는 3,000년 동안 사실상 전혀 방해를 받지 않았다. 이교주의가 일본에 깊이 뿌리를 내렸던 것이다. 일본을 그들의 방식대로 지배하고 있는 영들은 마음대로 할 수가 있었고, 따라서 명맥뿐인 기독교가 더 이상 번성할 수 없었던 것이다.

일본의 지역 귀신들에게 있어서 가장 치명적인 타격은 제2차 세계 대전 이후 7년 동안에 일어났다. 불교의 모습을 띠고 있긴 하지만 일본에서 가장 깊이 뿌리를 내린 영들은 물론 국수주의의 영적 형태인 신도(shintoism)를 지배하는 권세들이다. 이 어두움의 천사들이 고용한 가시적인 주요 인물이 바로 천황이다. 대중은 천황을 곧 신으로 생각한다. 그러나 제2차 세계 대전 이후의 평화 분위기에 따라서 천황은 공개적으로는 이런 자신의 지위를 부인하였으며, 일본 정부도 신도를 포함한 모든 종교적 조직으로부터 정부를 공식적으로 분리시키는 데에 동의하였다. 맥아더 장군이 수천 명의 기독교 선교사를 부르자 많은 선교사들이 일본으로 갔고, 기독교는 '놀라운 7년'으로 알려진 기간 동안에 잘 성장하였다.

가시적으로 볼 때, 일본은 30년 이상이나 현상 유지를 하고 있는 듯이 보였다. 그러나 불가시적인 세계에서는 어두움의 천사들이 다시 발판을 마련하고 있었던 듯하다. 그리하여 교회의 성장은 거의 정체 상태에 이르렀다. 그후 천황이 죽고 그의 아들이 새로운 천황이 되었다. 새 천황의 전통적 즉위식의 영적 요소인 다이조시(Daijosi) 의식을 둘러싸고 아주 중요한 의문이 제기되었다. 점과 주술적 의식을 통하여 안무된 다이조시 의식은, 새 천황과 그 나라를 지배하고 있는 주신인 태양신 '아마테라수 오미카미' 사이의 성적 교접이 이루어지는 데서 절정에 이르게 된다. 그때 발생하는 교접이 육체적이냐(잠자는 남자와 정을 통함) 또는 영적이냐 하는 것은 거의 중요하지 않다. 불가시적인 세계에서는 그 둘이 의식을 통하여 하나가 되는 것이며, 따라서 최고의 통치자를 통하여 그 나라는 마귀의 지배하에 들어가게 된다.

불행하게도 일본에서도 아이티에서처럼 어리석은 결정이 이루어졌다. 새 황제는 그의 부친이 2차 대전 후에 견지해 오던 자세를 변개하기로 결정하였으며, 그 결과 그는 다이조시 의식을 통하여 다시 한번 대중들에게 '신격화' 되었다. 그 뿐만 아니라 정부도 일본 기독교 지도자들의 격렬한 항의에도 불구하고 수백만 달러의 의식 비용을 지출하였다.

그때 이후 예상대로 정부 관료들이 일본의 전통적인 이교주의와 연관된 순례 행위와 의식에 참여하는 횟수가 분명하게 늘어났다. 이것이 그 나라의 먼 장래에 어떤 영향을 미칠 것이냐 하는 것은 아직 두고 보아야 할 것이다. 그러나 이 책을 쓰고 있는 시점에서 일본의 주식 시장은 제2차 세계 대전 이후 최고로 급락하였고 그 파문으로 온 일본이 떠들썩한데 주식 시장의 급락은 다이조시 의식을 재개한 때로부터 시작된 것이다.

미국의 경우는 어떤가?

미국은, 상당히 동질적인 인구 분포를 가지고 있는 아이티나 일본과는 매우 다르다. '아이티의 문화적 뿌리'나 '일본의 전통 문화'를 재궁정하는 것은 그 의미가 널리 인정될 수 있었다. 그러나 미국은 세계의 국가 다문화주의를 이끌어가고 있는 나라이다. 미국에서 그런 재궁정은 단지 문화권역별로 이루어질 뿐이었다.

뉴 잉글랜드나 버지니아에 있는 영국계 미국 문화의 뿌리나, 뉴욕에 있는 화란계 미국 문화의 뿌리, 펜실베이니아에 있는 독일계 미국 문화의 뿌리, 또는 스칸디나비아계 미국 문화의 뿌리를 재궁정하는 것이 이제는 '정치적으로는 옳은 것'으로 인정되지 않고 있다. 비록 그러한 기독교 운동이 불완전했다 할지라도, 미국 문화들이 종교개혁으로부터 태동한 기독교에 의하여 가장 영향을 많이 받은 문화라는 사실은 의미 심징하다.

오히려 미국 내의 새로운 문화 진흥은 수많은 부족을 거느리고 있는 미국계 인디언, 아프리카계 미국인, 그리고 여러 아시아계 미국인들과 같은 소수 민족들의 문화에서 꽃피고 있는 듯이 보인다. 서반아계 미국인들 사이에서는 유럽계 서반아의 문화적 유산을 지버리고 아즈테크, 마야, 또는 잉카의 원 뿌리를 강조하고자 하는 경향이 고조되어 오고 있다. 가시적인 것과 불가시적인 것에 대한 우리의 이해에 비추어 볼 때, 그러한 문화적 긍정은 국가를 위한 창조적인 진일보로 볼 수 있으나, 그것은 또한 심각한 영적 타락을 초래할 수도 있는 것이다.

지금까지 강조해 온 것처럼, 이러한 진일보가 이루어질 때마다 하나님께서 자신을 영화롭게 하시기 위하여 모든 문화 속에 허여하신 구속적 은사들이 드러난다. 우리의 문화는 본질적으로는 좋은 것이다. 왜냐하면 문화는 속성상 창조주를 반영해 보이기 때문이다. 우리는 모든 미국 문화 속에서 이것을 긍정해야 한다.

그러나 우리는 또한, 사단이 문화를 타락시킨 나머지 예술과 건축의 어떤 형태들, 특히 춤과 종교적 의식같은 어떤 행동 양식들은 창조주보다는 피조물을 영화롭게 하기 위하여 분명하게 의도되었다는 사실도 인식할 필요가 있다. 마귀를 존귀하게 만드는 데 그 뿌리가 있는 문화들은, 아이티나 일본에서 그랬어야 했던 것처럼, 미국에서도 주의해서 재긍정할 필요가 있다. 그렇지 않으면 분명히, 그렇게 하여 국민들의 생활 속으로 불러들인 불가시적인 어두움의 영적 세력이 하나님의 진노를 격동시킬 뿐만 아니라 증대시킬 수도 있기 때문이다. 하나님은 예레미야 시대에 유다에서도 그러셨던 것처럼 오늘날에도 영적인 음행을 더 이상 좌시하지만은 않으실 것이다. 따라서 하나님의 심판을 예측할 수 있는 것이다. 애석하게도 우리는 인간의 고통이 경감되기는 커녕 그것이 증대되어 가는 것을 보게 된다.

하와이는 위험한가?

하와이에서는 지금 하와이계 문화를 재긍정하고자 하는 강력한 운동이 지도층 가운데서 확산되고 있다. 1992년 8월 21일, 미국 연방 정부의 상원 의원이기도 한 하와이 주지사와 다른 많은 관리들이 무인도인 카후올라웨(Kahoolawe)를 위한 '치료 의식'이라는 표제가 붙은 전통적인 하와이 이교주의 의식에 공개적으로 참석하였다. 이 의식의 특징은 산호의 머리를 제단에 바쳐 어두움의 영들에게 드리는 것과 신성한 '아와'(awa)를 마시는 것이었다. 이 행사의 지도자인 파알리 카나카올레(Parley Kanakaole)는 그 정부 관리들의 행위들을, '그렇습니다. 나는 하와이의 문화적 유산과 카나카 마올리(kanaka maoli, 진짜 하와이 사람)가 되는 것이 의미하는 모든 것을 지지합니다'라는 뜻으로 해석하였다.[7]

이 행사의 명백한 목적은 기독교가 하와이에 끼친 영향력을 무위로 돌리고자 하는 것이었다. 이 행사를 취재한 로렐 머피(Laurel Murphy)는 선교사들이 도착한 이후 '하와이 신들의 권세가 쇠퇴해지기 시작하였으며 그와 함께 하와이 남자들의 권세도 그렇게 되었다'라고 말하였다. 파알리 카나카올레는 "새로운 헤이아우(heiau, 신전)는 사람들이 조상에게 도움을 청하기 위하여 가족 단위로 찾았던 옛 하와이의 가족 예배 장소인 마우 하이 쿠푸나(mau ha'i kupuna)가 되어야 한다는 것을 알고 있었다."[8]

역설적이게도, 하와이 주의 표어는 "땅의 생명은 의로 인하여 영속화된다"이다. 이것은 하와이를 위한 하나님의 구속적 은사를 보여준다. 예수 그리스도께서 하와이의 정당한 주님으로 높임을 받으셔서 창조주께 영광을 돌리게 된다면, 영속화될 수 있을 것이다. 그러나 그 정반대의 경우가 될 수도 있다. 불의에 의하여 그 땅의 죽음이 영속화될 수도 있는 것이다. 앞에서 언급했듯이, 하나님의 진노는 창조주보다 피조물을 영화롭게 함으로써 '불의로 하나님의 진리를 막는'(롬1:18) 사람들에게 쏟아부어진다. 나의 기도는 그러한 일이 하와이에서 일어나지 않게 되기를 바라는 것이다.

결론

우리는 어떻게 분별해야 하는가? 영적 도해는 그런 분별을 해보려는 시도이다. 그것은 우리가 창조주보다 피조물을 영화롭게 하기 시작한 때가 언제인지 알게 도와준다. 이것은 선한 천사든 악한 천사든 불가시적인 권세들이 일상 생활의 가시적인 외양 배후에 있다는 것을 보여준다. 결국 영적 도해는 원수와 싸워 정복하여 하나님의 왕국이 확장되고 그의 영광이 열국들 가운데서 드러나도록 해주는 새로운 도구를 제공해 준다.

❖ 토의할 문제 ❖

1. 당신은 본서에 언급되어 있는 경우 외에, 사람들이 공개적으로 창조주보다 피조물에게 영광 돌리는 다른 경우에 대해서 생각해 볼 수 있는가?
2. 그랜드 캐년의 자연적인 지형에 붙여진 마귀의 이름들에 대하여 생각해 보라. 왜 그것이 어떤 사람들에게 '정당한 분노'를 불러일으키는 것인가?
3. 당신의 도시는 구속적 은사를 가지고 있다. 그 은사가 어떤 것인지를 알아낼 가능성이 있다고 당신은 생각하는가? 당신의 도시 근처의 도시들은 어떤가?
4. 고대 문화를 긍정하려는 시도를 하는 한편 이교주의를 긍정할

위험성이 있는 구체적인 사례에 대하여서 논의하라.
5. 와그너 집의 거실을 청소한 일을 다시 생각해 보라. 당신은 퓨마를 제거하였는가? 탈은 제거하였는가? 램프는 제거하였는가? 왜 그렇게 하였는가?

주(註)

1. Dave and Jane Rumph, Geographical Idolatry: Does Satan Really Own All This? *Body Life,* June 1992, p.13.
2. John Dawson, *Taking Our Cities for God* (Lake Mary, FL: Creation House,1989), p.39.
3. Tim Stafford, *Campus Christians and New Thought Police, Christianity Today,* February 10, 1992, p.15.
4. George Barna, *What Americans Believe* (Ventura, CA: Regal Books, 1991), p.84.
5. Jim Shahim, Island of Hope, *American Way,* October 1, 1991, p.57.
6. Howard W. French, Haiti pays dearly for Aristide's overthrow, *Pasadena Star News,* December 25, 1991, n.p.
7. Laurel Murphy, *Hawaiian leaders, dignities, head of Kahoolawe, Maui News*, August 21, 1992, n.p.
8. Ibid.

제3장
견고한 진 파하기

신디 제이콥스(Cindy Jacobs)

아르헨티나의 로자리오. 이곳은 일반인에게는 부와 아름다움의 도시로 보이는 곳이다. 1992년 여름, 로자리오의 목사들이 '주술적인 견고한 진들과 마법 파괴하기'에 대한 범도시적인 회합에서 강연해 달라고 나를 초청하였다. 아르헨티나로 가기 전 나는 로자리오가 있는 산타 페(Santa Fe) 지역의 무서운 장마에 관한 텔레비전 뉴스를 보고 마음이 아팠다. 물이 불어나서 피해가 속출하는 것을 보면서 이 홍수가 저주의 결과일 수 있지 않을까 하고 생각하기 시작했다. 도시 주민들의 죄 때문에 그 도시가 영적인 공격을 받은 것은 아닐까? 나는 세미나를 인도하기 위하여 그 도시로 들어갈 때에도 이런 질문을 가지고 주님께 그 도시의 비밀과 숨겨진 일들을 알려달라고 기도드렸다.

세미나 이틀째 되는 날, 추수 전도팀(Harvest Evangelism Team)으로부터 온 우리들 몇 명은 그 지역 교회의 목시님 한 분과 함께 식사하려고 나갔다. 오마르 카브레라 (Omar Cabrera)의 미래의 꿈 교회(Vision of the Future; 이 교회는 영적 전쟁 분야에서는 아르헨티나에서 앞서 가는 교회다)를 담임하고 있으며 지역 대표인 그 목사는 내가 그 전년도에 마르 델 플라타(Mar del Plata)에서 강의하였던 영적 전투 세미나에 참석하였던 분이었다. 그는 로자리오라는 도시가 어떻게 해서 건설되었는지에 대하여 내게 말하기 시작했다.

한 무리의 사제들이 하늘의 여신상을 이 도시에서 저 도시로 옮기고 있었다. 옮기는 동안에 그 로자리오의 동정녀 형상을 한 조각상이 짧은 거리를 가는 동안 네 번씩이나 마차에서 땅으로 떨어졌다. 그 조각상이 바로 그곳에 있고 싶다는 뜻으로 생각한 사제들은 그 자리에다 지금의 로자리오라는 도시를 건설하였다. 따라서 그 도시의 영적인 창시자는 다름 아닌 바로 그 하늘의 여신이라는 것이다! 이것은 내게 귀가 번쩍뜨이는 소식이었다. 나는 그 도시가 저주 아래 있을지도 모른다고 한 나의 생각이 옳은 것임을 알았다.

그날 오후, 로자리오의 목사들과 몇몇 지도자들과 함께 회합을 가졌는데, 나에게 그들의 도시를 위하여 어떻게 기도하여야 하는지 물었다. 그래서 그 도시를 도해하는 것이 견고한 진들을 찾아내는 데 도움이 될 것이라고 설명하였다. 나는 한 도시에 있는 지옥의 문을 제압하는 기도가 사단의 포로들을 어떻게 해방시켜 하나님의 나라로 인도해 주는지에 대해서 그들과 이야기하였다. 그들은 매우 흥미있어 했다. 그 흥미는 그 도시의 기원에 관한 정보를 얘기할 때 증진되었다. 몇몇 지도자들이 로자리오의 동정녀가 그들의 도시와 연관되어 있다는 것을 알고 있기는 하였지만, 그들도 그녀가 그 도시를 자기의 것으로 선택하였다는 것에 대해서는 모르고 있었다. 처녀상이 그 도시의 모든 관공서에 그리고 중앙 광장에 있다는 사실을 그들이 상기하였을 때 어떤 빛이 그들의 마음에 비치게 되었다. 심지어는 로자리오의 동정녀를 '그 도시의 장군'이라고까지 부르는 사람들도 있었던 것이다.

전략을 위한 기도

이 모임 후, 나는 호텔로 돌아와서 기도했다. 여신 숭배를 회개하는 일부터 시작해야 한다고 생각했기 때문이다. 그러한 회개는 그 도시에 밀어닥친 홍수를 멈추게 할 수도 있으며, 아마도 전지역의 홍수를 멈추게 할 수도 있을 것이라고 느꼈다. 그러나 한편, 만일 내가 하늘의 여신을 섬기는 것이 우상 숭배라고 공개적으로 선포한다면 위험한 상황이 발생할 수도 있다고 생각하였다. 아르헨티나는 개신교를 한 분파로 생각하고 있는 카톨릭 국가이다. 더욱이 로자리오 같은 동정녀에 대한 숭배는 문화의 심장부에까지 그 뿌리가 깊게 박혀 있다. 연구와 기도를 계속해 감에 따라서 주님께서 나에게 한 전략을 주시고 계심을 느끼게 되었다.

그날 저녁 늦게, 통역인 도리스 카브레라와 함께 붐비는 극장 안으로 걸어 들어갈 때, 나의 마음으로부터 나오는 많은 기도가 하늘로 솟구치고 있었다. "주여, 저에게 적절한 말을 주옵소서. 저를 통하여 말씀해 주옵소서. 도리스로 하여금 제가 말하는 것을 정확히 통역할 수 있게 해주옵소서."

그 모임의 영적 분위기는 냉담하였다. 나는 영적 도해에 관하여 준비한 메시지를 전하였다. 예배를 마칠 무렵, 예레미야7:16-19에 있는 내용, 즉 하늘의 여왕을 숭배하는 것이 얼마나 하나님의 진노를 촉발하였는지에 대해서 읽었다. 그리고 하늘의 여왕이 예수의 어머니 마리아가 아니라고 조심스럽게 설명하였다. 사실 마리아는 자신을 이런 악마적 여신의 이름으로 부르는 것을 원하지 않을 것이다. 그들에게 우리가 마리아를 하늘의 여왕으로 섬기는 것은 마리아를 존귀하게 하는 것이 아니라고 말하였다. 그런 다음에 예레미야47:2에 있는 내용, 즉 블레셋 사람들이 우상 숭배를 한 것에 대하여 선언된 심판 부분을 읽었다. "보라 물이 북방에서 일어나 창일하는 시내를 이루어 그 땅과 그 중에 있는 모든 것과 그 성읍과 거기 거하는 자들을 엄몰시키리라."

그 극장 안은 바늘 한 개만 떨어져도 들릴 만큼 조용해졌다. 그리고 나서 나는 목사들에게 앞으로 나와 달라고 요청하였다. 우리들 중에는 침례교, 나사렛교, 그리고 다른 교파들로부터 온 많은 사람들이 대표로 참석하고 있었다. 나는 노베르토 칼리니(Norberto Carlini) 목사에게 하늘의 여왕을 섬기고 경배한 것에 대하여 회개 기도를 인도해 주고 또 그 도시를 주 예수 그리스도께로 되돌리는 기도를 인도해 달라고 요청하였다. 그와 다른 지도자들은 이에 동의하였다.

그들이 무릎을 꿇을 때 하나님께서 우리 위에 임하셨다. 사람들은 겸손히 그들의 도시가 지은 죄에 대해 울면서 회개하기 시작하였다. 목사들은 하나님의 권세와 권위로 충만한 회개의 기도를 인도하였다. 각 지도자들은 돌아가면서 회개를 하고 떼를 이루어 기도를 드림으로, 그들의 도시를 하늘의 여왕으로부터 빼앗아 그 도시의 통치권을 만왕의 왕이신 예수의 어깨 위에 올려놓았다. 주께서 승리하신 것에 대하여 우리가 경배하고 감사를 드릴 때 기쁨이 천상에까지 메아리쳤다.

홍수가 물러가다

그 결과, 그 도시에 무슨 일이 일어났는가? 즉각 알아볼 수 있는 일이 한 가지 있었다. 며칠 후 내가 비행기를 타고 집으로 돌아온 후 부에노스 아이레스 헤럴드지를 읽게 되었다. 그 기사들 중의 하나는 다음과 같았다.

> 산타 페의 시 방위 직원들은 파라나 강의 수위점이 드디어 남쪽으로 움직이기 시작했기 때문에 또 다시 소개령이 내려지지나 않을까 하고 매일 전전긍긍하던 그 지역 주민들에게 즉각적인 해제가 이루어졌다고 공고하였다. 그 지역의 강 수위는 지난 두 주간 동안 계속해서 오르기만 했었다.[1]

파라나 강의 수위는 산타 페의 주 수도와 로자리오에서 큰 폭으로 떨어졌다. 이것은 저주가 걷히고 그 도시가 해방되었다는 것에 대한 가시적 세계의 증거였다. 이것은 회개의 능력에 대한 얼마나 훌륭한 간증인가! 우상의 근거지가 무너지자 하나님의 축복이 그 도시에 임하게 되었던 것이다.

영적 도해란 무엇인가?

어떻게 해서 우리는 로자리오에 있는 하늘의 여왕 숭배와 관련된 견고한 신을 발견할 수 있었는가? 우리가 지금 '영적 도해'라 부르고 있는 것을 통해서이다. 내가 아는 바에 따르면, '영적 도해'라는 용어를 처음으로 사용한 사람은 조지 오티스로서, 그의 책 『거인들의 최후』(The Last of the Giants)에서이다. 영적 전투의 현장에서 복회하고 있는 많은 사람들이 견고한 진들을 찾기 위하여 도시를 얼마 동안 조사할 것을 가르쳐 왔기 때문에, 영적 도해는 이제 그러한 영적인 조사와 관련하여 사용되는 용어가 되었다.

솔직히 말하면, 그 용어에 대하여 처음 들었을 때 나는 그 용어에 대하여 약간의 거부감을 가지고 있었다. 그것은 뉴에이지(New Age) 비슷한 것으로 느껴졌다. 다른 몇몇 기독교 지도자들에게 나의 의견을 피력하였고 또 얼마동안 기도도 하였다. 결국 영적 도해는 어떤 도시를 조사하는 일을 묘사해 주는 참으로 좋은 명칭이라는 결론을 내리게 되었다.

영적 도해란 정확히 무엇인가? 내 생각에는, 그것은 복음의 확산을 방해하고 어떤 도시를 복음화하는 것을 방해하는 사단이 만든 침입로를 찾아내기 위하여 어떤 도시를 조사하는 것이다. 조지 오티스는 그것은 우리로 하여금 우리 도시를 사실 그대로 보게 해 준다고 말한다—외양대로 보게 하는 것이 아니라.[2]

당신은 당신의 도시를 어떻게 보는가? 많은 목사들은 조용하고 평온해 보이는 도시나 마을로 부름을 받고 가서 그것이 사실과 다르다는 것을 발견하곤 한다. 또 다른 목회자들은 거친 도시 한 가운데서 거의 수확도 하지 못하고 수 년을 애쓰면서 보내다가 결국은 포기하고 완전히 지치고 낙심한 상태로 떠나 버리기도 한다. 영적 전투를 시도해 보는 사람들도 혹 있기는 하지만, 그들은 자신의 교회와 가정을 극렬하게 침투하는 보이지 않는 세력에 대항하여 거의 혼자서 고군 분투하고 있다고 스스로 느낀다. 그러나 그럴 필요는 없다. 하나님은 전략의 대가이시기 때문이다. 하나님의 말씀 속에는, 우리가 사단의 견고한 진에 대항하여 전쟁을 벌일 때 우리가 그 진들을 무너뜨리고 포로된 자들을 놓아줄 수 있도록 우리를 도와주는 무기들이 들어 있다.

이 주제에 대해 논의할 때 종종 제기되는 질문이 있다. "성경은 지구가 주님의 것이며 그 안에 있는 것과 생명있는 모든 것이 주님의 것이라고 말씀하지 않습니까?" 물론 이것은 사실이다. 하나님은 지구를 소유하신다. 그러나 사단이 다가와서 거짓 주장을 한다는 것 또한 사실이다. 고린도후서4:4에서는 사단이 자신을 이 세상의 신이라고 주장해 왔다고 말씀한다. 그는 모든 왕국들을 효과적으로 포로로 잡고 있다. 사실, 대부분의 기독교인들은 자신의 도시를 보면서, "나는 지구가 주님의 것인 줄로 알고 있는데, 우리 도시에 일어나고 있는 이 일은 무엇이란 말인가?"라고 말한다. 불행하게도 대부분의 사람들은 어떻게 상황을 변화시킬 것인지 알지 못하고 있는 것이다.

나는 우리 도시와 국가를 위해서 기도해야 할 의무감에 대하여 새로 각성하고 있다. 몇년 전 영적 전투 조직의 위원들이 모였을 때, 주께서 나에게 많은 교회에서 개혁이 일어나고 있다는 감동을 주셨다. 이 새로운 개혁을 위한 구호는 "우리의 씨름은 혈과 육에 대한 것이 아니요 정사와 권세에게 대함이라"(엡6:12)와 "우리의 싸우는 병기는 육체에 속한 것이 아니요"(고후10:4)이다. 우리는 전도를 위해서 여러 기술을 시도하여 왔다. 그런데 왜 기도라는 기술은 시도해 보지 않는가?

어떤 기독교인들은 왜 불가시적인 세계와 씨름하고 있는가? 훌러 신학교의 챨스 크래프트(Charles Kraft)는 그의 책 『능력있는 기독교』(Christianity with Power)에서 이 질문에 대하여 많은 통찰력 있는 대답을 제공한다. 크래프트에 따르면, 우리는 우리가 보도록 교육 받은 것을 본다는 것이다. 우리는 문화적으로 인정된 방식을 통하여 실재를 해석하며 선택적으로 보도록 교육받았다. 유럽과 미국의 여러 사회에서는 '서구적 세계관'에 의하여 이런 선택적인 관찰이 이루어지고 있다. 이러한 세계관 때문에 우리는 과학을 통하여 배운 것만을, 또는 우리의 오관을 통하여 사실이라고 판단할 수 있는 것만을 믿게끔 된다. 크래프트는 계속해서 다음과 같이 말한다. "우리는 가시적인 것들만을 믿도록 교육받았다. '보는 것이 믿는 것이다'라고 교육을 받았다. 만일 어떤 것을 볼 수 있다면, 그것은 존재하고 있음에 틀림없다. 그러나 만일 그것을 볼 수 없다면, 그것은 존재하지 않는 것이 틀림없다는 것이다."³

신약의 배경

이 서구적인 세계관이 교회 안에 있는 우리에게 얼마나 많은 영향을 끼치고 있는가? 물론 지대한 영향을 끼친다고 볼 수 있다. 어떤 이들은 에베소서 6:12에 나열되어 있는 지역 권세들을 신화적인 것으로 일축해 버리기까지 한다. 그러나 바울은 이러한 '정사들과 권세들'에 대항하여 씨름한다고 말한다. 만일 우리가 더불어 씨름하는 정사들과 권세들이 참으로 존재한다면, 우리는 지식 없이 해낼 수 있을까?

바울이 보았던 세계에 대하여, 우리의 눈을 뜨도록 도와주는 학문적인 책이 지금 많이 출판되고 있다. 가장 좋은 것들 중의 몇 가지가 탈보트(Talbot) 신학교에서 신약학을 교수하고 있는 클린턴 아놀드에 의하여 쓰여졌다. 아놀드는 마술, 주술, 그리고 점에 대한 예수의 가르침 뿐만 아니라 제1세기의 희랍, 로마, 그리고 유대의 신조들을 조사하고 있다. 바울의 서신들은 당시 존재하던 견고한 진들에 대해 많이 언급하고 있다. 예를 들면, 고린도는 교회 안에서 우상에게 바쳐진 고기를 먹는 것과 관련하여서 고린도전서 10장에서 질문이 제기된 데에 대하여, 아놀드는 다음과 같이 쓰고 있다. "고린도교회의 상황에 대한 바울의 지배적인 생각 중 하나는, 마귀가 우상 숭배를 부추기고 있다는 신념입니다."[4]

마귀의 견고한 진들에 대한 또 하나의 멋진 연구는 리쳐드 클락 크뢰거(Richard Clark Kroeger)와 캐더린(Catherine) 클락 크뢰거가 공저한 『나는 여자를 그냥 내버려두지 않는다』(I Suffer Not a Woman)라는 책에서 찾아볼 수가 있다. 이 책의 주제는 여인들의 교회 사역에 대한 것이지만, 바울이 사도행전 19장에서 직면한 에베소의 상황에 대한 심오한 통찰을 제공해 준다. 이 책은 마술, 주술, 그리고 점으로 가득 찬 문화를 보여준다. 이 책에서는 여신 다이애나(Diana)를 다음과 같이 생생하게 묘사하고 있다.

> 그녀는 에베소의 담벼락을 상징하는 높은 왕관을 쓰고 있다. 가슴판은 젖가슴을 닮은 모양의 돌출물로 덮여 있다. 때로는 12궁으로 둘러싸인 도토리 목걸이를 하고 있다. 왜냐하면 아르테미스(Artemis; 다이애나)는 우주의 천상계를 통괄하고 있기 때문이다. 그녀의 가파르고 좁은 스커트 전면에는 세 짐승이 줄지어 서 있다---이것은 그녀가 자녀 출산, 동물들의 생명, 그리고 다산을 지배하고 있다는 것을 나타낸다. 정교한 주술 체계는 이 여신상에 새겨진 6개의 신비스런 말들인 에베시아 그라마타(Ephesia Grammata)로부터 발전된 것이다. 사도행전에서는 새로 회심한 기독교인들이 이 체계를 거부하고 비싼 주술 서적들을 불태웠다고 우리에게 말해준다(행19:19).[5]

바울과 그의 동료들은 어떤 불가시적인 세력이 그 도시의 가시적인 국면들의 배후에서 작용하고 있는지를 알아내려고 도서관을 방문하고 에베소 역사를 연구할 필요가 없었다. 오늘날 달라스 시민이 자기들의 축구팀이 카우보이라는 것을 잘 알고 있는 것처럼, 에베소 시민들도 그들의 도시를 지배하고 있던 지역 귀신이 다이애나라는 것을 잘 알고 있었다. 영적 도해는, 불가시적인 권세의 존재를 의심하는 서구적인 세계관 때문에 우리에게 더욱 더 중요한 것이다. 바울에게 이런 문제는 없었다. 예일 대학의 학자 수잔 가레트(Susan Garrett)가 그녀의 명저『악마의 죽음』(The Demise of the Devil)에서 설명한 것처럼, 누가에게도 또한 없었다. [6]

견고한 진

오늘날 많이 사용되고 있는 표현인 견고한 진은 다소 애매한 말처럼 보일 것이다. 그래서 그 의미를 분명하게 할 필요가 있다. 견고한 진은 사단이 하나님의 지식과 계획에 대항하여 자신을 높이기 위하여 지은 요새이다.

염두에 두어야 할 사항은 사단은 이러한 견고한 진이 존재한다는 사실을 숨기려고 한다는 점이다. 그는 그것들을 '문화'라는 미명하에 간교하게 감추고 있다. 피터 와그너가 앞에서 지적하였듯이, 전세계적으로 문화 속의 고대 신들에 대한 숭배가 다시 활기를 띠고 있다. 이것은 원수가 국가를 지배하는 마귀적 권세들을 재무장시키려고 사용하는 한 전략이다. 하나님의 말씀에 비추어서 우리의 문화를 평가할 수 있도록 배우는 것이 이 시대에 있어서는 필수적이다. 그들로 영적 추수를 예비하게 하기 위하여 오직 세심한 하나님의 계시의 등불로 잘 비추어 볼 때만, 우리는 세계의 도시들과 국가들을 어두움의 권세로부터 해방시킬 수 있게 될 것이다. 나는 지금 우리가 모든 마귀적인 세력을 지상으로부터 영원히 추방시킬 것이라고 말하는 것이 아니다. 예수님조차도 그렇게 하지 않으셨다. 우리의 기도는 우리가 선교지에 들어가 추수하는 기간 동안에 그 지역이 우리의 그러한 세력의 영향력으로부터 해방받게 할 것이다.

인류학으로 훈련받은 선교사들이 선교지의 문화를 연구하는 것은 이제 흔한 일이 되었다. 이러한 원리들은 복음을 듣지 못한 사람들을 위해서 일하고 있는 현장의 전문가들이 분명하게 기술했다.

> 영적 전투는 '권세 시위'가 아니다. 오히려 그것은 우리가 이 세상 악의 세력에게 굴복하지 않는 승리자인지 주시하고 있는, 죽어가고 잃어버린 바 된 세상 앞에서 하나님의 속성과 능력을 보여주는 것이다.

가장 좋은 것들 중의 하나는 존 롭의 『집단 사고의 능력』(The Power of People Group Thinking)이란 책이다.[7] 수 년 전에는 선교사들도 많은 실수를 저질렀다. 문화를 이해하지 못하고 있었던 것이다. 우리는 이러한 초기 선교사들을 비난하고 싶지 않지만 그들이 저질렀던 실수를 반복하고 싶지도 않다.

오늘날, 선교사들은 문화를 분석하는 방법은 알고 있지만, 대부분은 문화 형성 배후의 세력을 분별해 내야 할 필요성을 이해하지 못하고 있다. 우리가 분별해 내야 할 한 가지 견고한 진은 문화 자체에 대한 숭배일 것이다. 한 민족의 문화 속에 있는 모든 것이 반드시 사성된 것은 아니다. 우리는 마귀의 견고한 진이 깊이 뿌리내린 나라로 선교사들을 보내고 있다. 그러나 우리는 그 나라나 선교사의 가족을 위하여 전략적인 중보기도를 거의 제공해 주지 못하고 있다. 그들 중 많은 이들이 마귀의 견고한 진을 인지하는 데 사용할 수 있는 도구를 하나도 가지고 있지 못한 실정이니, 그 도구를 전략적으로 다루는 것에 대해서는 더 말해 무엇하겠는가.

우리 도시나 국가에서 영적 추수를 하게 하기 위해서는 특정의 견고한 진을 무너뜨릴 필요가 있다. 우선 개인 차원에서 뿐만 아니라 집단 차원에서도 견고한 진이 존재한다는 것을 아는 일이 중요하다. 우리는 집단 차원의 것보다는 개인 차원의 것에 대해서 훨씬 더 많이 알고 있다. 집단 차원이란 다니엘과 느헤미야가 그들의 나라를 위해 기도할 때 관련되었던 차원이다.

조지 오티스는 제1장에서 지역의 견고한 진에 대해서 논의하였다. 이 장에서는 아홉 개의 견고한 진에 대해서 특별히 살펴보려 한다. 이것이 모든 것을 망라한 목록은 아니지만, 이것들은 지금까지 내가 가장 분명하게 파악하고 있는 견고한 진들이다.

1. 개인적인 견고한 진

개리 키나맨(Gary Kinnaman)은 그의 훌륭한 책『흑암의 왕국을 점령함』(Overcoming the Dominion of Darkness)에서, 개인적인 견고한 진은 사단이 사람의 개인 생활에 영향을 주기 위하여 건설한 것이라고 묘사하였다. 개인적인 죄, 생각, 느낌, 태도, 행동 양식들.[8]

주님께서 개인적인 견고한 진을 다루셨던 방법 중의 하나는 거룩에 대한 성경적 기준을 적용하는 것이었다. 나는 이것이 부흥으로 가는 중요한 통로라고 생각한다. 위대한 부흥 사례들을 연구해 보면 필연적으로 거룩이 차지하고 있는 놀라운 역할에 대해서 읽을 수가 있을 것이다. 나의 책『사단의 세력을 묶고』(Possessing the

Gates of the Enemy)의 '깨끗한 마음의 원리'라는 장에서 이것에 대하여 상세하게 설명하였다.

하나님께서 우리 도시에 임하시는 데 가장 장애가 되는 것 중 하나는 신자들의 자만이다. 지금은 하나님께서 우리의 눈을 가리고 있는 것들을 벗겨주셔서 우리의 이기심, 나쁜 태도, 그리고 인격과 순결의 결핍 등을 보게 해주십사고 하나님께 부르짖어야 할 때다. 나는 빌 고다르드(Bill Gothard)가 한 말을 좋아한다. "성숙이란 아무도 보지 않는다 할지라도 올바른 일을 하는 것을 말한다" 하나님과 하늘에 있는 천군 천사들이 우리의 행위를 보고 있기 때문이다.

우리는 하나님의 인격과 의를 닮아야 하고 또 그것을 드러내야 한다. 그런 면에서 영적 전투는 '권세 시위'가 아니다. 오히려 그것은 우리가 이 세상 악의 세력에게 굴복하지 않는 승리자인지 주시하고 있는 죽어가고 잃어버린 바 된 세상 앞에서 하나님의 속성과 능력을 보여주는 것이다.

이 개인의 견고한 진은 '우리 갑옷 속에 있는 구멍'이다. 나는 위대한 성경 교사인 조이 도슨(Joy Dawson)으로부터 이 원리를 처음 배웠다. 조이는 우리가 교만이나 이기적인 행위와 같은 그릇된 마음의 동기들을 가지고 있다면 이것은 우리의 갑옷에 구멍이 뚫린 것과 같으며 결국 원수의 공격에 노출되게 된다고 말하였다. 그 구멍들을 없애려면 우리는 거룩하신 하나님 앞에서 회개하고 상처를 입힌 사람들에게 용서를 구해야 한다. 하나님께서는 겸손한 자에게 승리를 주신다. 겸손과 회개와 거룩을 통해서 견고한 진이 무너지게 되는 것이다.

2. 마음의 견고한 진

나의 친구 에드 실보소(Ed Silvoso)는 '마음의 견고한 진은 절망감이 꽉 들어찬 마음 자세로서, 신자가 하나님의 뜻에 반대된다는 사실을 알면서도 그것을 고집하게 만든다'라고 말했다.° 이것은 내가 알고 있는 것 중 가장 잘된 정의이다.

견고한 진은 여러 가지 방식으로 우리 마음속에 심겨질 수 있다. 우리 도시는 결코 복음화될 수 없다고 우리가 믿게끔 원수가 만들지도 모른다. 그는 우리가 믿지 못하도록 방해하고 싶어 한다. 한 도시가 그리스도께 소속되는 것이 가능한 일인가? 시장, 시의회, 경찰, 법률가, 그리고 교사들이 복음의 영향을 받을 수가 있는가? 물론이다! 우리는 가끔 불신앙의 포로가 되어 있는 경우가 있다. 우리가 약간의 빵과 물을 가지고 있으며 몇 명의 방문객을 맞이한다고 해도 사단은 신경 쓰지 않을 것이다. 그러나 만일 우리가 우리의 도시 전체를 복음화하려고 결심한다면 사단은 매우 긴장할 것이며 대책을 강구할 것이다. 우리는 불신앙의 감옥에서 벗어나야 한다. 먼저 그것이 불가능한 일이라고 생각하게 만드는 우리 마음속의 견고한 진부터 무너뜨려야 한다.

내가 한번은 내 생애에서 고칠 수 없는 것처럼 보이는 상황을 만난 적이 있다. 한 친구가 나에게 깊은 상처를 주었을 때, 나는 배신감을 느꼈다. 너무도 그 상황이 심중하였기 때문에, 어떤 방법으로도 그 문제가 해결될 것 같지 않았다. 2년 동안 그 친구를 만나지 않았고, 말도 하지 않았다. 살아 있는 동안 그 관계를 다시 회복한다는 것은 절망적으로 보였다. 그것이 견고한 진이 내 마음에 자리잡는 과정이라는 것을 당시에는 알지 못했다. 그것은 변경이 불가능한 일이라는 것을 내가 믿도록 사단이 속였던 것이다. 이 견고한 진은 '믿는 자들에게는 능치 못할 일이 없느니라'고 하신 하나님의 말씀을 믿지 못하도록 방해했다. 나는 내 마음의 상처 때문에 하나님의 약속을 믿지 않기로 작정한 것이 분명했다. 나는 내 인생의 이 부분에 대해서는 장애인이었던 것이다.

하루는 기도를 드리고 있는데 내가 거짓을 믿어 왔다는 생각이 들었다. 하나님께는 불가능한 것이 없지 않는가! 그래서 그 잘못된 부분을 고칠 수 있는 전략을 가르쳐 달라고 주님께 구하기 시작하였다. 나는 그 사람과 직접 만나서 그 일을 의논하면서 우리 사이에 잘못된 것을 바로잡을 필요가 있다고 생각했다. 그것은 쉬운 일이 아니었다. 나는 용서받고 치유받아야 했던 것이다. 결국 어떻게 해야 할지 알게 되었다. 그 상황에서 내가 느꼈던 고통과 그에 대한 사랑을 간단하게 기술한 편지를 썼다. 나는 힐난하지 않고 이해하고 있던 대로 상황을 설명하였다. 그리고 우리가 서로 멀리 떨어져 살고 있으므로 전화로 애기할 수 있겠느냐고 그에게 물어봄으로써 그 편지를 마감하였다. 편지를 받은 후 그 친구는 내게 전화하였는데, 전화하는 도중에 하나님의 사랑이 너무도 강렬하게 임하여서 그 상황은 완전히 치유가 되었고 관계는 회복되었다.

3. 이념의 견고한 진

게리 키나맨은 이념의 견고한 진은 "세계관과 관계가 있다"고 말하였다. 칼 마르크스와 찰스 다윈같은 사람은 문화와 사회에 영향을 주는 철학 그리고 종교적 또는 비종교적인 세계관에 특히 자극을 많이 주었다.[9]

이념의 견고한 진은 전체 문화에 영향을 끼칠 가능성이 있다. 아돌프 히틀러는 이 경우에 대한 가장 극난석인 예이다. 히틀러와 제삼 연방 공화국에 대한 책들은, 연방 공화국의 배후에 있으면서 본질적으로 나라 전체를 호렸던 주술적 권능을 밝히 드러낸다.

인본주의 철학은 강력하면서도 호리는 것이다. 뉴 에이지(New Age)는 지금 검증하는 추세에 있으며, 이 땅에 존재하는 것 중에서 기독교에 대해 가장 위협적이다. 뉴 에이지 운동에 가담한 사람은 이 세상의 어떤 종교 속으로도 마귀의 권능을 불러들일 수 있다고 교육받는다. 그들은 학교에 침투하여 학생들의 마음을 사로잡으며, 지방 정부나 국가 정부에 자기들의 이념을 심는다.

이러한 이념의 견고한 진은 불가시적인 세력과 어둠의 권세에 의해서 영감을 받고 있으며 자기들의 목적을 달성하기 위하여 사회 구조와 조직체를 창조하는 근거가 된다는 사실을 우리는 이해

> 교회는 악한 자의 행위를 파멸시키기 위하여 이땅에 존재하는 하나님의 전진기지이다. 교회는 이제 자기가 가지고 있는 병기고 안에서 가장 강력한 무기가 무엇인지에 대해서 눈을 뜨기 시작하였다--- 그것은 단합이다.

할 필요가 있다. 이것을 충분히 설명하기는 쉽지 않다. 다만 우리의 싸움은 혈과 육에 대한 것이 아니라는 사실이다. 이런 견고한 진은 교회들이 쉬임없이, 집중적으로, 지혜롭게, 그리고 지속적으로 중보기도를 드림으로써 공격해야 한다.

심리적 성벽을 쌓고 있는 교회는 우리 울타리 밖에 있는 것들에 대해서는 전혀 책임이 없다고 말을 하면서 우리의 눈을 가림으로 우리의 도시들을 위한 참된 전쟁을 직시하지 못하도록 만든다. 많은 목회자들과 지도자들은 자신이 사단에 대항하여 싸워 온 것이 아니라 사단으로부터 멀어지기 위하여 싸워 왔다는 사실을 이제 깨달아가고 있다.

4. 주술의 견고한 진

나는 주술의 견고한 진이란 이념의 견고한 진이 악하게 적용된 것이라고 본다. 주술의 견고한 진은 마법, 사단 숭배, 그리고 뉴 에이지와 같은 종교의 본거지로서, 이것들은 영들이 활동하도록 초청한다. 그리고 일정한 지역에 거하는 지역 귀신들에게 '힘을 북돋아 주는' 역할을 한다.

어떤 도시나 지역을 지배하고 있는 지역 귀신들은 마법사, 마술사, 그리고 사단 숭배자들이 사용하는 주술적인 주문, 저주, 의식, 그리고 마법사들이 사용하는 주물(呪物)들에 의하여 큰 권능을 받는다. 어두움의 세계를 지배하는 세력은 그 주술에 가담한 사람이 자신의 명령을 이행하도록 조작하고 어떤 지역 교회의 권세와 하나님의 통치를 파괴하려 한다. 기독교 지도자들이 그들의 도시에서 실제로 이런 일이 발생하고 있다는 것을 알지 못하는 경우가 종종 있다. 이것은 많은 목회자들과 지도자들이 자신도 모르는 사이에 어마어마한 사단의 공격을 받고 있는데도 무엇이 진행되고 있는지를 알지 못하거나 너무 지치고 낙심하고 피곤하여서 그의 맹공격에 대항할 수 없게 되거나 한 상태이다. 우리는 이것을 두려워할 필요는 없다. 원수의 간교한 방법을 이해하고 원수의 농간과 수단에 대항해서 싸워야 한다.

주술을 이용하는 사람들이 기독교인들과 지도자들을 공격하는 방법 중의 하나는 저주하는 것이다. 이것은 주문과 거룩하지 못한 중보기도 그리고 금식에 의하여 이루어진다. 에스겔13:18에는 "사람의 영혼을 사냥하고자 하여 방석을 모든 팔뚝에 꿰어 매고 수건을 키가 큰 자나 작은 자의 머리를 위하여 만드는 부녀들에게 화가 있을진저!"라고 기술되어 있다. 영적 전투 조직의 회원이며 우리 동료인 딕 버널(Dick Bernal)은 여기에 대한 좋은 책을 썼다. 『저주:

그것은 무엇이며 어떻게 그것을 파괴할 수 있는가』(Curses: What They are and How to Break Them).[11]

저주하는 일은 구약 시대와 신약 시대에도 있었다(예를 들면, 사8:19-22; 행19:19). 오늘날 많은 기독교 지도자들이 성적인 죄와 부도덕에 떨어지게 되는 것을 보게 될 때 오늘날에도 발생하고 있다는 것을 알 수가 있다. 지도자들은 이러한 저주에 말려 들지 않기 위하여 기도로써 그들을 보호해 줄 중보 기도자들이 필요한 것이다. 피터 와그너의 책 『방패기도』(Prayer Shield)는 이 문제를 심도있게 다루고 있다.

어떤 사람이 저주를 받고 있다면 어떻게 이것을 판단할 수 있겠는가? 몇 개의 판단 가능한 징후들을 나열해 보면 다음과 같다.

* 그럴 만한 이유가 없이 아프거나 연약하다.
* 마음이 혼란스럽다(마인드 컨트롤[mind control]에 의하여 이렇게 될 수도 있다).
* 잠을 자지 못한다.
* 자꾸 생생하게 성적인 꿈을 꾸게 된다.
* 극히 지쳐 있다.
* 웬지 모르게 부정적인 태도를 취하게 된다.

다른 원인에 의해서도 위와 같은 현상이 일어날 수 있다. 이런 현상이 저주의 결과인지 아닌지 알 수 있는 방법 중의 하나는, 저주의 결과로 인한 것일 경우에는 사단의 권세가 사라지면 그 증상도 즉시 사라지게 된다는 것이다. 그런데 저주가 몸에 실제적이고 물리적인 손상을 가져다 주는 경우가 있는데 이럴 때는 저주를 파괴함과 아울러 몸도 치료해야 한다.

아르헨티나로부터의 저주. 중보기도의 장군들에서 우리가 다루고 있는 과제들 중의 하나는 도시를 지배하고 있는 견고한 진들을 분별해 내고 그것들을 파하는 일이다. 1990년에 나의 친구 도리스 와그너와 나는 지도자들과 함께 기도하며, 도시를 지배하고 있는 견고한 진에 대하여 가르치고 그것들을 분별하기 위하여 아르헨티나의 레지스텐시아(Resistencia)로 갔다. 빅토르 로렌조는 그의 글에서 이 방문에 대하여 언급하고 있다(제7장을 보라). 특별히 구역질나는 지역 귀신들 중의 하나는 산 라 무에르테(San La Muerte)였는데, 글자대로 번역하면 '죽음의 성자'란 뜻이다. 그 도시 전역에 걸쳐서, 특히 이 신을 섬기기 위한 사원들이 13개나 지어져 있었다. 그곳에서의 삶은 너무도 희망이 없기 때문에 사람들은 산 라 무에르테를 섬기면 적어도 안락한 죽음을 맞이할 수 있지 않을까 생각하고 있었다.

그 기도 여행을 마치고 집으로 돌아왔을 때 나는 무서운 공격을 받고 있었다. 어느 주일 아침에 상쾌한 기분으로 교회 예배에 참석했는데, 예배 도중에 내 몸에서 힘이 빠지기 시작했다. 처음에는 내가 너무 피곤한 모양이다라고만 생각했는데, 시간이 흐름에 따라 내 몸에 뭔가 크게 잘못된 점이 있다는 것을 느끼게 되었다. 결국 나의 남편 마이크에게, "여보, 우리의 중보 기도자들에게 연락을 해요. 그리고 그들에게 긴급 기도 요청을 해주세요. 나는 죽을 것만 같아요"라고 말을 하였다. 그것은 심상치 않은 문제였다. 내 생애에서 그렇게 느껴 본 적이 한번도 없었고, 내 남편도 전에 그렇게 말하는 것을 한번도 들어본 적이 없었다. 그는 나를 지극히 사랑하기 때문에 즉시 중보기도 장군팀의 중보 기도자들에게 행동을 취하라고 연락했다. 한 시간쯤이 지나자 저주가 가시기 시작했다. 다음날 완전히 선상을 되찾아 강건하게 되었다.

회복된 후에 참으로 괴로워한 것이 있었다. 그 저주는 무슨 권한을 가지고 나를 공격했는가? 성경은 잠언26:2에서 "까닭없는 저주는 이르지 아니하느니라"고 말씀하시지 않는가. 나는 내 갑옷의 어딘가에 구멍이 뚫려 있는 것이 분명하다는 것을 알게 되었다. 계속 기도를 드리자, 전날 어떤 사람으로부터 받은 전화의 내용을 주님께서 상기시켜 주셨다. 그 사람은 내가 영적 전투에 대하여 가르치는 것이 전적으로 틀렸기 때문에 그만두라고 말했던 사람이다.

하나님께서는 그때 내가 그 사람을 용서하지 못하고 있다는 것을 나에게 보여주셨다. 나는 그때까지는 용서에 대해서 전혀 생각해 본 적이 없었는데, 그때 갑자기 용서하지 않은 것이 사실이라는 것을 깨닫게 되었다. 나는 내 마음에 죄를 품고 있었던 것이다. 나는 즉시 용서하고는 두 친구에게 가서 나를 위해 기도하여 주님께서 나의 상처받은 마음을 치료해 주시도록 간구해 달라고 부탁하였다. 다음날, 나에게 상처를 주었던 사람이 나에게 전화하여 용서를 구하였다. 그 사람은 단지 원수의 도구로 쓰임을 받았을 뿐, 내가 깊이 뉘우치고 있는 것처럼 그도 역시 뉘우치고 있었다.

5. 사회적인 견고한 진

사회적인 견고한 진이란 사람들로 하여금 하나님께서 그들의 필요에 대하여 관심이 없다고 믿도록 만드는 불공평, 인종 차별, 그리고 가난이 있는—그리고 그와 연관된 문제들이 있는—어떤 도시를 억누르고 있는 압제이다.

교회는 이 견고한 진을 공격해야 하는 임무를 천천히 깨닫기 시작했다. 월터 윙크(Walter Wink)와 론 사이더(Ron Sider) 같은 학자들이 이 일에 앞장서고 있다. 로마서12:21은 우리가 당연히 취해야 할 태도에 대한 성경적인 원칙을 기술하고 있다. "악에게 지지 말고 선으로 악을 이기라."

이 견고한 진을 무너뜨리는 길은 가난한 자들에게 나눠주며, 집이 없는 자들에게 안식처를 주고, 민족간을 화해시키고, 궁핍한 자들에게 옷을 입히는 것이다. 예수는 우리가 가난한 자와 억눌린 자의 편에 서서, 중보기도라는 영적 무기를 사용하여, 가능한 정치적이고 사회적인 행동을 취하기를 원하신다. 이렇게 하나님의 사랑을 나타내 보여줄 때 원수를 약화시키는 힘은 강력해지게 된다.

6. 도시와 교회 사이의 견고한 진

사단은 교회와 도시 사이를 갈라놓음으로써 적대적인 사고가 생기도록 만든다. 교회는 시 당국을 적으로 간주하는 일이 종종 있으며, 시는 교회를 부정적인 시각으로 보는 경우가 종종 있다. 이러한 견고한 진은 교회가 도시에 대하여 축복하는 방법을 배우게 될 때 무너질 것이다.

시의 지도자들이 어려움을 겪을 때 그들이 가장 먼저 도움을 청하는 기관이 교회가 되어야 할 것이다. 그러나 그런 일은 고사하고, 맨 나중에 도움을 청하거나 아니면 전혀 도움을 요청하지 않는 경우도 종종 있다. 시 당국과 좋은 관계를 갖기 위하여 어떤 교회는 시 경찰을 위해서 잔치를 벌이거나, 시 당국에 특별한 선물을 주거나, 시에게 도움이 되는 일들, 예를 들면 가난한 사람들을 위하여 갖가지 도움을 제공하는 등의 일을 하기도 한다.

시업기들은 종종 기독교인들을 가장 치사하고 인색한 사람들로 여기기도 한다. 대개 서비스 직종의 여종업원들은 기독교인들을 좋아하지 않는다. 그 이유는 불평은 많이 하면서도 팁은 조금 주는 사람들이기 때문이라는 것이다.

어떤 경우에는 교회 지도자들의 잘못으로 인하여 시에 수치가 되거나 사회를 당황하게 만드는 일이 있기도 하다. 그럴 때는 목회자가 시의 지도자들을 찾아가서 교회의 지도자들이 저지른 잘못을 인정하고 용서를 구할 필요가 있을 것이다. 교회와 사회 사이에 좋은 관계를 형성하는 것은 시 지도자들의 마음속에 있는 사단의 견고한 진을 무너뜨리는 것이며 대중 앞에서 우리를 참소하려는 사단을 무력하게 만드는 것이다.

7. 사단의 자리

사단의 자리는 어두운 세력에 의하여 억압과 지배를 크게 받고 있는 지역에 있다. 원수는 도시나 국가에 대한 전투를 이런 자리로부터 시작하는 것이다. 요한계시록2:13에서는 버가모라는 도시에 있던 이런 형태의 견고한 진에 대하여 말하고 있다. 주님은 어떤 지역에 마귀를 숭배하도록 하기 위한 견고한 진을 구축하려는 원수의 전략을 우리에게 보여주려고 하신다.

아르헨티나의 라 플라타(La Plata)는 프리메이슨주의(Freemasonry)를 위한 사단의 자리이다. 도시 전체가 프리메이슨주의와 연관된 영들을 경배하기 위한 신전으로 지어졌다. 도로가 대각선 방향으로 놓여져 있고 여섯번째 도로마다 광장이 있어서 메이슨주의를 상징하고 있다. 빅토르 로렌조의 글에는 이런 사단의 자리에 대한 영적 도해가 상세하게 기술되어 있다(7장을 보라).

8. 분파주의적인 견고한 진

분파주의적인 견고한 진은 교회 안에 분열을 일으키며, 교리와 신조에 자만이 있게 하며, 교단이나 어느 특정 신앙 체계를 맹신하게 함으로써 다른 지체들로부터 자신을 격리시키도록 한다.

분파주의자에 대한 사전적 정의는 "편협한 또는 파당적인 관점을 가지고 있는 사람, 분리적인 종교 집단의 일원, 편협한 마음의 소유자들"이다.

　분파주의적인 견고한 진은 종종 가장 치명적인 것이다. 성경은 내분이 있는 집은 붕괴될 것이라고 하였다(막3:25). 많은 교회가 분열되고 있다. 언약으로 맺어진 기독교인들 사이의 일체감을 파괴하기 위하여 사단은 고도로 훈련된 전문가들을 보냈기 때문에 우리 도시에서 이긴 경우도 있다. 그러나 아직 사단이 최종적으로 이긴 것은 아니다—또 그렇게는 안될 것이다!

　교회는 악한 자의 행위를 파멸시키기 위하여 이 땅에 존재하는 하나님의 전진기지이다. 교회는 이제 자기가 가지고 있는 병기고 안에서 가장 강력한 무기가 무엇인지에 대해서 눈을 뜨기 시작하였다— 그것은 단합이다.

　이것은 교회에게 보내는 새로운 메시지가 아니다. 이것은 계속해서 설교되어 온 것이다. 우리가 초교파적인 단합을 더 신속히 이루지 못하는 이유는 우리 교파들 안에서의 싸움에 너무 몰두한 나머지 단합을 생각할 여유가 없기 때문이다.

　우리가 우리 도시라는 약속된 땅을 점령하려 한다면 단합은 지극히 중요한 것이다. 여호수아서에 제시된 약속의 땅을 점령하는 모양을 살펴보자.

　A. 모든 부족들이 같이 들어갔다. 오늘날의 부족들은 누구를 가리키는가? 장로교라는 부족, 침례교라는 부족, 나사렛 교회라는 부족, 오순절 교파라는 부족, 회중 교회라는 부족, 은사파라는 부족 등등이다.

　B. 그들 모두가 동시에 들어갔다. 그렇게 해야 하는 것은 매부족마다 그 땅을 점령하는 데 필요한 그들 특유의 능력을 가지고 있기 때문이나.

나는 사단이 여러 교파들을 만들어내었다고 생각할 정도로 순진했던 적이 있었다. 복음주의적 주류 교단인 나의 교단만이 신앙 부흥을 가져올 수 있다고 생각하였다. 모든 사람들이 우리와 꼭 같게 된다면, 그때 비로소 하나님께서 일하실 수 있을 것이라고 생각하였다. 나는 내가 분파주의적인 견고한 진을 가지고 있다는 것을 깨닫지 못하고 있었던 것이다. 그후에 나는 은사주의적 갱신 속으로 빨려 들어가게 되었는데, 그때에도 나는 바로 우리가 부흥을 가져올 사람들이며 다른 모든 사람들은 그렇게 하지 못하고 있다고 생각하였다. 나는 상표는 바꾸었지만 여전히 동일한 견고한 진을 가지고 있었던 것이다. 결국 주님께서 나에게 내가 가지고 있던 분파주의에 대하여 알려주시기 시작하셨다.

C. 제사장들이 법궤를 메고 먼저 들어갔다. 매 지파에서 뽑은 지도자들이 법궤와 함께 요단강으로 들어가기 전까지는 그 물이 갈라지지 않았다는 사실에 유의하라(수3:9-17을 보라). 여러 번에 걸쳐서 회중은 단합을 해보려고 하는 마음을 지도자들보다 더 가져 보았으나, 지도자들이 앞장서서 가는 것이 중요하다. 지도자들이 단합에 그렇게 적극적이지 않은 데에는 몇 가지 이유가 있다.

* 교리에 대한 자만
* 거부에 대한 두려움
* 교파 또는 어떤 운동에 대한 우상화
* 회원들을 잃는 데 대한 두려움
* 다른 목회적 요구 때문에 지쳐있음

주님께서 나의 분파주의적인 견고한 진을 다루신 한 가지 방법은 나로 하여금 영원한 교리에 대해서 생각하게 하신 것이었다. 당신은 지금까지 영원한 교리에 대하여 생각해 보지 않았을 것이다. 그러므로 내가 한 가지 질문을 하겠다. 당신이 하나님의 보좌 앞에 섰을 때 당신이 믿고 있는 것과 관련하여 하나님은 무슨 질문을 하실 것 같은가? 당신보고 세례를 받았느냐고 질문하실 것 같은가? 아니면 너는 어떻게 성찬식을 거행했느냐고 질문하실 것 같은가? 성령의 은사에 대하여 어떻게 믿고 있느냐고 질문하실 것 같은가? 당신이 방언을 말할 줄 아는가를 알고 싶어 하시겠는가?

나는 그렇게 생각하지 않는다. 그는 어린양의 생명책에서 당신의 이름을 찾아보면서 '너는 거듭났느냐? 너는 어린양의 피로 씻음을 받았느냐?'라고 질문하실 것 같다. 이것이 영원한 교리이다. 분파주의적인 견고한 진은 그러한 것들에 대해서는 우리가 장님이 되도록 만든다.

9. 불법의 견고한 진

불법의 견고한 진은 후세대로 하여금 어떤 종류의 죄를 짓도록 만드는 불법이나 연약성을 야기하는 조상의 죄로부터 나온다.

나는 개인적이고 세대적인 불법들을 취급할 때 이것을 처음 알게 됐다. 후에 이러한 불법들이 문화 속에서도 작용하여 억압을 초래하며, 때로는 그들의 조상의 죄를 통하여 나라 전체를 저주하기까지 한다는 사실을 알게 되었다. 이것들은 또한 교파와 교회에 영향을 끼치기도 하는데, 그러한 교파나 교회의 지도자들의 죄는 후세대에 이르러서는 견고한 진이나 불법들이 되어 버린다. 이렇게 되면 죄를 교회 안으로 가지고 들어오는 마귀의 권세에게 문을 열어주는 것이 된다. 이러한 불법은 교회의 전통을 통하여서 종종 은폐되기도 한다.

전통이리는 견고한 진은 율법주의를 낳을 수도 있다. 조상 공경에 뿌리를 두고 있는 문화는 특히 이러한 영향을 받기 쉽다. 어떤 교회는 새로운 건물을 지을 때 거대한 나무 한 그루를 파내기를 거부하였는데, 그 이유는 그 교회의 설립자가 90년 전에 그 나무를 심었기 때문이었다고 한다. 이런 종류의 율법주의 때문에 그들은 사단의 올무에 걸리게 되었다.

또 어떤 교회는 성적 죄를 지은 역사를 가지고 있었다. 목회자와 지도자들이 그 교회에서 그러한 죄가 발생하였음에 대하여 회개하였다. 그들은 치명적인 속임수에 넘어갔던 목회자에 의하여 만들어졌던 교회의 머릿돌을 제거하기까지 하였다. 그들은 예수의 이름을 새겨서 새로운 것으로 갈아 끼웠다. 그 다음에 그들은 그들의 교회의 영적 조상이 지은 모든 부정과 죄가 파하여지도록 명령하였다. 그 결과로, 그들은 교회에서 성적 죄의 권세를 분쇄할 수 있었다. 영적 분위기가 쇄신되었던 것이다.

국가에게도 불법이 있을 수 있다. 한 나라의 조상과 그 나라 국민들의 죄는 그 나라의 심판을 초래할 수가 있다. 오늘날 많은 사람들이 역대하7:14에 있는 구절을 기도중에 말하고 있다. "내 이름으로 일컫는 내 백성이 그 악한 길에서 떠나 스스로 겸비하고 기도하여 내 얼굴을 구하면 내가 하늘에서 듣고 그 죄를 사하고 그 땅을 고칠지라."

'그 땅을 고칠지라.' 이것은 흥미있는 개념이다. 다니엘이 하나님께 '우리는 이미 범죄하여 패역하나이다' (단9:5)라고 소리쳐 기도드릴 때 그는 이것을 잘 이해하고 있었다.

느헤미야는 주님께 '나와 나의 아비의 집이 범죄하였나이다' (느1:6)라고 고백하였다. 그는 또한 자기의 나라인 이스라엘의 죄를 고백하기도 하였다.

나라의 죄는 국가적인 견고한 진이 만들어지게 하는 수가 있다.

이 죄는 그 나라에 살고 있는 사람들의 문화의 여러 국면에 영향을 끼치기도 한다. 이러한 죄는 또한 지역 권세들에게 그들의 문화를 마귀적으로 만들 수 있는 합법적인 권리를 줄 수도 있다.

이러한 죄는 지옥으로 향하는 문이다. 우리는 온 종일 거리에 서서 마귀에게 우리 도시에서 떠나가라고 소리칠 수가 있으나, 만일 마귀가 사람들의 죄를 통하여 그 도시를 지배할 합법적인 권리를 가지고 있는 경우라면 그것은 우리가 뻔뻔스럽게 행동하는 것이며 소음만 증가시키는 일이 될 것이다.

견고한 진을 야기하는 국가적인 죄란 무엇인가? 우리는 국가의 불법을 어떻게 찾아낼 수 있는가? 사악한 길에서 돌아서서 우리 나라의 불법들을 분쇄하기 위하여 우리는 어떠한 조치를 취해야 하는가? 이러한 것들이 영적 도해의 주요 질문이다. 그 대답들 중의 몇 가지가 뒤에서 기술될 것이다.

❖ 토의할 문제 ❖

1. 신디 제이콥스는 아르헨티나의 로자리오에 임하여 있던 저주가 기도를 통하여 분쇄되었기 때문에 홍수가 멈추었다고 믿었다. 당신이 동의한다면 왜 동의하는가?
2. 우리는 "보는 것이 믿는 것이다"라고 교육받았다. 이 장의 내용에 비추어 보아서, 이것이 가지고 있는 오류들 중 몇 가지에 대하여 이야기해 보라.
3. 신디 제이콥스는 아홉 가지 종류의 견고한 진에 대해서 설명하고 있다. 일반적으로 견고한 진이란 무엇인가에 대하여 구두로

설명하려고 노력해 보라. 당신은 친구에게 그것에 대하여 어떻게 설명할 것인가?
4. 아홉 가지 견고한 진의 이름을 소리내어 읽어 보라. 당신은 당신의 도시에 몇 가지나 적용시킬 수 있는가? 가능한 한 가장 잘 적용시킬 수 있는 것들을 말해 보라.
5. 당신 도시에도 분파주의라는 견고한 진이 있는가? 만일 있다면 그것을 약화시키기 위하여 앞으로 6개월 동안에 어떤 구체적인 조치들이 취해질 수가 있을까?

주(註)

1. "Delta Floods Stable," *Buenos Aires Herald*, Sunday, June 28, 1992, p.4.
2. George Otis, Jr., *The Last of the Giants* (Tarrytown, NY: Chosen Books, 1991), p.85.
3. Charles Kraft, *Christianity with Power* (Ann Arbor, MI: Servant Publications, 1989), p.24.
4. Clinton Arnold, *Powers of Darkness* (Downers Grove, IL: InterVarsity Press, 1992), p.97. *Ephesians: Power and Magic* (Grand Rapids, MI: Baker Book House, 1992)도 참고하라.
5. Richard Clark Kroeger and Catherine Clark Kroeger, *I Suffer Not a Woman* (Grand Rapids, MI: Baker Book House), pp.53,54.
6. Susan R. Garrett, *The Demise of the Devil* (Minneapolis, MN: Fortress press, 1989).
7. John Robb, Focus! The Power of Poeple Group Thinking (Monrovia, CA: MARC, 1989).
8. Gary Kinnaman, Overcoming the Dominion of Darkness (Tarrytown, NY:

Chosen Books. 1990), pp.54, 56-58.
9. Edgardo Sivoso 레지스텐시아 계획[Plan Resistencia]과 관련하여 지지자들과 친구들에게 보낸 편지로부터 발췌한 것임, September 15, 1990, p.3.
10. Kinnaman, pp.162,163.
11. Dick Bernal, *Curses: What They Are and How to Break Them* (Companion Press, Box 351, Shippensburg, PA 17257-0351).

제4장
예언자적 기도를 위한 영적 도해

쉘 쇠버그(Kjell Sjoberg)

영적 도해는 기도 사역에 관하여 우리가 연구한 바를 설명하기 위하여 만들어 낸 용어이다. 만일 우리가 이러한 내용에 대해 좀더 잘 알고 있다면 우리는 분명 더욱 효과적인 기도를 할 수 있을 것이다.

충분한 정보를 갖고 기도하는 사람들

사업가인 나의 친구 중보 기도사는 우리나라의 국무총리를 만나서 그에게 사업 계획을 제시할 기회가 있었다. 그는 국무총리가 질문할 가능성이 있는 모든 기술적 또는 경제적 사안들에 대해 대답할 수 있는 충분한 자료를 준비한 후 총리를 만났다.

그 후 얼마 지나지 않아서, 그는 어떤 문제와 관련하여 주님께 간구하고 있었다. 그때 주님께서는 그에게 몇 가지 질문을 하셨다. "너는 네가 국무총리를 방문하던 때를 기억하고 있느냐? 그때 너는 어떻게 준비했었느냐? 너는 아주 중요한 문제와 관련하여 나를 찾고 있다. 나는 왕중의 왕이다. 너는 지금 나에게 간구하려는 그 문제에 대해 얼마나 준비하였으며 얼마나 잘 알고 있느냐?" 나의 친구는 정직하게 고백하였다. "저는 국무총리를 만날 때만큼 그렇게 많이 준비하지 못하였습니다." 그는 주님께서 이렇게 말씀하시는 것을 느꼈다. "내가 네 기도에 응답하기 전에 너는 네 문제에 대해 충분히 알고 있어야 하니 너는 가서 더 많이 준비한 후에 다시 오너라."

중보 기도자들은 신문을 읽고 텔레비전을 시청하고 거기로부터 특별한 기도 제목들을 얻는다. 대부분의 중보 기도자들은 뉴스를 세심히 보려고 노력한다. 왜냐하면 기도에 대한 응답이 신문의 전면에 보도되는 경우가 종종 있기 때문이다. 나는 도시나 국가들을 책임맡은 중보 기도자들에게 경찰관들이나 신문기자들만큼 정보를 가지고 있어야 한다고 말하고 싶다.

내가 봉직하고 있는 「스웨덴의 중보 기도자들」의 멤버가 정부의 각 장관들에 대하여 책임을 지고 있는 '예비 내각'을 형성하고 있던 때가 있었다. 그들은 국가를 위해서 기도하고 있는 사람들에게 정보를 제공해 주는 책임을 가진 파수꾼들이었던 것이다. 어떤 사람은 환경에 대해서, 또 어떤 사람은 산업과 경제에 대해서, 또 다른 사람은 농업을 위해 임명받았던 것이다.

우리는 영으로 기도하고 또 성령으로부터 정보를 받을 수도 있지만, 또한 우리의 이성으로 기도도 해야 한다. 영적 도해의 기본적인 사항은 우리가 기도할 때 가능한 한 그 분야의 가장 많은 정보를 가지고 있어야 한다는 것이다.

도해의 은사를 가진 사람들

기도 사역을 위하여 기도 회원을 모집할 때 나는 영적 은사를 가진 사람을 다양하게 뽑으려고 노력한다. 기도 용사들 중에는 목사님도 있어야 한다. 우리를 책임지고 보호해 주고, 약한 자, 지친 자, 상처받은 자들을 치유해 줄 수 있는 사람이 필요하다. 물론 영적 도해의 은사가 있는 사람도 있어야 한다. 우리 팀에는 담대하고 능숙한 '스파이'도 있다.

한번은 심령술사들의 세계 총회가 스웨덴에서 열렸는데, 우리의 능숙한 스파이는 그곳에 대표자로 등록할 마음이 생겼다. 동시에 그는 근처에 있는 한 교회에게 자기를 위해서 기도를 해달라고 부탁하였다. 그는 심령술사들의 집회에 참석하여 정보를 수집하고는 교회로 와서 중보 기도자들에게 보고하였고, 보고를 받은 중보 기도자들은 그 정보를 영적 전투에 사용하였다. 심령술사들의 집회는 분열과 경제적 파산으로 끝이 났다.

나는 모든 사람들이 그가 했던 것처럼 행해야 한다고 말하고 싶지는 않다. 그는 그러한 은사와 사명을 가진 극히 적은 수 중의 한 명이기 때문이다. 하나님의 인도하심이 없다면, 그러한 일은 매우 무모하고 위험한 일이 될 수도 있는 것이다.

또한 이 능숙한 중보 기도자는, 바이킹들의 고대 종교를 되살리고자 아사(Asa) 신을 경배하고 있는 스웨덴의 한 단체를 엿보기 위하여 그 단체의 일원이 되기도 하였다. 물론 그는 자신의 본래 이름을 사용하지 않았다. 그의 집 문에는 교체가 가능한 명패가 두 개 있다. 그는 뉴 에이지 그룹과 사단주의자들에 대하여 항상 많은 정보를 가지고 있으며 기도 용사들이 필요로 하는 정보를 추적할 수 있는 재능도 있다.

우리가 기도 사역을 위하여 기도 회합을 갖거나 기도 프로그램을 준비하고 있는 오늘날, 우리에게는 영적 관점에서 한 도시의 역사를 취급하고 있는 미리 준비된 조사 자료가 있다. 이것은 기도 용사들에게 그들이 싸워야 할 영적 격전지를 더 철저히 이해할 수 있도록 해준다.

스웨덴 버그슬라겐에 대한 영적 도해

스웨덴 버그슬라겐(Bergslagen)은 다른 지역에 비해 교회의 교인수가 줄고 있었으며 실업자들도 많았다. 약 600명의 노동자들이 일하고 있던 철강회사가 단번에 도산하기도 하였다. 그래서 어느 주일 저녁에 그랜지스버어그(Grangesberg)라는 도시에 사는 모든 주민들은 집과 거리, 그리고 상가의 모든 전등을 소등하는 시위를 벌였다. 그날 밤 텔레비전 뉴스는 암흑 속에 빠져 있는 그 도시를 방영하였다. 그것은 절망의 시위였다. 주민들은 그 도시의 미래를 기대할 수가 없었던 것이다. 부동산 가격이 폭락하여 집을 파는 것이 거의 불가능하였다.

그때 우리는 6개월 동안의 전투 기도를 시작하기로 하고 마지막 주말에는 미래에 대한 희망을 선포하는 승리 캠페인을 벌이기로 했다. 우리 기도팀의 능숙한 '스파이'인 라스 위더버그(Lars Widerberg)가 영적 도해를 해본 후에 그 도시에는 뉴 에이지 본부가 15개나 있다는 것을 알아내었다. 지난 역사를 보면, 스웨덴의 자유가 위협을 받을 때마다 버그슬라겐 출신 농부들이 자유의 투사가 되어 나라를 구하곤 하였다. 버그슬라겐은 스웨덴의 산업이 발생한 곳이기도 한데 지금은 쇠락해 가고 있는 것이다.

스웨덴 역사상 최초로 세워진 공장은 영국의 파인드혼 재단(Findhorn Foundation)과 연계된 일단의 사람들이 차지하고 있었는데, 그 단체는 자기들의 힘의 근원이 루시퍼라고 고백하는 사람들의 집단이다. 우리는 루시퍼 본부로 들어가서 같이 커피를 마셨다. 외부인들이 보기에는 우리가 그 그룹의 일원으로서 즐겁게 같이 담화하고 있는 것처럼 보였을 것이지만, 우리는 서로 눈을 맞추면서 그 단체가 예수님의 주권 아래 있음을 선포하였다. 2개월 후에 그 단체의 회원 4명이 주님께로 돌아와서 성령 충만을 받았다. 주님께서는 우리의 기도 사역에 대한 노획물을 주셨던 것이다.

교회와 도시와 국가에 대한 예언적인 말씀과 환상을 달라고 주님께 간구하는 일은 영적 도해의 일부이다.

라스는 또한 버그슬라겐 지역에 3,000년 전에 살았던 애굽인인 얌브레스(Jambres)의 영을 불러들인다고 주장하는 강신술 주술사가 한 사람 살고 있다는 것을 알아내었다. 우리는 기도 버스를 마련해서 중보 기도자들을 태우고 그 도시의 뉴 에이지 센터마다 찾아다니면서 그 앞에다 차를 세우고 기도를 드렸다. 그 기도 버스는 또한 그 지역에 있는 모든 공공건물을 찾아다니면서 기도하기도 하였다. 우리는 지방 정치 지도자들이 하나님으로부터 지혜를 받아서 이 지역의 실업 문제를 해결할 수 있게 해달라고 기도드렸다. 우리는 그들이 공공 기금을 지혜롭게 그리고 정직하게 사용할 수 있도록 해달라고 기도느렸다. 우리는 얌브레스라는 악한 영을 대적하여 영적인 전투를 벌였던 것이다. 얌브레스는 모세와 아론이 출애굽하지 못하도록 막았던 애굽의 마법사 중의 하나였다.

우리는 힘든 전투를 하였으며 그 지방의 언론들로부터 불같은 박해와 비난을 경험하기도 하였는데, 그들은 우리의 버그슬라겐을 위한 희망의 날 선포를 이해할 수가 없었던 것이다. 그러한 반대자는 우리가 얌브레스라는 영에게 직접적으로 도전하였던 날 저녁에 시작되어 우리가 버그슬라겐을 위한 새 날을 선포하던 주말까지 계속 증가하였다. 그러나 이러한 반대와 핍박은 오히려 우리가 목표물에 적중했다는 것을 믿게 하였다. 얌브레스가 그 지역의 지역 귀신으로 깊게 자리를 잡고 있었던 것도 무리는 아니었다.

승리의 선포식이 있던 다음 날, 정부는 그 지역에 10억 스웨덴 크라운(미화 1억 500만 달러)을 지원키로 결정하였다. 즉시 부동산 값이 오르고 실업률이 감소하게 되었다. 철강회사의 문은 여전히 닫혀 있지만 모든 노동자들은 새로운 일자리를 얻게 되었다. 우리의 기도 사역이 목회자와 교회를 하나로 뭉치게 하였으며 그들은 계속하여 함께 기도하였다. 이러한 변화를 보도하는 언론의 자세는 바뀌었다. 그들은 우리가 기도 선언문에서 사용하였던 신앙적 용어를 그대로 사용하였다. 하지만, 물론 그들은 우리의 영적 전투와 그 승전보에 대해서는 아무것도 보도하지 못했다.

기도와 지형

기도는 지리적인 배경을 가지고 있으며, 따라서 경험있는 많은 중보 기도자들은 지도에 관심을 가지고 있다. 내 기도실의 벽은 지도로 덮여 있다. 한 쪽 벽에는 세계 지도가 있다. 다른 쪽 벽에는 커다란 스톡홀름의 지도가 있다. 나는 자기의 기도실에 지도를 붙여 놓은 나의 몇몇 친구들 때문에 용기를 갖게 되었다. 나는 세계지도 앞에서 여러 번 기도드렸다.

나는 어렸을 때 워치만 니의 『교회의 기도 사역』(The Prayer Ministry of the Church)이라는 책을 통하여 기도의 지리적 차원에 대하여 눈을 뜨게 되었다.[1]

예수께서 '나라이 임하옵시며'라고 기도하라고 우리에게 가르치셨을 때, 그것은 하늘에 있는 하나님의 나라가 이 땅에까지 확장되도록 하나님께 기도드려야 한다는 뜻이었다. 성경에서 하나님의 나라는 역사적인 용어로 뿐만 아니라 지리적인 용어로도 기술되어 있다. 역사는 시간의 문제이지만, 지리는 공간의 문제이다.

성경에 따르면, 하나님 나라의 지리적인 요소는 그것의 역사적인 요소를 초월한다. "내가 하나님의 성령을 힘입어 귀신을 쫓아내는 것이면 하나님의 나라가 이미 너희에게 임하였느니라"(마12:28)고 예수께서 말씀하셨다. 이것이 역사적인 문제인가? 아니다. 이것은 지리적인 문제이다. 하나님의 아들이 하나님의 성령으로 귀신들을 쫓아내는 곳이면 어디든지 하나님의 나라가 임하는 곳이다. 그러므로 이 시대에서의 하나님의 나라는 역사적이기보다는 지리적이다. 그 나라에 대한 우리의 개념이 항상 역사적이기만 하다면, 우리는 그것의 한 쪽만 보고 전체를 보지 못하는 것이다.

예수께서는 도시와 국가와 민족을 위한 중보 기도자들을 부르고 계신다. 지역의 경계들은 우리의 의무의 범주가 어떤 것인지를 보여준다. 행17:26,27에 따르면 하나님은 사람들이 거주하는 경계를 정하심으로 우리가 그 경계 안에서 주님을 찾도록 하셨다고 한다. 우리는 스웨덴의 경계를 따라서 기도드리기 위하여 기도팀을 보냈다. 해안선 지역을 50개로 분할한 뒤 그 지역을 따라 걷거나 여행하면서 기도해 달라고 여러 교회와 기도 단체에 요청하였다.

가끔 우리가 복음에 대하여 문을 닫고 있는 나라의 경계에 이르러서는 선 채로 그 나라에 복음의 문이 열리도록 기도드렸다. 나는 알바니아의 공산 정권이 무너지기 전에 기도팀을 이끌고 알바니아 국경으로 가서 기도회를 두 번 인도하였다. 다른 사람들도 우리와 비슷한 기도를 하였다. 덴마크가 국민투표를 하기 전, 대다수의 국민들이 유럽 연합에 대한 마아쯔리히(Maastrich) 조약에 반대표를 던졌을 때, 중보 기도자들은 독일과 덴마크 사이의 국경을 따라 걸으면서 기도를 드렸다. 왜냐하면 그들은 그 협약이 복음에 저해가 된다고 생각했기 때문이다.

성경에 있는 영적 지형

성경에는 영적으로 특별히 중요시되는 지역들이 있다. 예를 들면, 하나님께서는 약속의 땅에 대하여, 우리가 보통의 지도에서 찾을 수 있는 것과는 매우 다른 독특한 영적 지형을 구상하셨다. 여섯 개 도시가 도피처로 선택되었다. 48개 도시가 제사장들과 레위인들에게 주어졌다. 약속의 땅으로 옮겨갈 때에 이스라엘의 자녀들은 예수께서 그의 이름을 두시기 위하여 선택하신 장소를 찾아야만 하였다. 다윗은 그 장소가 예루살렘이라는 것을 발견하였다. 어떤 지역에서는 모세가 요셉을 축복하여 "원컨대 그 땅이 복을 받아 하늘의 보물인 이슬과 땅 아래 저장한 한 물과 태양이 결실케 하는 보물과…영원한 작은 산의 보물로 인하여 복이 임할지로다"(신33:13-15)라고 말했을 때와 같이, 특별한 축복이 선포되었다.

야곱은 한 국경 지역에서 하나님의 천사들을 만났다. 그는 '이는 하나님의 군대'라고 말하였다. 따라서 그는 그곳 이름을 마하나임이라고 불렀는데, 그 의미는 '두 개의 군대'(창32:1,2)라는 뜻이다. 또 다른 국경 지역은 미스바라는 이름이 붙여졌는데, 그것은 '감찰하다'라는 뜻이다. 라반은 "우리 피차 떠나 있을 때에 여호와께서 너와 나 사이에 감찰하소서"(창31:49)라고 말하였다. 야곱은 누구든지 다른 사람에 대하여 악의를 품고서는 이 기둥을 지나가지 못한다고 선언하였다(창31:48-53).

사무엘은 블레셋을 쳐부순 후에 블레셋 국경에다 돌을 한 개 가져다 놓았다. "가로되 여호와께서 여기까지 우리를 도우셨다 하고 그 이름을 에벤에셀이라 하니라 이에 블레셋 사람이 굴복하여 다시는 이스라엘 경내에 들어오지 못하였느니라"(삼상7:12,13).

신비로운 지형과 주술적인 도시 계획

미국의 인류학자인 요한 레인하르드(Johan Reinhard)는 페루와 볼리비아의 안데스 산맥에 대하여 광범위한 연구를 하였다. 그 연구 결과를 국가 도감(National Geographic)에 보고하면서 그는 "그 땅의 지형은 단순히 한 지역의 매혹적인 경관이 아니라, 실제로는 하나의 복잡하고도 종교적인 지도를 말한다. 그리고 산들은 주술적 의미들로 꽉 들어찬 영적인 경계표들이다"라고 결론지었다.[2]

레인하르드는 신비로운 산들은 우리가 지역 귀신으로 통하는 산의 주신인 일리마니(Illimani)의 통치 아래 서로 연관되어 있다고 보고하였다. 그 논문에는 안데스 산맥의 산과 호수들의 지도가 첨부되어 있었다. 잉카 제국의 요람이었던 마추 피추(Machu Picchu)에 대해서 레인하르드는 "마추 피추가 자리잡고 있는 곳은 신비로운 지형과 천체의 배치가 고려된 곳으로서, 그곳은 아마도 안데스 산맥 중에서 가장 좋은 자리일 것이다"라고 말하였다.[3]

나는 신비로운 강, 호수, 샘, 숲, 공원, 도시, 그리고 산에 대해 읽을 때 영적으로 긴장하게 되었다. 성경은 "의로 인하여 산들이 백성에게 평강을 주며 작은 산들도 그리하리로다"라고 말씀한다 (시72:3). 사단은 하나님께서 그의 피조물을 통하여 주시고자 하는 복의 흐름을 막고 싶어하며, 따라서 사람들이 지리적인 장소를 경배하도록 만든다. 우리는 마귀에게 바쳐진 장소에서 전투 기도를 드렸을 때 복음의 승리로 인한 변화된 분위기를 찾아볼 수 있었다.

영적 도해를 해보면, 빅토르 로렌조가 제7장에서 기술하고 있는 것과 같이, 바벨론과 애굽에 그 기원을 두고 있는 주술적인 도시 계획들이 신흥 도시들과 그 근교에 있었음을 종종 발견하게 된다. 바벨론에서는 대문들을 그 도시의 신들에게 바쳤으며, 바벨론의 중심부에는 신전이 있었다. 이 세상의 많은 수도와 도시에 오벨리스크(obelisk)가 세워져 있는 것을 발견하게 되는데, 때때로 우리는 사방을 측정할 수 있는 기준이 되는 영점(Zero point) 지역에서 그것들을 발견하게 된다. 오벨리스크는 다산과 관계있는 프리메이슨주의(Freemasonry)의 남근 형태로서, 고대에는 애굽의 태양신인 레(Re) 또는 라(Ra)에게 신성하게 바쳐졌던 것이다. 오벨리스크와 토템 기둥은 그것들이 바쳐진 신들의 지역에서 경계표로서의 역할을 하고 있기도 하다.

스웨덴에 있는 초월적 명상회(Transcendental Meditation)는 마하리쉬(Maharishi)의 명령에 따라서 그리고 스타파티야-베다(Sthapatya-Veda), 즉 완전한 생활 환경의 과학이라고 불리는 힌두 베다의 건축 양식에 따라서 스코클로스터(Skokloster)에 모형적인 마을을 건축하고 있다. 이들은 모든 집은 태양에게 인사하도록 지어져야 하며 따라서 집의 입구는 모두 동향이어야 한다고 규정한다. 또한 모든 집과 도로는 바둑판 모양으로 지어져서 목초지의 선들과 힘의 중심점들에 어울리도록 함으로써 정신적 에너지의 흐름을 방해하지 않도록 해야 한다고 규정한다. 이 마을의 중앙에는 명상센터가 있으며 모든 집에는 조그만 명상탑이 있도록 건축되었다.

예언적인 기도 사역

예언적인 기도 사역은 주님께서 어떤 팀에게 계시해 주신 전략을 좇아서, 주님의 완전한 시간표에 따라서, 그리고 주님의 명령에 따라서 행해지고 있다.

기드온은 용맹스런 300명의 군대를 이끌고 나아가기 전에, 그보다 작은 열명의 타격대를 지휘함으로써 역사상 최초의 유격대를 조직하고 유격전을 강행했다. 그는 하나님의 명령에 순종하여 밤에 그의 부하 열 명을 데리고 가서 그의 아버지가 섬기던 바알의 단을 무너뜨리고 그 옆에 있던 아세라 주상을 찍어 넘어뜨렸으며 그 자리에다 하나님께 드릴 거룩한 제단을 세웠다(삿6:25-27). 이것이 하나님의 명령에 순종한 기드온의 기도 사역이다.

엘리야는 중보 기도자의 모형이다. 하나님의 말씀이 엘리야에게 임하였다. "너는 일어나 내려가서 사마리아에 거하는 이스라엘 왕 아합을 만나라 저가 나봇의 포도원을 취하러 그리로 내려갔나니"

(왕상21:17,18). 엘리야는 나봇이 살해된 후 나봇의 포도원을 취하기 위하여 내려온 아합을 만났다. 같은 방식으로, 주님은 우리에게 하나님의 시간표에 따라서 적당한 장소에서 악한 자를 만나도록 우리에게 거룩한 임무를 부여하신다.

예언적인 기도 사역은 복음에 대하여 문을 닫고 있는 국가로 파송되는 기도팀과 특히 연관이 있다. 이러한 팀은 복음을 듣지 못한 사람, 회교 국가, 재난을 당한 지역, 사단의 본부, 물신의 견고한 진, 그리고 천사도 가기 싫어하는 지역으로 들어가는 사람들이다.

예언적인 기도 사역은 도시와 국가를 위해 중보기도를 드리기 위하여 정기적으로 만나는 사람들에 의해 행해진다. 도시와 국가를 위한 지속적인 기도는 기도하는 이들에게 특별한 기도 사역을 요구하기도 한다. 그래서 그런 기도 후에는 새로운 사역팀이 조직 선발되어 기도 여행 또는 다른 임무를 위하여 파견되는 일이 흔히 있게 된다.

기도 지도자로 하나님에 의해 세움을 받은 내가 믿기로는 하나님께서는 나의 팀에 있는 중보 기도자들을 보호해 줄 의무를 내게 맡기신 것 같다. 나는 항상 나 자신에게 묻는다. 우리는 어디까지 갈 수 있는가? 사람들은 무엇을 할 준비가 되어 있는가? 하나님께서는 우리를 위하여 어떤 시간표를 짜 놓고 계신가? 이 중보 기도자들은 우리가 하려는 일들을 이해할 만큼 성령 안에서 성숙한 자들인가? 우리는 이 일을 위하여 집중적인 기도 시간을 갖는다.

우리는 왜 기도 사역을 예언적이라고 부르는가?

몇몇 기도 사역을 묘사할 때 '예언적'이라는 말을 쓴다. 왜냐하면 우리는 하나님의 예언적인 말씀이 성취되기를 기도하고 있기 때문이다. 교회와 도시와 국가에 대한 예언적인 말씀과 환상을 달라고 주님께 간구하는 일은 영적 도해의 일부이다. 성경에 나오는 예언자들은 이란, 이라크, 레바논, 이스라엘, 이디오피아 같은 중동 지역의 국가들에 대하여 예언의 말씀을 선포하였다. 우리가 최근 이집트로 예언적 기도 여행을 갔을 때에 이집트를 향한 예언인 이사야 19장이 성취되도록 기도드렸다. 우리는 종종 예언의 말씀을 기도의 무기로 사용하기도 한다.

기도할 때 예언의 시간적 차원을 고려할 필요가 있다. 주님은 시간 계획과 관련하여서 우리가 그의 뜻을 알 수 있도록 훈련하고 계신다. 주님은 '그가 때와 기한을 변하시며 왕들을 폐하시고 왕들을 세우실'(단2:21) 때, 중보 기도자들이 역사의 전환점에 서 있기를 원하신다. 따라서 하나님은 어떤 나라가 복음에 대하여 문을 여는 계기가 될 수 있는 변화들이 일어나려고 할 때에는 중보 기도자들을 세워 자기와 동역토록 하신다. 하나님께서 예레미야에게 말씀하셨던 것처럼(렘1:10을 보라), 어두움의 왕국의 구조물들이 뽑히고 파괴되고 파멸되고 쓰러져야만 우리가 복음으로 건설하고 심기를 시작할 수 있는 것이다.

주님께서는 정확한 이유를 알려주시지 않은 채 하나님의 백성들이 어떤 날에 모여서 기도하도록 우리에게 촉구하신 적이 여러 번 있었다. 뉴 에이지 그룹이 국제적 회합을 가졌을 때, 전국적 기도 모임을 가지도록 하라는 부르심을 세 번 받았다. 우리는 뉴 에이지 계획에 대해서는 알지도 못한 채 기도회를 시작하고 마쳤다. 하지만 우리가 하나님 앞에서 기도하기를 원하신다는 것은 어쨌든 알 수가 있었다. 마드리드에서는 심지어 우리가 그 사람들의 집회장수를 예약하기도 하였는데, 그 건물은 두 집회를 한꺼번에 가져도

될 만큼 넓었다!

　가끔 주술 세계에서 높은 수준의 집회가 있을 때, 주님께서는 우리에게 기도하도록 촉구하신다. 이런 때는 하나님의 나라가 진척되며 교회에 새로운 문이 열리는 때이다. 사단은 자신의 영역을 넓히기 위해 활발하게 움직이는데 교회가 졸고 있다면 종내 침체되어 패망해 버리고 말 것이다.

예언적인 기도 사역의 동기들

　중보 기도자들은 복음 전도자들을 돕고 불신 영혼들이 구원받는 길을 준비하기 위하여 부르심을 받았다. 그들은 주님 앞에 서서 제사장적 직임을 감당하여 성도들의 죄를 고백하며 자비를 구하도록 하기 위하여 부르심을 받았다.

　개인의 죄는 하나님과의 친밀한 교제를 방해한다. 집단의 죄는 하나님의 영이 그 집단 위에 임하지 못하게 만든다. 하나님께서는 지구 전체를 그의 영광으로 충만케 하려고 계획하셨다. 그러나 죄로 인하여 그의 영광을 가리게 되었다. 예수님은 예루살렘에 있는 종교 지도자들에게 그 도시의 집단적인 죄에 대하여 말씀하셨다—하나님께서 보낸 사람들을 영접하지 않은 죄에 대하여. "그러면 너희가 선지자를 죽인 자의 자손 됨을 스스로 증거함이로다. 너희가 너희 조상의 양을 채우라"(마23:31,32).

　회개하지 않은 죄책감은 사단의 권세를 불러들이는 초청장이다. 원수를 결박하기 전에 우리는 그가 합법적으로 인간을 지배할 수 있는 권한을 가지게 하는 죄를 처리해야 한다. 악마와 그의 정사들은 예수 그리스도의 십자가에 의해 괴멸되었으므로 죄악의 손길로 그들을 부르지 않는 한 그들은 계속 머무를 수가 없는 것이다.

　호세아 선지자는 250년 가량 묵은 죄를 처리하지 않고 있는 이스라엘을 책망하였다. "이스라엘아 네가 기브아의 시대로부터 범죄하였거늘 무리가 기브아에 서 있었도다"(호10:9).

모세는 자기가 살고 있는 도시의 지도자들에게 집단의 죄를 처리하는 방법을 가르쳐 주었다. 어떤 사람이 들에서 죽은 채로 발견되었는데 누가 그를 살해하였는지 모른다면, 거기서 가장 가까운 도시에 살고 있는 장로들이 희생 제사를 드리고 나서 다음과 같이 기도 해야 한다. "여호와여 주께서 속량하신 주의 백성 이스라엘을 사하시고 무죄한 피를 주의 백성 이스라엘 중에 머물러 두지 마옵

하나님은 어떤 나라가 복음에 대하여 문을 여는 계기가 될 수 있는 변화들이 일어나려고 할 때에는 중보 기도자들을 세워 자기와 동역토록 하신다.

소서." 하면 '그 피 흘린 죄가 사함을 받으리니 너는 이와 같이 여호와의 보시기에 정직한 일을 행하여 무죄자의 피흘린 죄를 너희 중에서 제할지니라'(신21:8,9)라고 하였다.

여기서 개인적인 죄와 집단적인 죄 사이의 차이점을 이해하는 것이 중요하다. 불신자들은 회개하고 그들의 개인적인 죄를 고백한 후 예수를 믿으면 구원받는다. 그들을 대신하여 그들의 죄를 고백해 줄 수 있는 사람은 아무도 없다. 그러나, 집단적인 죄의 경우는 그렇지 않다. 중보 기도자들은 비록 그들이 개인적으로 그 죄에 참여한 것은 아니라고 하더라도 집단적인 죄를 고백할 수가 있으며, 따라서 하나님을 거스렸던 요소들이 세서될 수가 있다. 이런

일이 일어날 때 하나님은 그의 성령을 부어주실 수가 있는 것이다. 그렇게 되면 불신자들이 그리스도의 복음을 듣고 그들의 개인적인 죄들을 회개하여 구원을 얻는 것이 용이케 된다. 이렇게 하여 전략적 수준의 중보기도를 통하여 효과적인 복음 전도의 길이 열리게 되는 것이다.

에스라는 우리에게 한 모범을 보여주었다. 그가 하나님 앞에서 괴로워하면서 조상들의 죄를 고백할 때 다음과 같이 부르짖었다. "우리의 열조 때로부터 오늘까지 우리 죄가 심하매 우리의 죄악으로 인하여 우리와 우리 왕들과 우리 제사장들을 열방 왕들의 손에 붙이사 칼에 죽으며 사로잡히며 노략을 당하며 얼굴을 부끄럽게 하심이 오늘날 같으니이다"(스9:7).

영적 도해에 관한 일곱 가지 중요한 질문

지금까지 나는 우리가 수 년 동안 예언적 기도 사역을 행하면서 얻게 된 영적 도해의 근본적인 원리들 중에서 몇 가지를 기술해 보았다. 어떤 도시나 어떤 지역을 하나님께 바치기 위해서 목회자들과 중보 기도자들에게 방향을 제시함과 관련하여서, 어떤 종류의 연구가 더 가치 있으며 어떤 것들이 덜 가치 있는지에 대해서 우리는 경험을 통하여 약간의 통찰력을 갖게 되었다. 우리가 보기에 가장 도움이 될 만한 중요한 질문 일곱 개를 아래에서 들어보려 한다. 이것은 하나님께서 나의 동료들과 나에게 거의 항시 그 임무를 맡기시는 전투적인 기도를 통해 주신 것들이다. 다른 임무를 맡아 가지고 있는 사람들에게는 다른 질문이 더욱 유익할 수도 있을 것이다.

1. 그 나라의 주신은 어떤 것들인가?

하나님께서 이스라엘을 애굽에서 인도하여 내실 때 그는 '내가 애굽의 모든 신들에게 벌을 내리리라'고 말씀하셨다(출12:12). 우리가 소련에 있는 사람들의 해방을 위하여 기도드렸을 때, 먼저 그들의 신들의 목록을 작성한 다음, 주님께 그 모든 신들을 심판해 달라고 간구하였다. 어떤 나라로 갈 때면 나는 보통 그 나라의 대통령이나 왕이 어떤 종류의 신을 섬기고 있으며 사업가들은 어떤 신을 섬기고 있는지 알아본다.

적잖은 나라의 사업가들이 로마 이름으로는 머큐리인 희랍의 신 허메를 존숭하고 있다. 우리는 세계의 주요 주식 시장들 중의 몇 곳에서 그 신상을 찾아볼 수가 있었다. 허메는 사업가, 도둑, 그리고 웅변가의 수호신이다. 희랍 신화에 따르면 그 신 자신도 역시 도둑무리의 두목이었다. 많은 우상 배후에는 경배를 요구하고 있는 악마의 사주가 있다.

우리는 동경의 주식 시장 현장에서 기도드리고 싶은 마음이 생기자, 예수 이름으로 도둑들의 수호신인 허메를 꾸짖었다. 그 일은 피터 와그너가 설명한 바 있는(제2장을 보라) 다이조시 예식 기간 중에 있었다. 1990년 11월 이후 동경의 주식 시장에서는 연이어서 부정 사건들이 폭로되었다. 그 이후로 하루가 다르게 주가가 하강하였는데, 이 글을 쓰고 있는 지금 이 시간에도 계속해서 하강하고 있다. 탐욕을 싫어하시는 하나님께서 지금 심판하시는 현장을 우리는 보고 있는 것이리라.

2. 풍요의 신에게 제사를 드리는 것과 연관된 제단, 산당, 그리고 신당들은 어떤 것들인가?

아브라함이 약속의 땅으로 들어갔을 때 그는 하나님께 제단을 지어 바치고 나서 하나님의 이름을 불렀다(창12:8). 제단을 지어 바치는 것은 하나님과 그의 택하신 백성들간의 계약 안에 그 땅을 포함시키는 행위이다. 그렇게 하면 그 땅도 하나님과 계약을 맺게 되는 것이다. 이방인들이 그들의 신에게 제단을 지어 바친다면 그들은 우상과 그것들 배후에 있는 어두움의 천사들에게 그 땅을 계약으로 드리는 것이다.

그 땅을 차지하는 길은 "너희가 쫓아낼 민족들이 그 신들을 섬기는 곳은 높은 산이든지 작은 산이든지 푸른 나무 아래든지 무론하고 그 모든 곳을 너희가 마땅히 파멸하여 그 단을 헐며 주상을 깨뜨리며 아세라 상을 불사르고 또 그 조각한 신상들을 찍어서 그 이름을 그곳에서 멸하는 것이다"(신12:2,3). 이것은 국가들로 하여금 복음에 대하여 문을 열게 하는 열쇠가 된다. 신약 시대에 살고 있는 우리는 전투 기도를 드림으로써 그렇게 할 수 있다. 기도하기 전에 우리는 다른 신에게 바쳐진 모든 산당과 제단의 지도를 그린다. 우리는 또한 산당과 제단이 오늘날 주술적 집단들에 의하여 재건되어 사용되고 있지나 않은지를 알아보기 위하여 조사한다.

3. 왕이나 대통령이나 족장과 같은 정치 지도자들이 하나님의 영광을 가로채는 일이 빈번함을 알고 있는가?

이것은 어떤 사람들이 생각하는 것처럼 그렇게 희귀한 일이 아니다. 어떤 국가의 창건자가 사후에 신으로 경배되고 추앙을 받고 있는가? 우리는 국가적인 시인, 영웅, 성인 그리고 장군이 사후에 신으로 추앙받고 있는 것을 보게 된다. 왕이나 정치 지도자들이 신이 되어서 그들의 백성들로부터 경배를 받게 되면 그들은 마땅히 하나님께 돌려야 할 영광을 앗아가는 것이 된다. 피터 와그너가 지적하였듯이 일본의 천황이 그 좋은 예이다(제2장을 보라).

복음을 거부하는 부족과 국가들 가운데서 이러한 숭배가 복음 전파에 저해가 되는 것을 종종 발견하게 된다. 이것은 오늘날에도 독재자들이 거짓된 단결심과 국민들의 맹목적인 복종심을 촉발하기 위하여 사용하는 방법이기도 하다. 하나님은 천사를 보내어 살아 있는 신으로 경배받는 것을 용인한 헤롯을 쳐죽였다. 그 방해물이 제거된 후에 누가는 '하나님의 말씀은 흥왕하여 더하더라'(행 12:24)고 기록할 수가 있었다.

4. 그 땅을 더럽힌 피흘림이 있었는가?

다윗의 통치 기간중 연거푸 3년에 걸쳐서 기근이 발생한 적이 있었다. 다윗은 하나님의 얼굴을 구하였다. 여호와께서는 "이는 사울과 피를 흘린 그 집을 인함이니 저가 기브온 사람을 죽였음이니라"(삼하21:1)고 말씀하셨다. 다윗은 기근을 촉발한 피흘린 죄를 구약적 방식으로 처리하였고 하나님은 그의 기도에 응답하셔서 그 땅을 치료하셨다. 더 이상 수확을 거두지 못하는 일은 없었다.

5. 그 도시나 나라의 기초가 어떻게 해서 놓여지게 되었는가?

"네게서 날 자들이 오래 황폐된 곳들을 다시 세울 것이며 너는 역대의 파괴된 기초를 쌓으리니 너를 일컬어 무너진 데를 수보하는 자라 할 것이며 길을 수축하여 거할 곳이 되게 하는 자라 하리라"(사58:12).

한 조사팀이 호주 시드니의 역사를 연구하였는데, 그들은 시드니가 건설될 때 한 원주민 부족 전체가 완전히 사라진 것을 발견하게 되었다. 또 다른 도시는 위조된 땅 문서들을 통하여 건설된 것이 발견되었다. 그 도시의 건설자는 그 땅을 판 사람이 사기 당했다는 사실이 밝혀지자 도망을 가야만 하였다. 어떤 부족이 살고 있는 지역에서는 그 부족과의 협약하에 도시가 건설되었다. 그 조약은 곧 깨어졌지만, 그 부족민들과의 협약을 어긴 사람들에게는 그 후 자기들의 이름을 딴 길을 갖게 되었다. 그 부족민들은 오늘날 그 도로 위로 걸어다닐 때, 자기들을 속였던 그 사악한 사람들을 회상하게 될 것이다.

덴마크의 알보그(Aalbog)는 원래 바이킹들이 그들의 전쟁 포로들을 노예로 끌고 와서 매매하는 노예 시장으로 건설하였던 도시다. 그런 범죄를 위하여 건설된 도시는 도시 자체에게도 저주가 되는 것이다. 저주받은 땅에서는 교회가 성장할 수 없으며 사단의 어두운 세력이 처음부터 그곳에다 자기의 기지를 구축할 수 있었다는 사실은 전혀 놀라운 일이 아니다. 주님은 에스겔을 통하여 "회칠한 담을 내가 이렇게 훼파하여 땅에 넘어뜨리고 그 기초를 드러낼 것이라"(겔13:14)고 말씀하셨다. 아르헨티나의 라 플라타에 대해서 빅토르 로렌조가 말하는 것처럼(제7장을 보라), 영적인 도해를 통하여 주님은 오늘날 그러한 기초들을 하나하나 폭로하고 계시는 것이다.

6. 하나님의 사자들이 어떻게 대접을 받았는가?

"누구든지 너희를 영접도 아니하고 너희 말을 듣지도 아니하거든 그 집이나 성에서 나가 너희 발의 먼지를 떨어버리라"(마10:14). 이러한 행위는 그 도시에 대한 하나님의 심판을 초래할 것이다.

말레이시아 말라카로부터 온 한 목사가 자신이 섬기고 있는 교회가 성장하지 못하고 있으며 그 도시의 다른 교회들도 역시 그렇다고 말한 적이 있다. 뭔가가 그들의 복음적인 노력을 방해하고 있는 것이다. 그때 영국으로부터 한 예언자가 말라카에 왔는데 그는 천주교 선교사인 프란시스 자비에르(Francis Zavier)가 어떻게 해서 말라카를 떠났는지에 대한 과거 사실을 알게 되었다. 주민들이 자비에르의 말에 귀를 기울이지 않자 그는 산 위에 올라가서 말씀 그대로 그의 발의 먼지를 떨어버렸던 것이다. 그 영국인 예언자는 말라카 출신의 목사들을 이끌고 자비에르가 올라갔던 산으로 올라가서, 그 도시가 400여 년 전에 하나님의 종을 영접지 않은 것에 대하여 회개하였다. 그러자 저주는 사라졌고, 그 날 이후로 그 교회는 성장하기 시작했다고 그 목사는 말하였다. 다른 교회와 도시가 하나님의 심판을 받고 있는 것도 그곳 사람들이 하나님의 종을 영접지 아니하였기 때문이며, 그 땅이 그토록 강퍅한 이유도 바로 그것이다.

7. 오래된 권세의 자리들은 어떻게 해서 만들어졌는가?

예언적 기도 사역을 위한 영적 도해는 우리를 새로운 분야로 안내해 준다.

예를 들면, 높은 비율의 기독교인들이 있는 아프리카 국가에는 더 많은 기독교인들이 국가의 지도층에 있어야 할 때가 된 것이다. 선거를 통해 그리고 기독교인 후보자의 당선을 위해 기도드릴 때에, 우리는 오래도록 권세를 누린 자들의 정체를 폭로함으로써 경건한 지도자들이 권세있는 자리를 차지하게 할 필요가 있다.

오래된 권세의 자리들은 흔히 우상과의 계약을 통하여 조성된다. 대통령직이 대통령의 부족과 죽은 자들—그의 조상들—이 섬기던 가장 힘센 지역 신에게 바쳐졌을지도 모른다. 이런 식으로 해서 권세의 자리는 여러 신에게 바쳐지고, 따라서 그 모든 신은 그 직에 대하여 자기 나름의 권리를 주장할 수 있는 것이다. 대통령을 축출하려는 쿠데타를 일으키기 전에 그 쿠데타의 성공을 위하여 염소와 개구리를 제물로 바쳤는지도 모르는 일이다. 한 마법사로부터 조언을 받고서 쿠데타가 성공하였을 때 그에게 벤츠를 선물로 줄 수도 있을 것이다. 우리가 더욱 효과적인 기도를 하기 위하여서는 국가 권세의 자리들에 대한 도해를 할 필요가 있다. 우리는 '만일 권세의 자리에 있는 사람들이 어떤 영들을 섬기고 있다면, 그 영들이 어떤 것인지를 알아낼 수 있겠습니까?' 라고 기도할 필요가 있다.

우리는 영적 도해를 어떻게 이용할 수 있는가?

영적 도해는 우리가 성령 안에서 이미 깨우쳐 알고 있는 어떤 것들을 확증하는 데 쓰이는 경우가 종종 있다. 우리의 전략이 여러 경로를 통하여 확증될 때 더욱 담대함을 갖고 나아갈 수 있을 것이다. 만일 주님께서 우리에게 어떤 도시의 권세자의 이름을 알려주신다면 그것은 성경과 역사를 통해서 확증될 필요가 있다. 만일 그 권세자가 수 백년 동안 거기에 있어 왔다면, 그는 그 도시의 역사와 지형에 그의 흔적을 남겼을 것이 분명하다. 우리의 원수와 그의 군대에 대하여 우리가 알 필요가 있는 모든 것은 또한 성경에도 계시되어 있다.

우리는 기도 전략을 세울 때 영적 도해를 사용한다. 어떤 종류의 기도 무기를 우리는 사용하여야 할까? 전쟁터의 특성은 어떤 것인가? 우리는 어떤 순서로 기도를 진행하여야 하나? 전투를 하기 전에 반드시 죄의 고백이 먼저 있어야 한다. 우리는 먼저 강한 자를 내쫓기 전에 그에 대한 우리의 초청장을 무효화시켜야 한다. 조사를 해보면 우리가 가야 할 시간과 장소를 알 수 있을 것이다. 영적 도해는 또한 누가 일해야 할 것인지 밝혀준다. 예를 들면, 우리가 노예 무역 사건을 취급하려 할 때는, 그 노예 무역에 관계하였던 국가 지도자들을 초청하여 그들로 하여금 그들의 국가를 대신하여 회개하도록 할 수가 있을 것이다. 우리가 스페인의 종교 재판 사건을 다루었을 때, 나는 스페인으로부터 추방되었던 한 유대인의 종손을 초청하여 우리 팀에 합류하도록 하였다.

우리는 모든 조사 결과를 꼭 따라야 하는 것은 아니다. 조사하는 사람들이 진지하게 준비한 자료들을 모두 사용하는 것이 아니다. 다윗은 전쟁터에서 골리앗을 만났을 때 돌 다섯 개를 가지고 있었으나, 자기가 가지고 있던 날카로운 돌 중에서 한 개만을 사용하여 그 거인을 거꾸러뜨렸던 것이다. 원수의 가장 취약한 곳을 치기 위해서는 고도의 정밀성이 필요한 것이다. 전투에서의 지혜란 무기를 낭비하지 아니하고서도 승리를 거두는 것이다.

우리가 조사하고 난 뒤 작성한 영적인 지도를 그 도시의 지도자들에게 제시할 때 나는 보통 "당신들은 과거에 행해졌던 이런 일들에 대해 심각하게 기도해 보신 적이 있으십니까?"라고 묻곤 한다. 우리는 목회자나 교회가 이미 행하였던 일을 반복하고 싶지 않기 때문이다. 한번은 우리가 베를린 시의 목회자들한테 "제2차 세계 대전이 베를린에서 시작되었으며 그 전쟁으로 인하여 수백만 명의 사람들이 죽은 것을 생각하면서 이 도시가 범했던 피흘린 죄를 회개한 적이 있습니까?"라고 물은 적이 있다.

그때 그들은 "우리는 그런 것에 대해서 생각해 본 적이 없으며 교회에서도 그런 죄를 회개하는 소리를 한 번도 들어본 일이 없습니다"라고 대답하였다.

가끔 영적 도해를 통하여, 이미 우리가 기도하고 있던 지역에 관하여 알려지지 않은 과거의 사실들이 밝혀지는 일이 있다. 그렇게 되면 우리는 그 지역에 대해 새로운 차원의 이해를 가지고 더욱 깊은 관심을 가지고 접근할 수가 있는 것이다.

모스크바의 비밀 경찰 본부에서 기도를 드림

1987년 10월에 있었던 소련 공산 체제 수립 70주년 기념식에 맞춰 우리는 모스크바에서 예언적 기도 사역을 강행하였다. 다니엘은 70년의 바벨론 포로 생활 후에 해방이 있을 것을 약속한 예언의 말씀을 발견한 후, 선민의 해방을 위하여 자신이 중보기도를 드려야 할 때가 되었다는 것을 알았다. 하나님께서는 악한 권세에 대하여 시한을 정하심으로써 하나님의 능력을 나타내 보이신다. 하나님께서는 기독교인과 유대인을 박해하고 있는 공산 정권에게도 동일한 시한이 정해져 있다는 믿음을 우리에게 주셨다. 우리는 그날 밤 다섯 개의 기도 목표를 찾아내었는데 그중의 하나가 소련 비밀 경찰의 본부였다.

이 기도를 위하여, 비밀 경찰에 대한 조사 자료가 기도팀에 속한 12명에게 배포되었다. 우리는 비밀 경찰의 조직에 관한 강의를 두 시간이나 들었다. 비밀 경찰은 소련 내에서 활동하고 있는 19,000명의 사무원들과 400,000명의 요원을 가지고 있었다. 또한 비밀 경찰은 전세계에 걸쳐 50만 명이나 되는 정보 제공자들을 가지고 있었다. 비밀 경찰의 창립자는 제르진스키(Dzerzinsky)인데 류블랑카(Ljublanka) 감옥 앞의 광장에는 그의 동상이 서 있다. 모스크바의 지도 위에다 우리는 비밀 경찰 요원들이 훈련받고 있는 비밀 경찰 관련 장소들, 그리고 다른 나라들로부터 요원들을 모집하여 교육시키고 있는 루맘바(Lumumba) 대학을 정확히 표시하였다.

1987년 10월 17일과 18일 사이의 자정이 일 분 지난 시각에, 우리는 이스라엘인 중보 기도자와 스코틀랜드에 있는 수녀로부터 두 가지 정보를 입수하게 되었는데, 그들은 우리가 터널 속에서 기도

드리고 있는 모습을 보았다고 말하였다. 비밀 경찰 본부 앞에는 광장 밑을 걸어서 통과하게 되어 있는 터널이 딸린 지하 광장이 있다. 우리는 그 터널이 제르진스키 동상 바로 밑을 통과하고 있다는 것을 알게 되었다. 주님께서는 우리가 아무에게도 방해를 받지 아니하고서 자유스럽게 기도를 드릴 수 있는 곳을 예비해 두셨던 것이다.

우리는 그 터널로 들어갔는데, 기도를 드리는 시간 동안 아무도 그 터널을 통과하여 지나가는 사람이 없었다. 거기서 우리는 바벨론 제국의 몰락을 예언하였던 벽의 글씨 내용인 메네 메네 데겔 우비르신을 외쳤다(단5:25). 우리는 '예수 이름으로 앗수르를 지배하는 권세이며 바로의 권세인 너를 묶어 예수의 발 아래에다 놓노라. 우리는 너의 무덤이 예비되어 있다고 선포하노라. 우리는 너의 영향력이 뿌리채 뽑힌 것을 시인하노라'고 외치며 기도하였다.

1991년 8월 22일에 비밀 경찰 창립자의 동상이 제거되었다. 비밀 경찰의 비밀 문서들이 공개되었다. 감옥에 있던 모든 기독교인들이 석방되었다. 그들 중 유대인은 자기 나라로 돌아가게 되었다.

미국 노예 제도의 뿌리를 처리함

1992년 7월에 서아프리카의 기도 지도자들이 나이지리아와 서아프리카를 위하여 역사적인 중보기도를 수행하는 일을 와서 도와 달라고 전세계에 있는 중보 기도자들에게 요청하였다. 그것은 아직도 아프리카인들의 사고에 영향을 끼치고 있는 노예 제도의 뿌리를 제거하는 일이었다. 아프리카의 흑인 지도자들은 백인 노예 무역상들이 노예에게 대하던 것과 꼭같은 방식으로 자기 민족을 상대하고 있었던 것이다. 모리타니아에서 그리고 수단의 어떤 부족들 가운데서는 아직도 노예 제도가 존속되고 있다.

라고스(Lagos)에서 벌어질 기도 회합을 준비하는 동안 우리는 노예 무역에 대하여 조사하였다. 노예 무역으로 유명하였던 옛 노예 해안선을 도해하였다. 우리는 노예들이 돌아오지 못할 문을 통과하기 전에 갇혀 있던 항구들과 요새지들에 대하여 정보를 수집하였다. 400년 동안에 다카르(Dakar) 근처에 있는 고리(Goree) 섬으로부터 8천만 명의 노예가 팔려나갔었다. 그곳은 노예들이 강제로 징

원수의 가장 취약한 곳을 치기 위해서는 고도의 정밀성이 필요하다.

발되던 잔인한 지역이 되어 버렸으며, 거기서 어떤 노예들을 미국으로 보내야 이익이 되는가가 결정되었다. 그리고 나머지 노예들은 상어밥이 되도록 바다로 던져버리거나 방치하여 굶어죽게 만들었던 것이다.

회개의 시간에 우리는 너무도 많은 아프리카인들이 자신의 조상이 노예를 잡아 노예상에게 팔아넘기던 일에 동조하였던 사람이라고 고백하는 것을 보고 소스라치게 놀랐다. 가나에서 온 한 여인은 그녀의 아버지가 어떤 방법으로 노예를 팔아넘겼는지 자랑스럽게 얘기했었다고 울면서 고백하였다. 오늘날, 노예 무역을 통하여 이익을 얻었던 가정들은 돈으로는 해결할 수 없는 문제들을 안게 되었다. 회개와 기도를 통하여서 노예 제도의 뿌리를 처리한 후 우리

는 서아프리카의 연안에 있는 노예 중심지들과 항구들을 향하여 기도팀을 출발시켰다.

우리가 서아프리카로 이 한 번의 예언적 기도 여행을 했다고 해서 원수 사단이 많은 수의 흑인과 백인을 억류하기 위하여 사용하고 있는 견고한 진들이 모두 허물어졌다고는 생각지 않는다. 그러나 노예 무역에 뿌리를 두고 있던 공동체적인 죄의 일부가 고백되고 제거되었다는 것만은 분명하였다. 더 많은 일들이 행해져야 할 필요가 있으며, 성령께서 교회에게 전략적 수준의 기도 전투에 대하여 계속해서 말씀하고 계시므로 매우 가까운 장래에 그 일들이 행하여질 것이라고 나는 믿는다. 하나님께서는 전세계적으로 아주 많은 수의 중보 기도자들을 일으키셔서 영적인 군대를 강화하고 계시다. 그러한 중보 기도자들을 가장 크게 돕는 일 중의 하나는 하나님의 시간 계획을 분별하여 그것에 민감하게 반응하는 특성을 가진 지식적인 영적 도해 활동을 더 많이 하는 일이다.

❖ 토의할 문제 ❖

1. 쉘 쇠버그는 영적인 정탐 활동을 위해서 심령술사들의 집회에 참가했던 사람이 있었다고 말한다. 당신은 모든 사람들이 그런 행동을 해야 한다고 생각하는가? 그렇지 않다면, 누구는 하고 누구는 하지 않아야 한다고 생각하는가?
2. 정치적인 경계선들이 갖는 영적 중요성에 대하여 토의하라. 그런 경계선들을 따라서 기도하는 것은 무슨 의미가 있는가? 그리고 그렇게 하면 무슨 일이 일어나는가?
3. 구약에서 묘사된 예언적 기도 사역들 중의 어떤 것들은 생소하

게 보일 것이다. 우리는 흔히 하나님께서는 오늘날에는 그러한 행위를 하는 것을 원치 않으신다고 생각하지만, 실제로는 그런 일이 일어나고 있다는 것은 명백한 사실이다. 오늘날에 그런 일을 행하는 것에 대한 당신의 의견은 어떤가? 또 그 이유는 무엇인가?
4. 쉘 쇠버그의 일곱 가지 질문을 하나하나 당신의 도시 또는 나라에 적용해 보도록 하라.
5. 우리는 무엇 때문에 영적 도해를 해야 하는가? 쇠버그가 제시한 이유들을 생각해 보고 그것들에 대하여 논의하라.

주(註)

1. Watchman Nee, *The Prayer Ministry of the Church* (New York, NY: Christian Fellowship Publishers, Inc.), p.47.
2. Johan Reinhard, "Sacred Peaks of the Andes," *National Geogrphic,* March 1992, p.93.
3. Ibid., p.109.

제5장
영적 도해로 원수를 대적하라

해롤드 카발레로스(Harold Caballeros)

1991년의 걸프전은 그 이전의 어떤 전쟁과도 달랐다. 속전 속결, 다양하고도 고차원적인 수준의 전술, 그리고 연합군의 세력을 통괄하는 매우 고도로 발달한 통신과 정보 수집 능력 등, 이 모든 것들을 통하여 아군의 희생은 극소화시키면서도 승전의 목적을 달성할 수 있었던 것이다. 많은 인명이 손상되지 않고도 이러한 승리를 얻을 수 있었던 주된 요인은 고도의 전술 덕분이었다고 하는 데 대부분의 사람들은 동의할 것이다.

영적 도해

자연적인 모든 현상은 영적인 것을 반영한 것으로써 이 둘 사이에는 항상 어떤 연관성이 존재한다. 영적 선투에 관심이 있는 우리는 항상 더 향상된 영적 전술을 개발해야 한다. 이사야 45:1-3을 읽으면 하나님께서는 이스라엘 백성에게 새로운 정보를 제공해 주심으로, 좀더 전투를 잘 하여서 승리를 쟁취하도록 해주신다는 사실을 깨닫게 될 것이다. 하나님께서 '기름부은 자'인 고레스의 앞서 행하셨다면, 오늘날에도 우리를 위해서 동일한 일을 행하실 것이라는 것을 기대할 수가 있는 것이다. 하나님께서는 우리를 위해 길을 예비하시며(2절), 우리에게 흑암중의 보화와 은밀한 곳에 숨은 재물을 주심으로(3절) 열국들을 정복하게 하실 것이다.

세계의 인구는 계속 증가 추세에 있으며 따라서 우리는 놀라운 도전에 직면하고 있다. 36억이나 되는 사람들이 아직도 복음을 듣지 못했다는 사실이다! 그러나 우리 하나님은 세상의 주재이시기 때문에 우리 시대에 살고 있는 그러한 수십 억의 사람들에게 우리가 복음을 전할 수 있도록 새롭고도 더 좋은 전략들을 계시하여 주신다. 나는 그런 계시들 중의 하나가 영적 도해(spiritual mapping)라고 확신한다. 그것은 하나님이 가지고 계시는 비장의 무기들 중의 하나로서, 우리의 영적인 '레이다 감지 장치'를 열어서 하나님께서 세상 상황을 보시는 대로 우리가 볼 수 있도록 —우리가 보통 보는 것처럼 자연 그대로가 아니라 영적으로 보게끔 — 도와주는 것이다.

만일 나보고 영적 도해가 무엇인지 정의를 내리라고 한다면, 나는 다음과 같이 말하겠다. 그것은 우리가 살고 있는 세상의 영적 상태에 대한 하나님의 계시이다. 그것은 우리의 자연적인 감각을 초월하여 주어지는 비전으로서, 성령께서 우리에게 어두움의 영적 세력들을 드러내 주시는 것이다.

영적 도해는 우리 위의 하늘에서 벌어지고 있는 상황에 대한 이미지, 즉 영적인 사진을 우리에게 제공해 준다. 의사와 X-ray의 관계는 중보 기도자들과 영적 도해의 관계와 같다. 그것은 우리에게 원수의 전선, 견고한 진, 숫자, 무기 그리고 무엇보다도 어떻게 하면 그 원수를 궤멸시킬 수 있는지를 보여주는 초자연적인 계시이다.

영적 도해는 물리적인 전쟁에서 정보 입수와 정탐 활동 만큼 중요한 역할을 해내며, 원수의 전선 배후에 있는 상황이 어떤 것인지를 보여준다. 영적이며 전략적인 고도의 전투 수단으로서, 원수의 견고한 진을 하나님 안에서 무너뜨리는 일을 효과적으로 수행할 수 있도록 도와준다.

우리는 또한 초자연적인 모습의 또 다른 부분, 즉 구원받은 성도들을 섬기도록 하나님께서 보내주신 수백 만의 천사들을 주목해 보아야 한다(히1:14을 보라). 천사들은 하나님의 부르심에 순종한다. 그들은 훈련받은 하나님의 전사들로서, 하나님으로부터 직접 명령을 받고 있다. 그들은 우리를 도와서 원수를 진멸하는 전투를 하기 위하여 보냄을 받는다(단10:13;시91:11).

영적 도해는 우리 기독교계의 비교적 새로운 분야로서, 우리는 지금 서로 합심하여 많은 것들을 배워가고 있다. 그리고 몇 가지 중요한 신학적 전제에 대해서는 상당히 긍정적인 의견 일치를 보고 있기 때문에, 나는 그것에 대하여 상세히 설명하려고 한다. 이것은 이 분야에 대한 입문적 지식을 구하는 사람들에게 많은 도움이 될 것이다.

우리의 급선무

이 세상에 있는 사람들은 두 가지 부류로 대별할 수 있다.

1. **신자들.** "그의 긍휼하심을 좇아 중생의 씻음과 성령의 새롭게 하심을 통하여"(딛3:5) 구원받은 사람들이다. 이들은 영적인 존재들이며, 따라서 모든 것을 영적으로 분별할 줄 아는 사람들이라고 사도 바울은 말한다(고전2:14,15). 이 사람들은 우리가 교회, 즉 그리스도의 몸이라고 부르는 집단이다.

2. **불신자들.** 아직 예수 그리스도를 그들의 삶의 구주로 모시지 못한 사람들이다. 수없이 많은 사람들이 마귀와 죄와 무지의 종노릇을 하면서 살고 있으며, 따라서 그들은 이 엄청난 속박의 굴레를 벗어날 수가 없는 것이다.

우리는 이러한 불신자들을 우리에게 맡겨진 이 거대한 사역의 대상으로 보아야 한다. 잃어버린 자들을 구해내는 것은 우리 모든 신자들에게 맡겨진 도전이며, 바로 본서와 같은 책들이 쓰여지는 주된 이유인 것이다. 왜 우리는 여전히 이 세상에 남아있어야 하는가? 왜 우리는 구원을 받는 순간에 자동적으로 하늘나라로 들려 올려져서 하나님과 함께 살게 되지 않는 것일까? 우리가 여기 이 땅에 있다고 해서 '더 구원을 얻는다' 거나 '더 의로워진다' 거나 '더 거룩하여질' 수가 있다는 말인가?

교회가 지금 이 땅에 있는 근본적인 목적은 하나님의 목적을 성취하는 것이다. "하나님은 모든 사람이 구원을 받으며 진리를 아는 데 이르기를 원하시느니라"(딤전2:4). 그리고 "주의 약속은 어떤 이의 더디다고 생각하는 것같이 더딘 것이 아니라 오직 너희를 대하여 오래 참으사 아무도 멸망치 않고 다 회개하기에 이르기를 원하시느니라"(벧후3:9).

다른 말로 표현하면, 이 세상에 존재하고 있는 교회는 그 주된 목적이 하나님과 동역함으로써 아직도 예수 그리스도를 그들의 구주로 인정하지 아니하는 불신자들에게 복음을 전하는 것이다.

이 시대의 하나님과 그의 전략

그리스도를 구주로 받아들이지 않은 사람들은 그럴 능력이 없기 때문에 그러는 것이 아니다. 사단이 그들의 눈을 가리고 그들을 포로로 잡고 있기 때문에 그리스도를 영접지 못할 뿐이다.

우리는 복음을 받아들이기를 원치 않는 사람에 대하여, 그들이 원하지 않는 것이 그 참된 원인이 아닐 수도 있다고는 생각해 보지도 아니하고 무조건 불평만 하는 경우가 많다. 사람이라면 누구나 자기에게 불빛이 비추일 때 어두움보다는 빛을 더 좋아할 것이다. 그러나 많은 사람들은 그 빛을 볼 수가 없다.

우리는 '여기서는 사람들이 복음을 받아들이기 원하지 않아!' 라고 말하면서 어떤 지역이나 도시 또는 국가 전체를 경멸하는 경우가 종종 있다. 우리는 인간사 모든 절박한 문제는 대개 영적인 것이라는 사실을 이해해야 할 필요가 있다. 어떤 지역의 대부분의 사람들은 그들을 주장하고 있는 어두움의 권세 하에 있는 것이다. 바울은 그런 사람들에 대하여 "이 세상 신이 믿지 아니하는 자들의 마음을 혼미케 하여 그리스도의 영광의 복음의 광채가 비취지 못하게 함이니 그리스도는 하나님의 형상이니라"(고후4:4)고 말한다.

우리의 태도가 부정적일 때 복음 전도는 어렵게 된다. 신디 제이콥스가 본서에서 지적한 것처럼, 원수는 '견고한 진'을 사용할 가능성이 있다(3장을 보라). 신디는 에드 실보소가 다음과 같이 마음의 견고한 진을 정의한 것을 인용하였다. 즉 "신자로 하여금 하나님의 뜻에 반대되는 것이라고 알고 있는 것을 불변의 것으로 받아들이도록 하는 절망감으로 가득찬 마음 자세." 과테말라에 있는 우리 교회는 다음과 같은 원칙하에서 행동함으로써 이런 견고한 진을 무니뜨리려고 노력하고 있다. 그것은 복음을 받아들이지 못할 사람은 아무도 없다는 것이다.

  나는 이 원리를 강조하고 싶다. 물론 예외도 있겠지만, 우리가 전도하려고 하는 사람들이 그리스도를 받아들이지 않는 것은 그들이 그렇게 할 수밖에 없기 때문이라고 생각한다. 고린도후서4:4에 따르면, 그것은 사단이 '그들의 마음을 혼미케 하고' 있기 때문이다. 따라서 우리의 임무는 그들을 대신하여서 영적 전투를 벌임으로써 그 '마음의 혼미'를 제거해 주고 포로된 자들을 자유롭게 만들어 주는 일일 것이다.

영적 전투의 실제

  영적인 전투란 빛의 왕국과 어두움의 왕국, 즉 사단의 왕국 사이의 전투이다. 이 두 왕국은 지상에 거하고 있는 사람들의 영혼을 빼앗으려 다투고 있다. 그 결과, 두 영역, 즉 가시적인 영역과 불가시적인 영역이 끊임없이 서로 싸우고 있다. 불가시적인 영역인 하늘의 세계에서 벌어지고 있는 영적 전쟁은 사람들의 마음에서 시작되어 최종적으로는 가시적 영역인 이 지상에까지 그 영향이 미치고 있다. 이 투쟁에 가담하고 있는 이들은 다음과 같다.

  빛의 왕국에 있는 이들은 다음과 같다.
1. 하나님 아버지
2. 예수 그리스도
3. 성령
4. 하나님의 천사들
5. 교회

우리는 이 투쟁의 한 가운데에 인간들이 서 있는 것을 보게 된다. 죄로 인한 하나님과의 단절이 이 전투의 동기가 된다. 불신자들은 대부분 어두움의 왕국쪽에 속해 있다. 왜냐하면 그들은 죄의 노예이며 불순종의 자녀들이기 때문이다. 그리스도는 그들에 대해서 "너희는 너희 아비 마귀에게서 났다"(요8:44)고 말씀하신다. 동시에 우리는 이미 하나님의 왕국에 속해 있는 신자들에게도 항상 영적인 전쟁이 있다는 것을 알고 있다. 비록 신자들이 이미 하나님의 나라에 속해 있기는 하지만, 하나님의 계획이 진척되는 것을 가로막으려고 교회를 핍박하고 있는 마귀에 의하여 그들도 여전히 공격을 받고 있기 때문이다.

한편, 어두움의 왕국은 다음 세력들로 구성되어 있다.
1. 마귀
2. 정사들
3. 권세들
4. 이 세대 어두움의 세상 주관자들
5. 공중에 있는 사악한 영들
6. 그리고 능력, 힘, 주관자, 이 세상에서 뿐 아니라 오는 세상에서도 일컫는 모든 이름을 포함하여서, 성경에 그 이름이 언급되어 있는 다른 종류의 어두운 천사들(엡1:21을 보라).

투쟁에 참여한 신자들의 역할
하나님께서 주신 성경을 통하여, 우리는 하나님께서는 이미 성부하나님으로서의 사역을 온전히 이루셨음을 알게 된다. 성부 하나님은 삼위일체 중 가장 주된 위격이시다. 신약성서는 예수 그리스도께서 갈보리의 십자가상에서 마귀를 직접 궤멸시키신 것으로 증언하고 있으며, 그는 "정사와 권세를 벗어버려 밝히 드러내시고 십자가로 승리하셨다"(골 2:15).

삼위 중 세번째 위격이신 성령은 하나님의 자녀인 우리를 인도하시기 위해 우리 가운데 와 계시다. 하나님의 말씀을 성취시키기 위하여 하나님의 목소리를 청종하며 강력한 힘을 가지고 있는 하나님의 천사들도, 교회가 하나님의 여러 가지 지혜를 공중 정사와 권세들에게 보여주기를 바라고 있다"(엡3:10).

이러한 사실은 교회가 극히 중요한 역할을 하고 있다는 것을 의미한다. 그런데 그 교회가 바로 우리 자신임을 알아야 한다. 따라서 우리는 우리가 행하는 영적 전투의 중요한 역할이, 마귀가 불신자에게 가져다 준 어두움의 장막을 제거하기 위한 교회의 정당하고도 중요한 임무임을 알 수 있을 것이다.

우리는 기본적으로 두 가지 일을 수행한다. 첫째, 우리는 전략적 수준의 중보기도를 통하여 어두움의 장막을 찔러 쪼개며, 그것을 하나님의 말씀과 예수의 이름으로 붕괴시킨다(엡6:17,18). 둘째, 우리의 행함은 복음적인 노력의 일환이다(엡6:15,19). 우리는 하나님의 말씀을 외침으로써 사람들이 복음의 빛에 접할 수 있도록 하며, 그들에게 씌워졌던 어두움의 장막이 벗겨짐으로써 그들에게 이 빛이 임하도록 할 수가 있다. 많은 사람들이 그리스도를 영접할 것이며, 그리스도는 그들을 어두움의 권세로부터 구원해 내셔서 하나님의 왕국으로 인도해 들이실 것이다.

영적 전투의 본질

신자들이 전투 중에 그들의 몫을 완전 무결하게 감당키 위해서,

다음의 사항들을 분명하게 알고 있어야 한다.

1. 영적 전투는 그 자체가 목적이 아니다. 그것이 복음 전도의 필수적인 수단으로 사용될 때, 다른 사람들을 그리스도에게로 인도할 가능성은 더욱 커진다. 이러한 맥락에서 볼 때, 영적 도해는 복음 전도를 방해하는 원수의 세력이 있는 곳을 알아내는 전략적 자원인 것이다.

2. 영적 전투의 특성을 나타낸 성구가 있다. "우리의 씨름은 혈과 육에 대한 것이 아니요 정사와 권세와 이 어두움의 세상 주관자들과 하늘에 있는 악의 영들에게 대함이라"(엡6:12), "우리의 싸우는 병기는 육체에 속한 것이 아니요 오직 하나님 앞에서 견고한 진을 파하는 강력이라"(고후10:4).

3. 때때로 우리는 인내와 견인이 중요하다는 사실을 잊고 지낼 때가 많다. 도시와 국가를 지배하고 있는 지역 귀신들을 다루는 전략적 수준의 영적 전투는 개별적인 국지전이 아니라 노골적인 전면전이다. 이것은 계속적인 긴장상태를 유발시키면서 한 번의 전투로 끝나는 것이 아니라 여러번의 계속적인 전투를 의미한다. 이 전투의 성패는 명약 관화하다. "그후에는 나중이니 저가 모든 정사와 모든 권세와 능력을 멸하시고 나라를 아버지 하나님께 바칠 때라"(고전15:24).

요약하여 말한다면, 영적 전투에서는 우리 성도의 역할이 결정적으로 중요하며, 기도 전사들인 우리는 선택적으로 참여하는 것이 아니라 하나님의 지상 명령을 수행하기 위하여 의무적으로 참전해야 한다. 예수 그리스도께서도, 자신의 사역을 5개 분야로 나누어 설명하실 때, 포로된 자들을 해방시킬 필요가 있다는 주제를 설명하는 데 두 개의 분야를 할애했었다(눅4:18,19을 보라).

영적 영역과 지상 영역과의 관계

불가시적인 영역, 즉 영적인 영역과 그 반대 영역인 가시적 영역, 즉 지상 영역과의 상호 관련성은 우리가 알아야 할 극히 중요한 주제이다. 그리고 이 전투에 참여하고 있는 영적인 왕국들은 저마다 이 지상에다 자기의 군대를 파견하고 있다.

우리 중에서 천사들로 구성된, 하나님 나라를 대표하는 군대가 있다는 것을 의심하는 사람은 아무도 없으며, 어두움의 왕국을 섬기는 또 다른 잘 조직된 군대인 귀신들의 군대가 있다는 것을 의심하는 사람도 없다. 요한계시록 12장에는 사단과 어두움의 천사들이 미가엘과 빛의 천사들하고 대치하고 있는 상황이 생생하게 묘사되어 있다. 우리는 이 두 군대가 자기들과 연관을 맺고 있는 이 지상의 사람들과 어떤 관계를 가지고 있는가에 대해 그리고 이것이 성도의 최후 승리에 어떤 영향을 미치는가에 관해 우리는 더 많이 알아야 할 필요가 있다.

빛의 왕국에는 지상에서 일하는 하나님의 일꾼들이 하나님을 위하여 열매 맺는 일을 하고 있다. 이 일꾼들은 보통 두 가지 집단으로 나뉜다. 첫째, (사도들, 예언자들, 전도자들, 목사들, 또는 교사들과 같은) 전임 사역자들. 둘째, '새 언약의 일꾼들'이라고 불리며 그리스도의 몸의 지체들인 나머지 형제 자매들(고전후3:6).

첫번째의 집단은 대개 전투의 최전선에 서 있는 사람들이다. 그러나 이 첫번째 집단의 전임 사역자들은 두번째 집단 사람들의 끊임없는 협조와 협력이 있어야 승리를 쟁취할 수가 있다. 그런데 이러한 지원의 임무는 일반적으로 대부분의 중보 기도자들, 즉 기도 전사들에게 주어져 있으며, 따라서 그들의 협조가 없다면 전투에서 승리할 가망도 없는 것이다.

어두움의 왕국에도 일꾼들이 있다. 한쪽에는 전임 사역자들이 있는데, 그들은 대개 점쟁이, 마법사, 무당, 주술사, 신접자, 사단을 섬기는 남녀 사제 등의 이름을 가지고 있다. 이런 사람들은, 이단들 그리고 사단적 종파의 지도자들과 함께, 악마의 속임수를 전

> **영적 도해는 우리 위의 하늘에서 벌어지고 있는 상황에 대한 이미지, 즉 영적인 사진을 우리에게 제공해 준다. 의사와 X-ray의 관계는 중보 기도자들과 영적 도해의 관계와 같다.**

파하는 일에 헌신함으로써 사람들을 그들의 왕국으로 잡아 가두려 하는 자들이다.

그리고 그들 바로 옆에는 우리를 가장 슬프게 하는 집단이 있다. 이들은 아직 그리스도를 영접지 아니하였기 때문에 여전히 영적인 죽음에 휩싸여 있으며, 마귀와 그의 귀신들에 의하여 여러 면으로 농락당하고 있는 사람들이나. 이런 사람들은, 자신들도 모르는 사이에, 마귀가 이용하는 이 지상의 군대가 되어 버린 것이다.

지상의 군대와 공중의 정사 그리고 권세 사이에서 일어나고 있는 상호 작용에 대한 이해가 있다면, 승리를 얻는 데 도움이 될 것이다. 진투하는 군대에게 있어서 적군의 위치를 아는 것, 그들의

지휘본부가 있는 곳을 알아내는 것, 그리고 그들의 통신 장비를 가로채는 것보다 더 좋은 일이 어디 있겠는가? 바로 이것이, 영적 도해가 성취하려고 애쓰는 일이다.

계시적인 꿈

우리 교회에 다니고 있는 미렐라(Mirella)라는 자매가 나에게 와서 다음과 같이 말하였다. "목사님, 저는 어제 매우 인상깊은 한 꿈을 꾸었는데, 그 의미를 알 수가 없습니다. 그런데 오늘 아침에 제가 하나님께 그 꿈을 해석해 달라고 기도를 드리는 중에, 하나님께서는 제게 '이 꿈은 너를 위한 것이 아니다. 이 꿈은 목사를 위한 것이니 가서 그에게 말하라'고 말씀하셨습니다."

두말할 나위도 없이 그녀의 말은 나의 관심을 사로잡았다. 그러나 그 꿈이 우리 교회의 기도 방법을 바꾸기 위한 하나님의 방법이라는 것에 대해서는 거의 생각지 못하였다. 그리고 그것은 우리 교회 뿐만 아니라 과테말라에 대해서도 큰 의미를 가질 수 있는 사안이었다.

그 꿈의 내용은 다음과 같다. 미렐라는 과테말라의 세 도시를 보게 되었는데, 그녀는 그 도시의 이름을 즉시 댈 수가 있었다. 그런 후 그녀는 줄 하나가 그 도시들을 한데로 연결하는 것을 보았다. 투명하고 불가시적인 줄이었지만 그녀에게는 확실하게 보였다. 그 줄이 세 도시를 연결하니까 삼각형 모양이 되었다. 그러자 세 개의 손이 나타나서 각각 그 삼각형의 한 모퉁이를 잡았다. 그녀의 말에 의하면 이상한 것은 그 세 손이라는 것이다. 그 손은 거칠고 거의 통나무 같은 모습이었다고 한다. 그녀가 본 그 손들은 한 힘센 남자의 것이었다. 이것이 내가 해석해야 할 내용의 전부였다.

강한 자는 누구인가?

이 일이 있기 며칠 전, 나는 '강한 자'에 대하여 쓰여진 공관 복음서의 세 구절을 깊이 묵상한 적이 있다.

1. 마태복음12:29: "사람이 먼저 강한 자를 결박하지 않고야 어떻게 그 강한 자의 집에 들어가 그 세간을 늑탈하겠느냐 결박한 후에야 그 집을 늑탈하리라."
2. 마가복음3:27: "사람이 먼저 강한 자를 결박지 않고는 그 강한 자의 집에 들어가 세간을 늑탈치 못하리라."
3. 누가복음11:21,22: "강한 자가 무장을 하고 자기 집을 지킬 때에는 그 소유가 안전하되 더 강한 자가 와서 저를 이길 때에는 저의 믿던 무장을 빼앗고 저의 재물을 나누느니라."

나는 '자(사람)'라는 단어에 관심이 쏠렸다. 왜 이 말이 성경에서 그렇게도 자주 쓰였는가? 왜 강한 자인가? 왜 강한 영이나 강한 정사나 강한 권세가 아닌가? 왜 그것은 특별히 '자'이어야만 하는가? 나는 여기서 인간들과 영적인 영역 사이의 상호 관계에 대하여 하나님께서 말씀하고 계시다는 것을 깨달았다.

모든 군대에는 지휘자, 즉 명령을 내리거나 작전을 결정하는 사령관이나 장군이 당연히 있다. 그런 사람을 군대의 강한 자라고 부를 수 있을 것이다. 네로나 아돌프 히틀러같이 유별나게 사악한 사단의 종들이 있다는 사실을 우리는 알고 있다. 두 사람은 다 사단이 강력하게 사용하였던 인간적 도구들로서 사단이 가장 기뻐할 일을 행했던 사람들이니—노석질과 살인과 파괴를. 우리가 그들을 정확히 부른다면 그들을 세계적인 강한 자들이라고 할 수 있을 것이다.

따라서 마귀는 자기를 섬기려 하는 사람들을 선택하여 그들을 이 지상의 지도자로 삼아준다. 지도자는 많은 사람들에게 영향을 끼칠 수 있으며 커다란 불행을 가져다줄 수도 있는 것이다. 이 지도자들은 사단의 강한 자로서 행동하는 사람들이며 그들이 섬기고 있는 정사들의 특징을 드러내 보인다. 이 지상에 있는 그러한 강한

성숙한 영적 도해를 위해서는 각개 지역을 탈취하기 위한 조화있는 노력이 필요하다. 우리의 목적은 영적 전투를 벌임으로써 효과있는 복음 전도의 문과 긍정적인 사회 변혁의 문을 여는 것이다.

자들이 정사나 권세들과 연합하여 사단의 목적을 달성시켜 주는 일을 한다고 나는 믿는다. 이러한 사람들은 그들의 주술적 행위를 통하여 귀신들과 친밀하고도 직접적인 관계를 유지하고 있다.

에스겔28:2과 12절에는 두로 군(한글 개역 성경에는 '왕'이라고 번역 되어 있다—역자 주)과 두로 왕의 관계에 대한 예가 나와 있다. 또한 다니엘서에는 바사 군과 헬라 군에 대한 예가 나오는데, 그들은 지상의 통치자인 황제를 통하여 바사 그리고 헬라 제국과 관계를 맺어 그들에게 직접적인 영향력을 행사하고 있는 영적인 존재들임이 분명하다(단10:20).

이사야24:21에는 "그 날에 여호와께서 높은 군대를 벌하시며 땅

에서 땅의 왕들을 벌하시리니"라고 기록되어 있다. 사단은 이 지상의 왕들을 통하여 군림한다. 어떻게 그렇게 하는가? 그것은 자신을 사단에게 맡기기로 작정한 사람과 사단의 천사들과의 친밀한 관계를 통해서이다.

아돌프 히틀러는 이러한 어두움의 권세를 불러들여 자신을 그 시대의 강한 자로 삼아주도록 요청함으로써 이러한 과정에 참여하였음이 분명하다. 오늘날의 몇몇 세계 지도자들도 세계를 통치하려고 하는 뉴 에이지나 비밀 결사와 같은 이단 종파에 소속되어 있다고 한다.

영적 왕국과 인간과의 관계

하나님은 인간을 축복하기를 원하신다. 그래서 부르시며 인간은 거기에 헌신으로 응답한다. 종으로서 일하며 그분을 전적으로 의지한다. 그들은 기도, 경배, 말씀 청종과 같은 교제 수단을 가지고 있다. 우리는 모두 다음 사실을 인정한다. 즉 하나님과의 교제가 친밀하면 친밀할수록 기독교 사역에서의 기름부으심과 성공이 더욱 더 커지게 된다.

자신을 주로 모시며 생명을 바쳐 그를 섬기는 종들을 가지고 있다. 마술, 주술, 희생 제사, 강령 집회, 또는 초월적인 명상과 서약 같은 교제 수단을 가지고 있다. 그들도 우리의 원리와 같은 원리 아래서 움직이고 있다. 사단과의 교제가 친밀하면 친밀할수록 그들의 힘이 더 커지는 것이다. 내가 이것을 깨달았을 때에, 하나님께서는 과테말라에 있는 악한 자들의 이름을 우리에게 알려주셨으며 그 이름을 통하여 정사들이 어떤 것들인지 분별할 수 있도록 도와주고 계신다. 하나님께서는 원수를 영화롭게 하기 위해서가 아니라 그를 패퇴시키기 위해서 원수를 분별하도록 하시는 것이다.

과테말라에 있는 강한 자를 결박함

미렐라의 꿈 때문에 나는 예언적 은사를 가지고 있는 우리 교회의 한 형제와 대화를 하게 되었다. 꿈 이야기를 듣더니 그는 즉시 다음과 같이 대답하였다. '당신은 그 세 도시에 사는 세 사람이 누구인지 아십니까?' 그러면서 그들의 이름을 말하는 것이 아닌가! 조사를 해보고 난 후에 우리는 그 세 사람이 모두 그들이 살고 있는 도시에서 사악한 악마의 일을 비밀리에 행하고 있다는 사실을 알게 되었다. 그들 중의 한 사람은 돈으로 권력을 얻게 되었으며, 다른 사람은 정치로 얻게 되었고, 또 다른 한 사람은 마약 장사로 권력을 얻게 되었다는 것이다. 하나님은 우리에게 당시의 상황에 맞는 전략을 주셨다. 그는 다음과 같이 말씀하셨다. "너희는 예수의 이름으로 정사들을 묶으라. 강한 자들에게 권세를 실어 주는 교제의 수단을 차단하고 부수며 파멸시키고 뒤집어 엎으라. 그러나 그것에 관련된 사람들은 저주하지 말고 축복하라. 왜냐하면 그들도 하나님의 형상과 모양대로 피조되었기 때문이다."

분명히 말하지만, 나는 그들의 이름을 공개할 수 없다. 그러나 내가 말할 수 있는 것은, 한 사람은 그의 권세를 모두 잃어버리고 감옥에 갇혀서 그의 죄에 대한 심판을 기다리고 있는데, 이것은 그 현장 기도의 직접적인 결과라고 하는 사실이다. 두번째 사람은 탄핵을 받아서 그 지위에서 쫓겨나게 되었으며, 또 한 사람은 개인적인 문제로 괴로움을 당한 후에 이제는 그의 권세와 영향력을 대부분 잃어버리게 되었으며 그의 정치 역정 중에서 가장 위험한 시기를 맞게 되었다. 성도들의 기도로 하늘의 권세가 묶이자 그의 강한 자들도 묶이게 되었던 것이다.

이 경우에 있어서, 영적 전투는 영적인 열매 뿐만 아니라 자연적인 열매도 가져왔는데, 이러한 결과는 성경적인 것이다. 강한 자를 묶고 패퇴시킨 우리는 더 나아가서 그가 믿었던 그의 모든 무기를 그로부터 빼앗고 노획물들을 취하였다. 여기서 노획물들이란 더욱 풍성한 복음 전파, 평화, 폭력의 감소 그리고 어두움으로부터 빛으로 바뀐 영적 통치를 말한다. 지금 과테말라의 대통령은 기독교인 조지 세라노(Jorge Serrano)인데, 그는 성령이 충만한 사람으로서 우리 교회의 교인이기도 하다.

요약하자면, 우리는 강한 자가 누군인지 알아서 그를 묶고 그의 소유물들을 나눠야 한다는 것을 배운 것이다. 영적 도해는 강한 자가 누군인지를 분별해 내는 일을 도와준다. 어떤 경우에는, 지역의 통치자 또는 권세자를 곧바로 분별해 낼 수 있게 하는 일련의 특성들이 영적 도해를 통하여 드러나기도 한다. 또 어떤 경우에는, 사단에게 이용당하고 있는 사람을 만나게 되기도 한다. 또 다른 경우에는, 부패한 사회 구조를 직시할 수 있게 되기도 할 것이다.

현장에서의 영적 도해

우리는 지역권세 파악을 위해 처음으로 현장 실습을 나가게 되었다. 1990년 11월에 우리 교회로부터 몇 그룹이 과테말라의 22개 지역(또는 지방)에 파송되었다. 그들에게는 금식하고 기도하면서 주님의 인도를 받음으로써 각 지역을 지배하고 있는 정사들을 분별해 내는 임무가 주어졌다. 주님의 자비를 힘입어서 우리는 놀라운 결과를 얻었다. 우리는, 영적 X-ray와 같은 것을 처음으로 본 것이다. 그것은 우리 지역을 지배하고 있는 전상계의 상황에 대한 영적 지도를 말한다. 그 영적 지도를 보고 난 후, 우리의 영적 전투가 훨씬 더 효율적이 되었기 때문에 전에 생각했던 것보다 훨씬 더 풍성한, 영적 노력의 물리적 결실들을 거둘 수가 있었다.

우리의 지도자들은 어떤 시역의 교회가 자기 지역을 복음화할 수 있는 실천적인 접근 방법이 바로 이것이라고 확신하게 되었다. 그러므로 우리는 우리가 실용적인 모델을 개발할 때까지 기다렸다. 우리는 지금 어떤 지역에서 전도를 하고 그곳에 교회를 세우기 전에 그 지역에 대한 아주 작은 지도를 작성하거나 세분화할 때에 이 모델을 사용하고 있다.

영적 도해를 위한 실제적인 지침

성숙한 영적 도해를 위해서는 각개 지역을 탈취하기 위한 조화 있는 노력이 필요하다. 우리의 목적은 영적 전투를 벌임으로써 효과있는 복음 전도의 문과 긍정적인 사회 변혁의 문을 여는 것이다.

종합 계획

A. 비전:
전국을 복음화한다.

B. 구체적인 목표:
1. 우리가 승리할 때까지 국가를 위하여 영적 전투를 벌인다.
2. 원수의 계획이나 계략을 가능한 많이 알아냄으로써 지능적으로 싸우고, 그 결과로 가장 짧은 시간에 가장 적은 위험 부담과 손실로써 우리가 승리할 수 있도록 해주는 영적 도해를 시행한다.
3. 잘만 된다면 영적인 승리는 부흥, 개혁 그리고 사회 정의를 통하여 국가에 영향을 끼치는 결과를 가져올 것이며, 이 모든 것들

은 성령의 역사로 이루어진다.

C. 절차:
전쟁터를 몇 개의 지리적 장소로 나누어 모든 장소를 동시에 취급하도록 한다.
1. 모든 지역을 정밀하게 구분한다.
2. 일할 사람과 지도자를 확보한다.
3. 교범에 따라서 영적 도해를 행한다.
4. 할당된 지역을 지배하고 있는 원수의 상황을 파악한다.
5. 영적 전투에 필요한 정보를 평가하고 정리하여 서로 나눈다.

영적 도해를 위한 교범

이 일을 하기 위하여 우리는 세 개 팀으로 나누어서 각 팀마다 자기에게 할당된 분야를 조사한다. 세 팀은 서로 교신을 해서는 안 된다. 이렇게 함으로써 우리는 세 팀으로부터 나온 정보를 서로 점검하여 서로에게 확신을 줄 수 있게 되며, 조사 결과에 대한 신뢰성을 높일 수도 있게 된다.

세 개 팀에게는 각각 역사적 요소, 물리적 요소, 그리고 영적 요소를 조사하는 임무가 할당된다.

역사적 요소

역사적인 조사를 하기 위해서는 매노시 또는 지역과 관련하여 다음과 같은 질문을 해야 한다.

1. 이름 또는 이름들
각 지역에서 사용되는 이름의 표나 목록을 만들고 난 후에 스스로 다음과 같은 질문을 해보아야 한다.

* 그 이름에는 무슨 의미가 있는가?
* 그 이름이 어원적으로 아무런 의미를 가지고 있지 않다면, 그 이름에 무슨 암시라도 있는가?
* 그것은 축복을 암시하는가 아니면 저주를 암시하는가?
* 그것은 토속적인 이름인가, 인디언의 이름인가, 아니면 이국적인 이름인가?
* 그것은 이 지역에 처음 거주하던 사람들에 대하여 무언가를 말하고 있는가?
* 그것은 거기 살고 있는 사람들의 특성에 대하여 뭔가를 설명하고 있는가?
* 그 이름과 이곳의 거주민들의 태도 사이에는 어떤 연관성이 있는가?
* 이 이름들은 귀신이나 주술과 어떤 직접적인 관련이 있는가?
* 그 이름은 이 지역의 어떤 종교, 신조, 또는 이교와 연관되어 있는가?

2. 이 지역의 본질
* 이 지역이 다른 지역과 구별되는 어떤 특성들이 있는가?
* 이 지역은 복음에 대하여 닫혀 있는가 아니면 열려 있는가?
* 교회가 많이 있는가 적게 있는가?

* 전도하기가 쉬운가 어려운가?
* 지역의 사회 경제적 조건이 일정한가? 급격한 변화가 있는가?
* 이 지역에서 가장 흔히 일어나는 사회 문제들의 목록을 작성하라. 마약 중독, 알콜 중독, 버려진 가정, 환경 오염, 탐욕, 실업, 가난한 자 착취 등과 같은 문제들이 있는가?
* 우리의 주의를 끄는 특수한 분야가 있는가? 예를 들면, 이 지역이나 거주민을 한 마디로 정의할 수가 있는가? 있다면 그 말은 무엇인가?

3. 이 지역의 역사

이것을 알아보기 위해서 우리는 시청에 가서 대담을 하고 도서관에 가서 조사하는 등의 일을 한다. 여기서 극히 중요한 것은 어떤 사건들이 계기가 되어서 이 도시 또는 지역이 생겨나게 되었으며 어떤 환경에서 그런 일이 발생하게 되었는가 알아내는 일이다.

* 그런 일이 언제 발생하였는가?
* 이 도시의 창설자는 누구인가?
* 이 도시를 창설한 처음 목적은 무엇이었는가?
* 그 창설자로부터 우리는 무엇을 배울 수 있는가? 그 창설자의 종교, 신조, 습관으로부터는 우리가 무엇을 배울 수 있는가? 혹 우상 숭배자들이 있었는가?
* 살인, 폭력, 비참한 일, 또는 사고 같은 것늘이 종종 발생하고 있는가? 우리가 살고 있는 도시에 소위 '사망의 웅덩이'라고 하는 것이 있는가?)
* 저주나 지역 귀신의 존재를 시사하는 어떤 요소가 있는가?
* 무시무시힌 이야기들이 있는가? 그것들은 근거가 있는 것들인

가? 무슨 일 때문에 그런 이야기가 생기게 되었는가?
* 이 지역의 기독교는 얼마나 오랜 역사를 가지고 있는가?
* 어떻게 해서 교회가 시작되었는가? 그것은 어떤 특별한 일 때문에 시작되었는가?

이러한 질문들의 목록은 결코 전체적인 것이 될 수가 없고 그저 시작일 뿐이다. 우리는 이 일과 관련하여서 성령께서 우리의 주요한 조력자라는 것을 잊지 말아야 한다.

물리적인 요소

물리적인 측면은 우리 지역에서 우리가 만날 수 있는 의미 심장한 사물과 관련이 있다. 마귀는 그의 한없는 교만 때문에 자기의 형적을 남긴다. 그러므로 다음에 열거된 일을 해야 한다.

* 이 지역에 대한 수집 가능한 모든 지도들을, 옛것이든지 새것이든지, 세밀히 연구하도록 하라. 그렇게 함으로써 어떤 변화들이 있었는지 알 수 있을 것이다. 도로에 특별한 순서가 있는가? 도로들은 어떤 도안이나 모형을 암시하는가?
* 공원의 목록을 작성하라.
* 기념비의 목록을 작성하라.
* 우리 지역에는 고고학적으로 의미있는 장소들이 있는가?
* 동상의 목록을 작성하고 그것들의 특징을 연구하라.
* 우리 지역에는 어떤 종류의 기관이 유명한가? 권력 기관인가, 사회적 기관인가, 종교적 기관인가, 아니면 그외의 기관인가?

* 우리 지역에는 몇 개의 교회가 있는가?
* 하나님을 경배하는 장소 목록과 마귀를 경배하는 장소 목록을 작성하라.
* 극히 중요한 질문이 있다. 우리 지역에는 '산당'이 있는가?
* 지나치게 많은 술집이나 사당이나 임신 중절 시술소나 음란물 가게가 있는가?
* 인구 통계를 철저히 연구하면 큰 도움이 될 것이다.
* 주위의 환경, 범죄 사건, 폭력 사건, 사회악, 교만, 축복, 그리고 저주들의 사회경제적 조건들을 연구하라.
* 동네에 이교 본부가 있는가? 그것은 어떤 특별한 분포를 이루고 있는가?

과테말라에는 안티구아(Antigua)라는 도시로 통하는 50킬로미터 도로가 있는데, 이 도로를 따라 온갖 종류의 이단들이 번성하고 있다. 그중에는 바하이(Baha'i), 여호와의 증인, 회교, 뉴에이지, 주술사 등이 있다. 이와 같은 도로는 의심할 나위없이 권세의 주술적 통로, 즉 권세의 전용 도로이며, 이것을 통하여 마귀와 그 마귀적 세력이 운신하고 있다. 이러한 주술적 통로들은 지역 귀신들의 저주와 주문을 통하여 사단이 이 땅에 가져다 놓은 것이다. 그러므로 그 저주를 돌이켜서 축복으로 만들기 위해서는 그 통로들의 위치를 알아내는 것이 도움이 된다.

영적인 요소들

영적인 요소는 모든 요소들 중에서 가장 중요한 것이다. 왜냐하면 그것은 역사적 그리고 물리적 조사를 통하여 드러나게 되는 증상들의 배후에 있는 참된 요인을 보여주기 때문이다.

영적인 분야에서 일하도록 부르심을 받은 사람은 중보 기도자들인데, 이들은 영 분별 은사를 갖고 하나님의 음성을 정확하게 듣는 사람들이다. 그들은 집중적으로 기도함으로써, 그리스도의 마음을 알고 어떤 지역을 지배하고 있는 천상계의 원수가 있는 영적 위치에 대하여 하나님의 설명을 듣도록 하여야 한다.

또한 중보 기도자들이 물을 필요가 있는 몇 가지 질문이 있다. 이것들은 우리의 기도를 인도해 주는 역할을 할 것이지만, 이것들이 우리가 위해서 기도하고 있는 지역과 관련하여서 하나님과 함께 하는 좋은 시간을 대신할 수는 없을 것이다.

* 이 지역에서는 하늘이 열려 있는가?
* 이 지역에서는 기도하기가 쉬운가? 아니면 기도에 대하여 많은 방해가 있는가?
* 우리는 어두움이 덮고 있다는 것을 인식할 수 있는가? 우리는 그것의 지역적 차원을 정의할 수 있는가?
* 우리가 살고 있는 지역들의 영적인 분위기에는 분명한 차이가 있는가? 다시 말하면, 우리 지역의 여러 구역, 이웃, 또는 동리 위에 있는 하늘이 어느 곳에서는 더 많이 열려 있고 어느 곳에서 더 많이 닫혀 있나? 우리는 이러한 것들을 정확하게 구별할 수가 있는가?
* 하나님께서는 우리에게 어떤 이름을 알려주셨는가?
* 우리가 가지고 있는 정보를 통하여 권세나 정사를 식별할 수 있는가?
* 하나님은 우리에게 '강한 자'가 누구인지 보여주셨는가?

이런 모든 질문들을 볼 때에 우리는 낙심할 수도 있을 것이다. 그러나 우리가 성령의 역사와 하나님께서 그의 비밀들을 나타내 보여주시고자 하신다는 사실을 믿는다면, 우리는 자신감이 생길 것이다. 이것은 신비한 사람들만 할 수 있는 일이 아니며 불가사의한 일도 아니다. 우리에게 필요한 것은 특정 지역에 복음을 전하고자 하는 진실한 소명과 사명감을 느끼는 일단의 사람들뿐이며, 그 외의 것은 성령의 인도를 따르면 되는 것이다.

위의 세 요소에 대한 조사를 모두 마친 후에 우리는 성숙한 지도자들과 중보 기도자들에게로 가서 그 정보를 평가해 주도록 부탁하였다. 베브 클롭(Bev Klopp)은 제8장에서 이것에 대한 예를 하나 들고 있다. 성령이 우리에게 말씀하시는 것을 우리가 정확히 듣는다면, 이 세 요소 하나하나에 대한 조사는 다른 두 가지 조사 결과를 확증해 주고 보충해 준다는 것을 우리는 발견하게 되었다.

강한 자의 이름 알아내기

우리는 참으로 신나는 경험을 하였다. 예를 들면, 하루는 하나님께서 역사적 요소를 맡은 팀에게 고고학적 유적이 어디에 남아 있는지와 그 유적들이 마야 문명 시대의 우상 숭배 그리고 주술의 기본적 특성들과 어떻게 연관되어 있는지를 보여주셨다. 물리적 요소를 맡은 팀은 같은 시간에 정확히 동일한 지역에서, 우상 숭배와 주술적 모임이 행하여졌던 빈 집을 찾아내었다. 그후에, 하나님께서는 영적 요소를 맡은 팀에게 그 지역 귀신이 한 사람을 강한 자로 사용하고 있다는 것을 보여주셨다. 그의 생활 형태 속에는 주술과 미술 그리고 우상 숭배가 포함되어 있었다.

우리가 기도하고 있을 때, 주께서 "내일은 내가 그 사람의 이름과 성이 신문에 게재된 것을 보여주겠다"라고 또렷한 영감을 주셨다. 주님은 또한 우리에게 그것이 신문의 몇 면에 실릴 것인가에 대해서도 말씀해 주셨다. 그리고 주께서 말씀하신 바로 그 면에서 그 사람의 이름을 찾아보게 된 것은 정말로 초자연적이고 신나는 일이었다. 그는 성령께서 전에 가르쳐 주신 모습 그대로이었는데, 그의 외모까지 그러하였다. 더욱 자세히 조사해 보고 난 후에 우리는 이 사람이 그 주술 의식이 행해지던 집, 즉 고고학적 의미가 있는 장소로부터 길 건너에 있는 바로 빈 집의 주인이라는 사실도 알게 되었다.

일단 우리가 이러한 결론에 다다르게 되면, 우리는 영적인 전투를 할 준비를 갖춘 것이다. 우리의 전투는 혈과 육에 대한 것이 아니라 사람들을 지배하는 마귀 세력에 대한 것이라는 점을 기억해야 한다. 또한 우리는 이 일에 관련된 사람들을 저주하기 위해서가 아니라 축복하기 위해서 부르심을 받았다는 사실을 기억해야만 한다. 마지막으로 우리는 그리스도 예수는 이미 이 싸움에서 우리를 대신하여서 이기셨다는 사실을 기억해야 한다.

결론

우리 교회의 교인들이 조사한 바에 따르면, 영들이 지역을 나누어서 지배하고 있다는 것은 사실이다. 우리는 이 주제와 관련하여 성경을 연구하고 현장 실습도 하였다. 하늘의 악한 군대가 자기의 추종자들에게 경배와 헌신을 요구하고 있으며, 또 그들의 순종에 비례하여 악한 권세를 그들에게 주고 있다는 사실도 알게 되었다.

마귀를 경배하기로 작정한 사람들이 살고 있는 지역에서는, 그 땅이 오염됨으로써 그 지역의 귀신들은 그곳에 거주할 권한을 갖게 되어 그곳 주민들을 사로잡게 된다. 따라서 그 원수가 누구인지를 알아내어서 영적 전투를 벌여 승리함으로써 우리가 그 지역을 되찾아야 할 것이다. 영적 도해는 원수를 분별해 내기 위한 수단이다. 그것은 우리의 영적인 정탐 활동이다.

우리에게는 우물쭈물할 시간이 없다. 그리스도의 몸이 성령의 권세를 의지하고 일어서서 지옥의 권세들에게 도전하여, 그들의 모든 계략들을 파하고 주 하나님께서 우리에게 유업으로 주신 땅을 도로 찾을 때가 바로 이때인 것이다.

❖ 토의할 문제 ❖

1. 해롤드 카발레로스는 잃어버린 영혼을 주께로 인도하는 일, 즉 복음 전도에 관심을 집중하고 있다. 어떻게 해서 그는 영적 도해가 좀더 효과적인 복음 전도의 수단이라고 생각하는가?
2. 많은 불신자들이 그리스도를 영접지 않는 것은 그들이 그렇게 할 수 없기 때문이라고 하는 것은 어떤 사람들에게는 새로운 이야기일 것이다. 보통 우리는 그들이 그렇게 하지 않는 것은 그것을 원하지 않기 때문이라고 생각한다. 이것에 대한 당신의 의견은 어떠한가?
3. 영적인 '강한 자'와 지금 살고 있는 사람 사이에는 어떤 직접적인 연관성이 있을 수 있는가? 당신은 당신의 도시 또는 나라에 있는 어떤 예들을 생각할 수 있는가?

4. 당신의 도시의 역사적 시초는 어떤 것이었는가? 무엇 때문에 현재의 이름이 선택되었는가? 오늘날 당신의 도시의 어떤 모습이 그 이름의 배후에 있는 것을 반영하는 듯이 보이는가?
5. 당신이 살고 있는 도시나 동네를 생각해 보라. 서로 뚜렷이 다른 내면적이고 지리적인 지역들을 최소한 세 개 나열해 보라. 그것들의 가시적 특징을 묘사해 보고, 그 지역들의 배후에 있을지도 모르는 불가시적이거나 영적인 권세들을 제시해 보도록 하라.

제6장
지역 사회 구원을 위한 실제적 조치

밥 베케트(Bob Beckett)

1974년 나는 아내 수잔과 캘리포니아 주 오렌지 카운티에 소재한 한 교회의 청소년을 위한 안전 시설의 이사가 되어 달라는 부탁을 받은 적이 있다. 360에이커나 되는 그 시설은 팜 스프링스의 남서 사막 지대에 있는 샌 재신토(San Jacinto)라는 시골에 있었다.

나는 주님께서 왜 우리를 이런 촌구석으로 보내시는지에 대하여 의아하게 생각하였던 일을 영원히 잊지 못할 것이다. 결국은 주님께서 어떤 중요한 지역에서 주의 말씀을 전하며 어두움의 권세에 대항하도록 하기 위해 나를 다시 부르시리라고 다소 교만한 마음을 갖고 있었다. 그런데 지금 나는 하나님 나라를 위해 별로 중요치 않아 보이는 이 한적한 시골에 여전히 살고 있지 않은가! 적어도 그것은 우리의 눈에 비친 샌 재신토의 모습이었다. 남가주 내지에 있는 어두움의 왕국 중 한 요충지인 어떤 견고한 진으로 이사를 가게 되었다는 사실을 나는 그 당시에는 전혀 알지 못했다.

거꾸로 소용돌이치는 폭포

이 시설에 도착한 지 얼마 되지 않아 전주인으로부터 그곳이 전에 초월적 명상가(Transcendental Meditation)들의 형이상학적인 수양 처요 훈련장이었다는 말을 듣게 되었다. 처음 만나서 대화를 하는 중에 그는 "지구의 배꼽들" 중의 하나를 방문해 보겠느냐고 물었다. 나는 그가 무엇에 대하여 말하는지 잘 알지 못하였으나 호기심이 생겨서 견딜 수가 없었다. 그래서 그곳으로 가 보기로 하였다.

지금은 물이 말라서 하상이 드러난 곳이지만 우리는 도보로 산기슭의 한적한 모퉁이 쪽으로 갔다. 그리로 올라가면서 그는 '우주'와 영적 조화를 이루며 살던 사람들에게는 그 땅이 얼마나 신성한 곳이었는가에 대해 말해 주었다.

이윽고 과거에는 연중 내내 물이 떨어지는 폭포였다는 곳에 도착하였다. 그는 지난 수백 년 동안 물이 떨어지면서 계곡 양 옆에 남게 된 침식 작용의 자국들을 조심스럽게 가리키면서, 그곳은 지상의 '중심부' 또는 소용돌이치는 곳으로서, 높은 수준의 초월적 명상에 참여하고자 하는 사람들의 훈련장으로 사용되던 사단의 견고한 진이었다고 설명했다.

초월적 명상 훈련 센터 사람들의 가장 높은 수준의 영적 훈련 중 하나는 비가 와서 계곡에 물이 넘칠 때는 항상 폭포가 있는 곳으로 가는 일이었다. 그들은 폭포의 소용돌이가 더 이상 시계 방향으로 돌지 않을 때까지 명상을 하곤 하였는데, 북반구에서는 물이 시계 방향으로 돌지만 그 폭포의 물만은 반대 방향으로 돌았다는 것이다. 폭포는 그들의 훈련 시설 중의 핵심부였다. 안내자는 계속해서, 그 계곡 주위의 벽들은 세월이 흐르는 동안에 시계 방향으로 돌아가면서 깎였지만 하상이 드러난 곳의 모래와 흙은 분명히 시계 반대 방향으로 침식 되었다는 사실을 지적하였다.

이 모든 것이 이상하고 진기했으나 나는 청소년을 위한 시설에만 관심이 있었다. 그리고 이 모든 것의 진실성 여부와 그것이 나와 어떤 관련이 있는가에 대하여 논의할 준비가 되어 있지 않았다. 그러나 우리가 만난 지 얼마 되지 않는데 그가 왜 그렇게도 이런 모든 것을 알려주고 싶어하는지에 대하여 놀라움을 금치 못하였다. 그것은 전에 경험해 보지 못하였던 방향으로 하나님께서 나를 서서히 인도하시는 것이리라.

지도상의 세 권력 지점

그와 얘기를 나눈 뒤 얼마 되지 않은 어느 날 나는 우리가 살고 있는 지역을 답사할 계획을 세웠다. 지도를 살피던 중 우연히 그 배꼽 지역을 발견하였다. 나는 우리 땅과 그 배꼽지역이 인디언들이 살고 있는곳과 인접해 있는 것을 알고는 관심이 쏠렸는데, 그 인디언 지역은 전통적으로 전해 내려오는 인디언 주술 신앙이 활발한 곳이라고들 한다.

이 일이 있은 지 얼마 되지 않아 우리가 살고 있는 도시의 땅을 마하리쉬 요기(Maharishi Yogi)가 샀다는 소문이 돌기 시작하였다. 그런데 그 땅도 인디언들이 살고 있는 지역에서 가깝다는 사실을 나는 알게 되었다. 이제 나는 큰 관심을 갖게 되었다. 왜 그는 이 작고 조용한 곳의 땅을 사려고 했을까? 한번은 그 땅에서 일하는 사람과 이야기를 하게 되었다. 요기가 무엇 때문에 이곳을 사서 자기의 휴양지로 삼았느냐고 물었더니, 그는 "이 지역은 명상하기에 매우 유익한 곳으로서 영들이 떠도는 영기가 서린 곳입니다"라고 대답을 하였다.
  당시에는 이런 주장을 신뢰하지 않았지만, 느낀 바가 있어서 내가 가지고 있는 지도 위에 그 장소를 표시해 두었다. 이제 내 지도에는 영들이 활동한다고 하는 곳이 세군데 표시되어 있다. 즉 그 배꼽 지역, 인디언들의 거주지, 그리고 마하리쉬 요기의 땅인데, 이들은 모두 서로 인접해 있다.

등뼈가 달린 곰가죽

  홀로 기도하는 시간에 내 앞에 환상이 반복되어 나타나기 시작하였다. 그것은 마루 위에 놓인 곰의 가죽같아 보였다. 가죽의 네 모퉁이에는 발톱 달린 발이 있었고, 머리가 없었으나 등뼈는 있는 듯하였다. 그 짐승의 가죽은 우리 지역에 있는 산을 중심으로 나타났다. 발톱들은 헤메트 샌 재신토 골짜기와 같은 어떤 특정한 장소를 배경으로 나타나곤 하였다. 다른 도시들은 모두 우리 마을에서 반경 30마일 안에 있었다.
  나는 이것을 꿈 속에서 본 적이 없다. 그것은 언제나 깨어 있을 때 그리고 대체로 기도할 때 나타났다. 이 환상을 볼 때마다 이것이 다니엘 10장에 언급된 파사와 헬라 군과 같은, 어두운 통치의 영들과 관계가 있을 수도 있을 것이라고 막연하게 생각하였다.
  한번은 역시 기도하는 시간중에 나는 이 환상 가운데 나타난 산속의 한 오두막으로 교회의 지도자 열두명을 데리고 가고 싶은 마음이 강하게 생겼다. 이때 수잔과 나는 헤메트라는 작은 도시에서 우리가 개척한 작은 교회를 담임하고 있었다. 내가 주님이 인도하고 계시다는 것을 느끼면서 우리 교회의 장로들과 잘 훈련된 지도자들에게 제의했을 때, 그들은 나와 함께 그 오두막으로 가는 일에 동의하였다. 그 오두막은 한 여자 교인이 소유하고 있었다. 우리는 이 통치하는 영의 '등뼈'가 부러지도록, 그리고 그의 지배를 받으며 살고 있는 사람들에게서 그 영이 손을 놓을 때까지 거기서 기도를 드렸다.

그 오두막의 주인을 만날 때 하나님께서는 나를 크게 격려해 주셨다. 그녀가 운영하고 있는 가게로 들어가자 그녀는 카운터 아래에서 오두막의 열쇠를 꺼내어 건네주었다. 그리고 "오늘 아침에 기도를 하는데 하나님께서 저에게 말씀하시기를 목사님이 올 테니까 그 열쇠를 건네주라고 하시더군요"라고 말하였다.

그 다음 금요일, 우리 모두가 그 오두막에 모였을 때 나는 그 반복되는 환상에 대하여 그리고 이 산에 대한 우리의 목적이 무엇인지를 느낀 대로 자세하게 설명하였다. 짐승의 등이 꺾일 때 나는 소리를 듣거나 느낌으로써 이 모든 것이 사실이라는 것을 깨닫게 되리라고 말하였다. 수 시간 동안 주님께 간절히 기도를 드리고 나자 우리는 어느 사이에 '보혈의 능력'을 찬송하고 있었다. 그리고 악의 세력이 다가와서 우리 주위에 뻥 둘러 진치고 있다는 것을 느끼게 되었다. 그순간, 찬송을 부르는 동안 우리는 짐승의 등뼈가 부러지는 것을 감지했다. 어떤 사람들은 심지어, 척추가 쪼개지는 소리는 아니었지만 '뻥'하고 탈골되는 소리를 듣기도 하였다. 그 오두막 전체가 실제로 움직이기도 하였다.

다음 날, 거기에서 내려올 때 우리 모두는 깊은 안도감을 갖게 되었다. 사실 우리가 한 일이 무엇이었는지 그리고 같이 시간을 보낸 일로부터 무엇을 기대할 수 있는지를 모르고 있었다. 그러나 활기없고 단조로운 작은 구석진 도시에서 무언가 영적인 일이 일어나기 시작하고 있었다. 우리는 우리 도시가 뭔가 달라지고 있다고 느끼게 되었다.

외로운 신들

얼마 후 피터 와그너 부부가 신디 제이콥스 부부와 함께 우리를 방문하였다. 여전히 나는 그 낡은지도를 가지고 있었다. 나는 허바드(L. Ron Hubbard)가 건설한 사이언톨로지 메디아 센타.교회(Church of Scientology Media Center)와 유원지를 포함하여 다른 몇 개의 주요 지점을 그 지도에다 더 그려 넣었다. 나는 지도에 대해서 많은 말을 하지 않았다. 왜냐하면 그런 것들에 대하여 말하는 사람이 기독교계에는 거의 없던 때이었으므로, 나는 내가 과격한 주장에 빠져 있는 사람처럼 보이는 것을 원하지 않았기 때문이다. 그러나 신디 제이콥스가 그것을 와그너 부부에게 보여주라고 나에게 졸랐기 때문에 하는 수 없이 그렇게 하였다. 그런 것을 신학 교수에게 보이는 것은 다소 두려운 일이었다.

그러나 피터로부터 전적인 호응을 얻었을 때 나는 크게 고무되었다. 그는 자신이 영적 전투 조직과 접촉해 본 결과, 그러한 영적 도해는 성령께서 오늘날 전세계 교회에게 주시는 강력하고도 새로운 메시지 중 하나라는 사실을 확신하게 되었다고 말하였다. 그러면서 자신은 루이스 라무르(Louis L'Amour)의 전위 소설들을 탐독하는 사람이라고 고백을 하며『외로운 신들』(The Lonesome Gods)을 읽어 보았느냐고 내게 물었다. 그는 그 소설이 여기 샌 재신토 지역을 배경으로 하고 있으며 초기의 인디언 전설들을 다루고 있다고 말하였다. 그 다음 주에 나는 그 책을 사서 읽었다. 그리고 샌 재신토 산등성이에서 살고 있는 통치하는 영 타퀴즈(Taquitz)를 명확하게 묘사한 것과 관련하여 호기심이 생겼다.

따라서 조사를 좀더 해본 결과, 우리가 그 척추를 부러뜨리기 위하여 기도하였던 그 오두막 바로 뒤에 있는 커다란 바위가 다름 아닌 '타퀴즈 봉'이라고 불린다는 사실을 발견하고는 내가 얼마나 놀랐는지 독자들도 짐작할 수가 있을 것이다.

우리 도시의 영적 유산을 탐색하다

나는 17년 동안이나 그 지도를 간직하고 있으면서 중요하다고 생각하는 곳에 표시하여 두었다. 그 일을 하는 동안 우리 도시의 내력과 설립자들에 대해 많은 것을 알게 되었고 큰 흥미를 갖게 되었다. 며칠 간의 시간을 내어 한적한 곳이나 아무도 가보지 아니한 계곡을 탐험하면서 동굴을 살펴보고 오래된 오두막 집과 인디언 유적을 살펴 보는 일도 종종 있었다.

'대학살 계곡'이라고 알려진 한 계곡은 소보바(Soboba) 부족의 인디언들이 이웃 테메큘라스(Temeculas) 부족에 의하여 학살된 곳이다. 땅의 오염과 관련한 성경적 기초에 대해 약간의 이해를 갖게 된 후, 나는 그 사건과 위치가 어떤 영적인 의미를 갖고 있는지에 대해 생각해 보게 되었다. 그 대학살 계곡을 지도에 표시를 해 두었음은 물론이다.

우리 도시와 관련된 중요한 과거사가 하나 더 있다. 그것은 한 식수 회사가 골짜기의 북쪽 산기슭을 뚫고 큰 수로를 내려고 한 일이었다. 그것은 매우 중대한 일이 되고 말았다. 시추를 잘못하여 인근 모든 지역에 물을 공급하고 있는 지하 수반까지 파들어 갔던 것이다.

그결과 18개월 동안 한없이 물이 흘러나왔다. 그 물을 멈추게 하려는 모든 노력은 허사였고 경제적으로도 엄청난 비용이 들었을 뿐만 아니라 인명의 손실도 있었다. 결국은 골짜기 전체와 인근 산 지역에 물을 공급하는 수반이 오염되어 버리고 말았다. 그 지역에서는 전과 같은 물을 더이상 맛볼 수 없게 되었다.

산기슭을 여러번 오러내리며 조사하는 동안 산등성이 위에 높게 형성되어 있는 감나무 농장들이 버려진 것을 발견하였는데, 그게 바로 그런 이유에서였던 것이다. 식수 시추 사건이 있기 전에는 그 농장이 번성하였을 듯하였다. 관개 시설이 모두 잘되어 있었고, 연중 내내 물이 흐르던 강의 물줄기를 돌림으로써 많은 물을 저장할 수 있도록 한 저수지도 있었다. 그러나 그 사건이 터진 이후로는 인근에 있던 인디언 거주 지역에도 물 공급이 끊겨서, 농업의 기반이 무너지고 그곳 주민들은 가난 속으로 빠져들게 되었던 것이다.

이 일 때문에 인디언 부족 의회가 얼마나 분노했는지를 오늘날에도 기억하는 주민들이 많다. 그곳 무당들은 그런 실수를 저지른 백인 식수 회사를 저주하였다. 그 식수 회사가 의도적으로 수로를 바꾸어서 그 물을 다른 식수 회사에 팔아 넘기고 인디언에게 그 손실을 보상해 주기는커녕 그 물의 흐름을 막으려는 노력을 기울이지 않았다는 소문이 퍼지자 일은 더욱 복잡해졌다.

그 시추공을 내 지도에다 표시하고 난 뒤 나는 그 곳이 지구의 배꼽지역, 인디언 거주지, 마하리쉬 요기, 그리고 인디언 대학살의 장소와 동일선상의 산기슭에 놓여 있다는 사실을 알게 되었다. 나는 이 사건이 어느정도 의미가 있다는 것은 알고 있었지만, 이런 정보로 무슨 일을 할 것인지 아직도 확신하지 못하고 있었다. 그래서 우리 마을의 영적인 유산에 영향을 끼치고 있다고 생각하는 것들을 계속해서 지도 위에 표시해 두었다.

바로 그때 허바드와 사이언톨로지의 교회가 우리 마을로 이전해 왔다. 그들은 산기슭을 따라서 대학살 계곡, 수로 사건 지역, 요기, 인디언 거주지, 그리고 배꼽지역과 일직선 상에 놓인 오래된 시골집을 샀다. 그들이 산 집은 '대학살 계곡 여관'이라고 불리던 것이었다. 이 지역에서도 계속해서 어떤 일이 벌어지고 있었으며, 나는 지도에다 그것을 아주 자세히 기록해 나가고 있었다. 만일 이것들을 지도에다 표시하지 않았더라면 아마도 이런 지점과 지점 사이에 어떤 연관이 있다는 것을 전혀 인지하지 못했을 것이다. 그러나 지도에 표시해 놓고 보니 이 모든 것들이 서로 관련이 있다는 사실을 알게 된 것이다.

공동체를 위한 기도는 응답되지 않음

여기까지 이르러서야 비로소 우리 교인들이 매일 아침 일찍 깊이 기도하며 중보 기도를 드리게 되었지만, 나는 지도와 내 의구심에 대해서는 여전히 침묵을 지키고 있었다. 우리 교회에서는 기도 제목을 하나하나 들어가면서 짧게 기도를 드렸는데, 개인적인 문제와 우리 지역 사회의 필요 뿐만 아니라 국제적이고 국가적인 문제들을 위해서도 기도를 드리곤 하였다. 그러나 그렇게 하는 중에도, 우리 도시나 주민을 위하여 계속해서 드리는 기도는 우리 모두에게 깊은 좌절감만 가져다 주었다. 이러한 좌절감은 솔직하게 말해서 우리의 기도가 별로 효과가 없다는 것을 점점 더 깨닫게 될 때 생겨나게 된 것이었다.

우리는 사람을 위해 효과적으로 기도하는 법을 배웠으며, 따라서 기도의 대상들이 감정적, 영석, 경제적, 그리고 신체적 속박으로부터 풀려나는 것을 보았다. 하나님의 신유의 능력이 나타나고 마귀의 억압으로부터 해방되는 것을 보았기 때문에 많은 사람들이 교회로 나와서 구원을 받고 있었다.

그런데 왜 이런 일들이 우리 공동체(도시) 안에서는 일어나지 않는 것일까? 개인을 위한 우리의 기도에는 응답이 있는데 헤메트와 그 주변 지역을 위한 기도에는 왜 응답이 없는 것일까? 교회로부터 동서남북 어디를 바라보아도 거의 변화를 찾아볼 수가 없었다. 어떤 면에서는, 우리 도시의 땅이 꺼져가는 듯이 보였다. 사회

마을을 영적 속박으로부터 해방시키려 할 때에, 우리가 간과해서는 안될 또 다른 중요한 일은 사람들이 저지른 죄를 회개하고 버리는 것이다.

적 조건들은 악화되어가고 어두움이 점점 더 많이 드리워지는 것을 느낄 수가 있었다. 우리는 성실하고 부지런하게 노력했으나 거의 소용이 없었다.

이런 상황에 대하여 괴로워하면서 나는 우리가 사람들을 마귀의 속박으로부터 해방시키기 위하여 사용하던 방법을 곰곰히 되뇌어 보기 시작하였다. 우리가 개인적인 차원에서 적용하고 있는 것과 꼭 같은 원리를 사회적인 차원에도 적용할 수는 없는 것일까? 도시가 인격을 가질 수는 없는 것일까?

이런 생각을 하게 되자, 나는 성경을 탐구하면서 도시가 인격을 갖는다는 개념이 있는가에 대하여 성경적 근거를 찾아보게 되었

다. 만일 이 전제가 성경적으로 지지를 받는다면 우리 도시를 구원 받고 자유롭게 된 사람들이 모인 공동체로 간주하는 새로운 시야가 열릴지도 모르는 일이었다.

내가 알기에, 악한 영들은 인격체를 지배하려고 노력한다. 그들은 인간의 과거의 죄, 현재의 죄, 세대 간의 저주와 허물, 우상 숭배, 타인을 희생시키는 것, 정신적인 고통, 그리고 여러 모양의 개인적인 타락 등을 통하여 그들의 생활 속으로 들어간다. 어떤 사람의 인격이 오염되면, 어두움이 그 인격 속으로 들어갈 수 있는 문이 열리게 되는데, 그것은 사단이 어두움 속에 거하기 때문이다. 내가 도시의 인격성을 규명하기 위하여 연구할 때 마태복음11:20-24에 있는 예수님의 말씀을 보게 되었다.

> 예수께서 권능을 가장 많이 베푸신 고을들이 회개치 아니하므로 그 때에 책망하시되 화가 있을진저 고라신아 화가 있을진저 벳새다야 너희에게서 행한 모든 권능을 두로와 시돈에서 행하였더면 저희가 벌써 베옷을 입고 재에 앉아 회개하였으리라 내가 너희에게 이르노니 심판 날에 두로와 시돈이 너희보다 견디기 쉬우리라 가버나움아 네가 하늘에까지 높아지겠느냐 음부에까지 낮아지리라 네게서 행한 모든 권능을 소돔에서 행하였더면 그 성이 오늘날까지 있었으리라 내가 너희에게 이르노니 심판 날에 소돔 땅이 너보다 견디기 쉬우리라 하시니라.

예수께서는 여기서 어떤 도시의 인격적인 책임에 대해서 언급하고 있음이 분명하다. 각 도시는 자신의 행위와 복음에 대한 반응에 대하여 책임을 져야 할 인격체로서 언급되어 있다. 물론 예수께서는 도시가 영생할 수 있는 영혼을 가지고 있다고 말씀하지 않으셨지만, 도시를 공동체적 실체로 언급하고 있다. 그리고 각 도시에 대해 언급할 때 그 이름을 부르심으로 도시를 인격체로 간주하신다.

계속해서 성경적인 확증을 더 많이 찾고 싶어 말씀을 뒤지고 각 도시의 내력을 연구하면서 지역에 대한 더 많은 진리를 보여줄 수 있는 정보를 찾아보았다. 히11:10에서는 "이는 하나님이 경영하시고 지으실 터가 있는 성을 바랐음이니라"고 말씀하신다. 아브라함은 경건한 원리를 그 기초(터)로 하고 있는 도시를 찾고 있었다. '터'에 해당하는 희랍어는 '근본적인 원리와 규칙'으로 번역할 수 있다. 이것은 어떤 도시의 도덕과 윤리에 대해 언급한 말이다. 그러므로 모든 도시에는 개성과 인격이 내재되어 있다고 봐야 한다.

또한 터를 의미하는 희랍어가, 바울이 인간의 인격적 기초에 대해 교회에게 교훈할 때 고전3:11,12에서 사용한 말과 동일한 단어라는 것도 알게 되었다. '이 닦아 둔 것 외에 능히 다른 터를 닦아 둘 자가 없으니 이 터는 곧 예수 그리스도라 만일 누구든지 금이나 은이나 보석이나 나무나 풀이나 짚으로 이 터 위에 세우면.'

우리는 우리 도시가 어떤 기초 위에 세워져 있는지에 대하여 의문을 품기 시작하였다. 그것은 예수 그리스도인가? 우리 마을은 금이나 은이나 보석들로 지어졌는가 아니면 나무나 풀이나 짚으로 되어 있는가? 섭섭하게도 헤메트 지역은 많은 나무와 풀과 짚으로 지어졌음이 드러났다.

도시와 대화하기

나는 도시를 구원하는 일이 실제 가능한 일이라고 믿기 시작하였다. 당신이 살고 있는 동네 뿐만 아니라 내가 살고 있는 동네도 매우 실제적이고 영적인 기초가 있는 인격을 가지고 있는 것으로 볼 수 있기 때문이다. 이 도시와 대화를 하는 것이 열쇠가 될 터인데, 물론 이것은 우리에게 독특한 도전이 된다. 어떻게 하면 우리는 도시로 하여금 한 인격체가 말을 하듯이 우리에게 '대답'을 하게 할 수가 있을까? 어떻게 하면 우리는 그 땅에서 일어났던 일들에 대하여 도시가 우리에게 이야기할 수 있도록 할 수 있을까? 어떻게 해서 그것이 더럽혀졌으며 지역 귀신들에게 개방되게 되었는가? 어떻게 하면 도시가 나에게 마음을 열고 얘기하도록 할 수 있겠는가?

다시 기도와 하나님 말씀을 통하여 해답들을 찾을 때 나는 한 힌트를 얻게 되었다. '너는 내게 부르짖으라 내가 네게 응답하겠고 네가 알지 못하는 크고 비밀한 일을 네게 보이리라' (렘33:3). 이 구절이 암시하는 것은, 내가 이해할 수 없는 숨겨지고 가리워진 것들이 주님께는 중요한 것들일 수 있다는 점이다. 우리가 기도하면서 숨겨진 것들에 대하여 주님께 물으면, 주님은 신실하사 우리에게 응답하시며 그 숨겨진 진리를 보여주실 것이라고 믿는다. 도시에 대한 열쇠는 우리가 마귀의 속박으로부터 해방받기 원하는 사람에게 던지는 것과 동일한 질문을 도시에게도 던지는 것이며, 그럴 때 주께서는 우리를 구체적으로 인도하셔서 우리의 도시가 실제로 구원얻는 길로 가게끔 우리를 인도해 주실 것이다.

우리는 이제 어떻게 해서 우리 도시의 영적인 기초가 놓이게 되었는지 알아볼 필요가 있게 되었다. 그 기초들은 무엇으로 되어 있는가? 괴로움과 고통을 받는 지역은 어디인가? 이 도시를 속박하는 사건들은 어떤 것들인가? 과거사가 현재의 일들과 어떻게 연관되어 있는가? 내가 살고 있는 도시에 주술적인 행사가 있는가? 그

외 어떤 일들이 현재 내가 살고 있는 도시의 영적, 감정적, 또는 물리적 조건을 형성하는 데 일조를 하였는가?

나는 사실 19년 동안이나 도시와 대화하고 있었는데, 이 사실을 거의 모르고 있었다. 어떤 도시와 대화, 즉 이야기하는 것은 그 도시의 역사와 유산을 연구하고 조사하는 것이다.

내가 살고 있는 도시를 도해하고 그것에 대한 역사적 지식을 쌓았을 때 무엇을 알게 되었는가?―그것이 좋은 것이든 나쁜 것이든 정보를 모으기 시작하였을 때, 내가 살고 있는 도시의 영적 인격이 서서히 드러나는 것을 보게 되었다. 그것은 그림 조각 맞추기 놀이에서, 상자 안에 있는 그림 조각들을 모두 책상 위에다 쏟아놓은 뒤 그것들을 하나하나 제 자리에 맞추는 것과 같았다.

스커드 미사일과 스마트 폭탄

갑자기 나는, 전에는 보지 못했던 우리 도시의 인격에 대한 그림을 보게 되었다. 그리고 이제 우리 도시의 구원을 위하여 봉사할 수 있고 우리 도시에 영적 자유를 가져다 주는 일을 시작할 수 있다고 생각하니 흥분되었다. 또한 이것이, 기도와 중보기도를 하는 중에 그렇게도 필요로 하던 요소는 아니었을까? 기도를 드렸을 때, 우리는 참으로 기도 목표에 적중한 것인지 아니면 실제로는 목표물 주위를 맴돌면서 모호하고 비효율적인 기도를 드린 것이나 아닌지 다시 생각하게 되었다.

나는 1991년 걸프 전쟁 때 사담 후세인이 쏘아댄 스커드 미사일을 생각하였다. 그 미사일들은 올바른 방향으로 날아가기는 했지만 목표물들을 정확히 맞추지는 못했다. 이러한 정확성의 부족으로 인하여 그 미사일의 파괴력이 완전히 발휘되지 못하였던 것이다. 나는 우리 마을에 대한 우리의 기도도 그 독재자가 쏜 부정확한 미사일과 같을 수 있다는 것을 깨달았다. 우리는 원수에게 조준하고 사격하지만 전략적인 정보가 부족하기 때문에 어떤 특정 목표물을 명중시킬 수 없었던 것이다.

우리 도시의 인격에 대한 전략적인 정보(예를 들면, 우리 도시의 유산, 기초, 영적 배경 같은 것들)를 축적하기 시작한 이후에, 우리는 전략적 전투 계획을 세워서 목표물을 정확히 맞출 수가 있었다. 이것은 연합군이 사담 후세인에게 조준하였던 스마트 폭탄과 흡사하다. 텔레비전을 시청하던 우리는 스마트 폭탄이 정확하게 명중되는 것을 보고는 적잖게 놀랐다.

그러나 그렇게 정확한 영적 스마트 폭탄을 쏘기 위해서는 우선 지형에 대한 정보를 수집하여야 한다. 이것은 마을과 그곳 최초 거주자들을 조사 연구하며, 도시의 역사를 추적하여 도해하는 것을 의미한다. 영적 전투도 일반 전투와 같이 정확한 정보가 있을 때에 크게 유리해지는 것이다.

영적 도해는 도시를 위한 전략적 중보기도 그리고 중보기도의 전략적 행위와 관련하여 효율적인 도구로 판명되었다. 내가 가만히 앉아서 지난 수 년 동안에 걸쳐 정보를 수집한 일을 회상해 보니 내가 살고 있는 지역의 중요한 역사적 사건들을 나의 지도에다 표시해 왔다는 것을 깨닫게 되었다. 그리하여 나는 역사적, 물리적, 그리고 영적 정보를 가질 수 있게 되었고, 이 지도가 향후 얼마나 유용하게 쓰일는지에 대해서는 전혀 모르고 있었다.

하지만 결국 다 낡아 빠진 이 지도는 우리 마을에 있는 견고한 진과 영에 대한 전략을 수립하는 데에 있어서 무한한 가치가 있다는 것이 판명되었다. 우리가 일난 도시의 '인격'과 대화하는 것을 배우게 되자 우리의 중보기도 효과는 눈에 띄게 향상되었다.

도시를 도해하기

그렇다면 목사, 평신도, 또는 교인들이 영적 도해를 시작하기 위한 필수적 단계는 무엇인가?

도시의 역사

우선, 도시의 역사와 기초를 조사해 보라. 오염된 지점이 없는지, 즉 피를 흘렸다든지, 합의가 위반되었다든지, 계약이 깨졌다든지, 옛 도시 법들로 인하여 생겼을지도 모르는 인종적 편견이 있다든지 하는 것들에 대해서 조사하라. 그것들에 대한 기록은 지금도 어디엔가 남아있을 것이다.

나에게는 지방의 역사책을 뒤지고, 박물관을 찾아보고, 지방 도서관에서 도시의 기록들을 살피는 직원이 있다. 우리가 발견한 재미있는 것들 중의 하나는 우리 도시의 어떤 교회 부지에는 오래된 지계표가 하나 있다는 사실이다. 이것은, 이 나라 최초의 고등학교 중의 하나가 거기에 세워져 있었기 때문에 국가가 역사적인 지계표라고 선언하고 보존해 온 것으로, 커다란 아치형 문이다.

그 교회 목사는 나의 친한 친구이고 우리는 그의 교회부지의 역사 그리고 혹 있을지도 모르는 그 땅과 이 지계표와의 관계에 대하여 깊은 관심을 갖게 되었다. 그런데 조사를 통하여서 중요한 정보가 발견되었다. 그 교회와 역사적인 지계표가 있는 곳은 소보바 인디언의 마을이 있던 바로 그 곳이라는 사실이었는데, 그 인디언들은 내가 앞에서 말한 대로 그들의 이웃 부족 테메큘러스에 의하여 무참히 학살당했다. 그들은 오늘날 샌 재신토라는 곳에서 학살당했는데, 전사들이 싸우는 동안에 아녀자들은 그 마을로부터 대학살 계곡으로 피신하였으나 그들도 그곳에서 죽임을 당하였다.

그리고 그 교회가 세워진 1900년대 초 이후, 그 교회의 역대 시무 교역자 또는 교역자의 식구들이 지금의 목사와 바로 직전 목사만을 제외하고는 모두 처절한 죽음을 당했다는 사실이 조사를 통해 속속 드러나게 되었다. 과거의 폭력과 피흘림으로 인하여 땅이 오염되었기 때문에 폭력적 죽음을 부르는 영이 그 땅에 발붙일 수 있는 발판이 마련된 것이 아닌가 하는 의구심을 떨칠 수가 없었다. 우리는 또한 그 지역이 그 주변 지역 갱단의 폭력 중심지로 된 이유가 바로 이것이지 않을까 하는 생각을 해보기도 하였다.

인디언들이 피 흘렸다는 것과 과거 목사들이 처절하게 죽어갔다는 역사적 사실에 대해 알게 되자, 그 교회 장로들과 중보 기도자들을 불러 모았다. 한동안 진지하게 중보기도를 드리면서 자기들이 살고 있는 지역과 교회를 대신하여 깊은 회개 기도를 드렸다.

어떤 일이 일어났겠는가? 두 달이 못 되어서, 악한들이 주님께로 나아오기 시작했다. 주일 예배 중에 한 사람이 앞으로 걸어 나오더니 "나도 구원받기를 원합니다!"라고 말하였다. 그러자 또 다른 폭력 지도자가, 다음에는 그의 어머니가, 다음에는 모든 가족이 그리스도께로 나왔다. 이 이후로 그 지역에서는, 완전히 사라진 것은 아니지만, 폭력이 크게 줄어들게 되었던 것이다.

도시의 인격

마을에 대한 영적 도해와 관련하여 취한 두번째의 조치는 우리 도시의 인격 형태를 조사하는 것이다. 다시 말하면, 도시는 무엇으로 유명한기 하는 깃이다. 라스베가스는 남욕과 도박으로 유명하다. 시카고는 집단 폭력으로 유명하고 샌프란시스코는 동성 연애자들의 본거지로 유명하다. 우리가 살고 있는 마을은 한적한 마을로서 노인들이 그들의 노년을 편안히 지내다가 죽기 위하여 오는 곳으로 유명하다.

우리는 도해의 두번째 단계로서 우리 도시를 좌우하는 금융 기관, 사업장, 그리고 건물들을 찾아보았다. 우리는 헤메트가 일인당 저축률이 미국에서 가장 높다는 사실을 알게 되었다. 우리는 술집과 외설적인 극장과 마약 취급점들이 있는 곳을 찾아내었다.

도시의 주술 센터

도해 과정의 세번째 단계는 무당, 주술사, 뉴 에이지, 철학관, 전체론(holistic), 그리고 이단 종파 본부가 있는 곳들을 찾아내는 일이다. 우리는 사당, 몰몬 사원, 뉴 에이지 서점, 모든 교회, 그리고 이단 종파가 운영하는 재산을 주의깊게 살폈다. 이 세번째의 조치와 함께 우리는 주술 활동에 대해서도 살폈다. 마약과 악마 숭배에 빠진 고등학생과 대담을 하기도 하고, 인디언 주술사들의 후손과도 이야기하였다. 많은 경우에 있어서는 버려져 있거나 빈 집이 동물 희생 제사나 그런 의식을 집행하는 장소로 사용이 되고 있었기 때문에 우리는 그것들도 점검해 두었다.

사회적인 죄에 대하여 회개함

마을을 영적 속박으로부터 해방시키려 할 때에, 우리가 간과해서는 안될 또 다른 중요한 일은 사람들이 저지른 죄를 회개하고 버리는 것이라는 사실을 우리는 또한 배워야 했다. 이 주제는 존 도슨의 책 『하나님을 위해 우리의 도시를 구해내자』(Taking Our Cities for God)¹와 신디 제이콥스의 책 『사단의 세력을 묶고』(Possessing the Gates of the Enemy)²에서 더욱 상세히 다루고 있다. 1991년 9월에 피터 와그너와 신디 제이콥스는 우리 교회에서 있었던 전략적 전투 모임에서 강연하였다. 그 모임에서 우리는 이 회개라는 개념을 우리의 도시에다 적용시킴으로 해서 사회의 죄악에 대하여 하나님의 용서를 구하는 일을 할 수가 있었다.

신디의 지도를 좇아서 우리 지역에 살고 있는 인디언들과 그 식수 회사의 대표자가 함께 모임 앞에 나와서 과거의 잘못에 대하여 서로 공개적으로 사죄하였다. 우리 지역의 한 감리교회 목사는 한 오순절교회 목사와 함께 강단 앞에 서서 복음주의자들과 은사주의자들 사이에 있던 교만과 당파심에 대하여 각각 사과하였다. 끝으로, 백인 한 사람과 인디언 한 사람이 서로 마주 보고 서서 두 종족간에 존재하던 죄와 증오에 대해 회개하였다. 이 모든 사람들이 차례차례 회개하고 서로 용서하고는 공개적으로 서로를 부둥켜 안을 때, 모임에 참석하였던 많은 사람들은 큰 소리로 울었다. 그러자 영적인 세계에서는 수 년 동안 쌓여온 분파심과 증오심이 깨어지고 말았다. 그 날 저녁에 정사와 권세들은 중대한 타격을 받았던 것이다.

자기 지역에 대한 목회적 사명감

우리 마을과 마을 사람들을 위하여 기도드리던 초기에, 나는 주님께서 이 땅과 이 땅 사람들을 뜨겁게 사랑하는 마음을 내 속에 부어주시기 시작하는 것을 느꼈다. 그러나 그때 내 자신이 이 마을에 주저앉으리라고는 전혀 생각해 본 일이 없었다. 언젠가는 나도 다른 곳으로 가서 세계적인 사역을 하게 되리라고 마음 속으로 항상 기대하고 있었다. 그러나 만일 내가 감성적인 그리고 영적인 보따리를 풀지 않고 이곳에 살면서 주께서 나를 더 넓은 곳으로 부르셔서 더 큰 영향력을 갖게 해주실 날만 기다리고 있다면, 지금 내가 살고 있는 지역에서 참되고 지속적으로 영향력 있는 구원 사역을 펼칠 수 없을 것이라고 주께서 내게 가르쳐 주셨다.

그런데 사실 그때 나는 바로 그렇게 하고 있었던 것이다. 나는 항시 그 '더 높은 부르심'을 기다리고만 있었다. 나는 내 목회지에 대한 사명감이 부족하다는 것을 깨닫게 되었다. 이것이 우리 도시를 구원하는 데 있어서 가장 중요한 요소가 된다고 나는 생각한다.

만일 우리가 살고 있는 도시가 종교적으로 냉담한 영들, 경제적인 인색, 그리고 주술적인 우상 숭배와 같은 것들로부터 참으로 해방받기 원한다면, 기독교 지도자들이 그 지역과 그 지역 사람들에게 사명감을 갖고 헌신해야 할 것이다. 나같은 생각에 빠져있는 목회자는 이제 짐을 풀고 미래의 더욱 신나는 사역에 대한 허황된 꿈을 버릴 필요가 있을 것이다. 목사, 평신도 지도자, 그리고 온 교회가 힘을 합칠 뿐만 아니라 그들이 살고 있는 지역에 대한 장기적인 계획을 세워야 한다! 수잔과 나는 우리 교인들에게 우리는 헤메트에서 종신 사역을 하게 될 것이라고 선언하고 우리가 묻힐 장지를 사 둠으로써 그 일을 시작하였다.

예레미야는 이스라엘 지도자들이 자기들의 책임을 게을리하던 시절에 대하여 이야기하고 있다. "많은 목자가 내 포도원을 훼파하며 내 분깃을 유린하여 나의 낙토로 황무지를 만들었도다. 그들이 이를 황무케 하였으므로 그 황무지가 나를 향하여 슬퍼하는도다. 온 땅이 황무함은 이를 개의하는 자가 없음이로다"(렘12:10,11).

전에는 한번도 그런 일을 한 적이 없었으나 우리 교회는 우리가 살고 있는 땅을 개의하는 일을 시작하였다. 어느 주일 아침, 나는 성령의 감동하심을 따라 헤메트 샌 재신토 골짜기 전체를 바라볼 수 있는 언덕 위로 모든 교인을 데리고 거기서 우리는 손과 손을 마주 잡고 헤메트를 향하여 팔을 벌리고 우리 동네를 지배하고 있는 영적인 어두움을 거두어 달라고 반 시간 동안이나 하나님께 중보기도를 드렸다.

어떤 해에는 나의 아내 수잔이 매년 열리는 헤메트 성탄절 시가 행진에 우리 교회가 참여하도록 주께서 지시하신다는 감동을 받았다. 우리는 다시 충실하게 그 감동에 복종하였다. 도시의 중심가를 따라 걸으면서 '우리가 섬기는 하나님은 얼마나 놀라우신 분인가'와 '즐거운 찬양을 주께 드리세' 같은 노래를 부르며 예수님을 찬양하였다.

작년에는 우리 교인 중 450명 이상이 참가하여 노래를 하거나 안무를 하거나 깃발을 들거나 피킷을 들거나 행진 차량에 타거나 하였다. 우리는 이 행진에 참여함으로써 마을 사람들에게 봉사하려고 애썼으며, 동시에 어두움의 영들에게 강력한 메시지를 전달하려고 애썼다. 우리 마을 사람들의 반응은 놀라운 것이었다. 많은 사람이 다시 교회에 출석하기 시작하였으며 사업가들이 돈과 물질적인 도움을 제공함으로써 비용을 벌충하도록 도와주었다. 작년에는 성탄절 행진의 심판관들도 감동을 받아서 우리 교회에게 가장 큰 상인 대통령 상을 주기도 하였다. 나는 사랑을 위해서가 아니라, 일반 교인들이 어떻게 하면 자기의 도시를 사랑할 수 있는가와 예레미야서에 기록된 대로 어떻게 하면 '그것을 개의할' 수 있는가를 보여주기 위해서 이 말을 하는 것이다.

우리가 지역을 위하여 헌신하기를 배우고 영향력 있는 일을 떠맡을 때에 그리고 우리 마을을 지배하고 있는 정사와 권세들의 견고한 진을 파하는 법을 배울 때에, 우리는 우리 도시와 나라를 위한 하나님의 최종적인 계획 속에 우리의 도시 하나하나를 가입시킬 수 있을 것이라고 확신한다.

하나님을 위하여 우리의 도시에 말뚝을 박음

마을 갱단의 폭력을 위하여 기도하는 동안, 우리는 우리 도시 위에 기도의 장막을 쳐야겠다고 느꼈다. 과거에도 우리 도시에서 영적 어두움이 걷히도록 기도드리긴 하였으나, 주님의 인도하심을 따르는 참으로 실질적인 일은 하나도 하지 못하였다.

그런데 기도하던 중, 앗수르에 대한 예언이 나의 목회와 직접 관련되어 있으리라고는 전혀 생각지 않은 채로 여러번 읽었던 이사야33:20-23에 나의 마음이 끌렸다. 이번에는 하나님께서 내가 그 본문을 우리 도시를 하나님께로 귀속시키는 일에 적용하기를 원하신다는 느낌을 받았다. 독자들도 성경을 펴 놓고 다음의 내용을 읽어 보기 바란다.

우리의 절기 지키는 시온성을 보라
네 눈에 안정한 처소된 예루살렘이 보이리니
그것은 옮겨지지 아니할 장막이라
그 말뚝이 영영히 뽑히지 아니할 것이요
그 줄이 하나도 끊이지 아니할 것이며

여호와께서는 거기서 위엄 중에 우리와 함께 계시리니

제6장 지역 사회 구원을 위한 실제적 조치

그곳은 마치
노질하는 배나 큰 배가 통행치 못할
넓은 하수나 강이 둘림 같을 것이라

(대저 여호와는 우리 재판장이시요
여호와는 우리에게 율법을 세우신 자시요
여호와는 우리의 왕이시니
우리를 구원하실 것임이니라)

너의 돛대 줄이 풀렸었고
돛대 밑을 튼튼히 하지 못하였었고
돛을 달지 못하였었느니라

(이사야 33:20-23)

나는 이 구절이, 역사적인 맥락에서는 전략적 수준의 영적 전투나 한 도시를 하나님께로 귀속시키는 일과는 전혀 상관이 없다는 것을 깨달은 최초의 사람일 것이다. 그러나 우리는 이 말씀이 1991년 캘리포니아의 헤메트에 세워진 거주지 교회를 위한 하나님의 예언의 말씀이라고 느꼈으므로, 하나님의 인도를 따라 이것을 적용하기 시작하였다.

이사야는 장막을 지지하고 있는 말뚝에 대하여 말하고 있다. 그 말뚝은 영영히 뽑히지 아니할 것이다. 헤메트에 있는 말뚝이라? 계속해서 기도 하는 동안, 나는 땅 속으로 말뚝들을 깊이 박으라고 주께서 말씀하시는 것을 느꼈다. 나는 어떤 사람이 이런 일을 했다고 하는 얘기를 들어본 적이 전혀 없었지만, 그런 일을 하는 사람이 나 외에는 한 사람도 없다 할지라도 나는 놀라지 않았을 것이다. 나는 속으로 우리가 그렇게 하는 것이 합당하다고 느꼈으며, 특히 우리 교회의 장로들이 동의한다면 더욱 그렇다고 생각했다.

나는 어느 주일 아침 일찍 장로들을 불러 모아놓고, 우리의 도시 위에다 주님의 영적인 장막을 치기 위하여 땅에 말뚝들을 박으라는 영감을 주셨다고 말하였다. 우리가 함께 기도를 드릴 때에 우리는 주 안에서 한 마음이 된 것을 느낄 수 있었다. 우리는 이웃이 보

우리가 지역을 위하여 헌신하기를 배우고 영향력 있는 일을 떠맡을 때에 그리고 우리 마을을 지배하고 있는 정사와 권세들의 견고한 진을 파하는 법을 배울 때에, 우리는 우리 도시와 나라를 위한 하나님의 최종적인 계획 속에 우리의 도시 하나하나를 가입시킬 수 있을 것이다.

기에는 물론 우리 자신들이 보기에도 이상해 보일 수 있는 행동을 취하기로 합의했으며, 그날 오후에 목재소를 운영하고 있는 한 장로가 자진하여서 사면이 2인치 짜리의 참나무 말뚝을 가져 오겠다고 했다.

그날 아침에 있었던 두 번의 예배에서 나는 교인들에게 우리는 쉘 쇠버그가 4장에서 예언적 기도 행위라고 말한 중보기도 여행을 또 한 번 행할 예정이며, "오후 4시 반에 간편한 복장을 하고 교회에서 만납시다"라고 광고했다. 우리는 다섯개 조로 나누었다. 네개 조는 각각 말뚝을 가진 장로를 따라서 마을로 들어오는 네개 주요 통로로 나갔다. 그것들은 모두 간선 도로이다. 다섯번째 조와 내

아내와 나는 마을 중앙에 있는 큰 교차로로 갔다. 오후 5시에 각 장로들이 모두 가지고 간 말뚝을 땅에다 박아 주님께 기념물로 바치고 침입하여 오는 어두움에 대항하여서 전략적인 중보기도 전투를 선포한 결과, 기도의 장막이 드리워지게 되었다.

그와 동시에 수잔과 나는 마을 중앙에 있는 교차로에 서서 한 목소리로 주님께 찬양의 제사를 드림으로써 영적인 장막의 중심축을 세웠다. 그렇게 하고 난 후 교회로 돌아와서 오후 6시 정규 예배를 드렸는데 그때 우리는 회중 앞에서 우리가 경험했던 것을 간증하였다.

장로들에게 어디다 말뚝을 박아야 할지 가르쳐 줄 때에 나는 내 지도에 표시해 두었던 곳을 지시하였다. 나는 우리 골짜기의 북쪽으로 가는 장로와 사람들에게 그들이 가지고 간 말뚝을 대학살 계곡과 사이언톨로지의 교회 옆에다 박으라고 하였다. 그리고 각 말뚝마다 이사야 33:20-24의 말씀을 새겨 놓았다.

넓은 하수와 강과 배

우리가 돌아와 보니 그 골짜기의 북쪽 입구에서 돌아온 그룹의 장로가 놀라운 사실을 발견했다고 하였다. 말뚝에 새겨진 성경 말씀을 큰 소리로 읽는 동안, 그들은 주께서 '넓은 하수와 강물'이 있는 곳이 되신다는 사실을 이사야33:21에서 말하고 있다는 것을 깨달았다는 것이다. 그들 중 한 사람은, 그들이 서 있는 바로 앞에는 지금은 말리 비렸지민 샌 새신토 하수 바닥이 있고 그들의 바로 왼쪽 편에는 말라 버린 대학살 계곡의 강바닥이 있다는 것을 생각하였다고 한다. 이것은 앞에서 언급한 수로의 재난과 식수 회사의 굴착 때문에 지금은 둘 다 말라버렸던 것이다.

이것만으로도 충분한 격려가 되었을 터이나 더 있었다. 이 말씀은 삭구와 돛과 닻이 있는 배에 대하여 특별히 언급하고 있다. 우리는 바다로부터 멀리 떨어진 황량한 동네에 살고 있다. 그러나 그 장로는 그날 밤 교인들에게, 말뚝을 박고 교회로 돌아오는 길에 사이언톨로지 교회의 본부가 있는 곳을 지나게 되었는데 놀랍게도 그들은 사이언톨로지의 땅과 그 윗쪽 산기슭에서 삭구와 돛과 닻을 완전하게 갖춘 거대한 범선의 복제품을 보았다고 말하였다.

우리 모두는 이 세 개가 다 한 곳에 모여있는 것을 발견하는, 믿을 수 없는 사건이 실현된 것에 대하여 하나님께 모두 소리쳐서 찬양을 돌렸다. 하수 바닥, 강 바닥, 그리고 삭구와 돛과 닻을 가진 배가 황무지 가운데 놓여 있는 것이다. 말할 필요도 없이 우리는 크게 고무되어서 마을의 구원을 위하여 계속 중보기도를 하면서 밀고 나갔다. 우리는 주님께서 은혜를 베푸셔서, 우리를 인도하시며 지도하고 계시다는 가시적인 표지를 우리에게 직접 주신 것이라고 믿었다.

이러한 영적 장막이 쳐진 후에는 우리 마을의 어두움의 활동에 대하여 우리에게 입수되는 정보가 급속하게 증가하였다. 사람들은 도처에서 오래된 건물, 과거에 땅을 잘못 사용한 일, 또는 어디선가 집회들을 갖고 있는 무당에 대한 정보를 가지고 우리에게로 왔다. 우리는 영적 도해를 통하여 시행된 새롭고 정확한 중보기도의 직접적인 결과를 보기 시작하였던 것이다.

새로운 활기가 넘치는 교회

전략적 수준의 중보 기도와 예언적 기도는 우리 교인들의 생활에도 커다란 영향을 끼쳤다. 지난 날 우리 교회에서 유명한 것이 있었다면 그것은 교회의 분열이었다. 우리는 18년 동안 무려 5번이나 분열을 경험하였다. 그러나 이제 불화라는 말은 과거의 얘기가 되었다. 사랑과 조화라는 따뜻한 정신으로 새 식구들을 불러들임으로써 교회는 성장하였다.

15년 동안에 우리는 낡고 부분적으로 손질한 치즈공장에서 예배를 드려 왔는데, 나의 사무실은 치즈 선별실로 쓰던 것이었고, 유아실은 냉동실로 쓰던 것이었다. 이것들을 거의 변동없이 그대로 쓰고 있었다. 아주 급한 기본적인 보수를 하기 위한 재정을 확보하기 위하여 여러 프로그램을 시도해 보았다.

하지만 우리 교인들 대부분은 육체 노동자이었기 때문에 그 일을 하기에는 재정 능력이 충분치 않아 보였다. 교회의 지도층은 물론 일반 교인들도 체념하고 살고 있었다.

그런데 이제는 뭔가가 이뤄지고 있었으며 그것은 분명히 하나님의 손길이 임했기 때문이었다. 위와 같은 수준의 중보기도를 하게 된 후에 우리 교인들은 아주 새로운 유아 시설을 만드는 데 소용될 충분한 자금을 18개월 안에 마련하였다(그러고도 전혀 빚을 지지 않았다). 동일한 기간에 우리는 본당(옛 낙농실)을 완전하게 보수하였다. 그런데도 1년도 못되어서 교인수가 배로 늘었던 것이다.

우리 마을에 대한 새로운 희망

이런 형태의 중보기도를 드리고 어두움의 견고한 진들을 처리한 결과, 마을의 영적인 면모가 확연하게 달라졌다. 우리의 도시에 있는 35명의 목회자는 이제 협력하면서 복음 전도를 하게 되었다. 그들은 매일 정기적으로 만나서 서로를 위해 기도하는 시간을 갖고 있다. 교회는 복사기, 환등기, 그리고 다른 사무 집기와 시설을 서로 빌려주고 있다. 우리 교회는 교육관을 다른 교회에 매주 빌려주고 있다. 주일 아침에 목사들이 서로 강단을 교류한다는 얘기를 듣는 것은 이제는 더 이상 희한한 일이 아니다. 우리 도시에 사는 어떤 목사는 우리 도시의 다른 교회 목사를 초빙하여 교인들이 보는 앞에서 자기의 갓난 딸을 위한 헌아식을 거행하도록 부탁하고 아침 예배까지 인도해 달라고 한 일도 있었다.

최근에는 우리 도시의 30여 개의 교회와 교인들이 2주간 동안 함께 모여서 천막 부흥 집회를 가진 적이 있었다. 그 집회에서는 매일 밤 우리 마을에 사는 목사들이 번갈아 가면서 설교하고 교회들이 번갈아 가면서 음악을 연주하였다. 꼬박 두 주에 걸쳐 행해진 집회 기간 동안 매일 밤 그 천막은 우리 지역 모든 교회의 교인들이 자기들의 불신자 친구들을 초청해 오는 바람에 입추의 여지가 없이 꽉 찼다. 우리 지역에서 있었던 그리스도의 몸의 단합에 의한 이 공개적인 시위에 의해서, 많은 사람들이 구원을 얻었으며 치료를 받았다.

나는 예레미야9:3에서 하나님의 백성들이 한 때는 얼마나 "이 땅에서 진실을 위하여서 강성하지" 못하였는지에 대하여 읽은 적이 있다. 우리도 과거에는 그랬으나 지금은 변하고 있다. 우리는 "입술로 찬양과 영광을" 주님께 돌릴 뿐 아니라 교회의 건물과 행사와 프로그램 그리고 교회의 전통들로부터 벗어나서, 이 땅에서 진실을 위하여 강성한 주님의 백성들이 될 때에, 우리는 우리의 도시들을 하나하나 구해낼 수 있을 것이라고 믿는다!

❖ 토의할 문제 ❖

1. 밥 베케트는 개개인들을 위한 기도는 응답을 받는데 공동체를 위한 기도는 효과가 없는 듯이 보이기 때문에 좌절감을 느낀다고 말하고 있다. 당신은 이 말에 동의하는가? 그렇다면 어떻

게 해야 하는가?
2. '곰가죽'과 관련하여 산속의 오두막에서 가졌던 기도회를 쉘쉬버그가 쓴 '예언적 기도'라는 장의 내용에 비추어, 분석해 보라.
3. 예수는 도시를 인격체로 언급하였다. 당신도 그렇게 할 수 있다고 생각하는가? 당신의 교회에서 합심 기도할 때에도 그렇게 할 수 있겠는가?
4. 당신은 '지역에 대하여 사명감을 가지고 헌신'하는 것이 목사에게 얼마나 중요하다고 생각하는가? 지역에 대하여 헌신 하고 있는 목사들을 알고 있는가? 그들은 베케트의 주장에 동의하겠는가?
5. 밥 베케트는 우리 모두가 밖으로 나가서 성경 구절이 새겨진 말뚝을 땅에다 박아야 한다고 생각하고 있는가? 당신과 당신의 친구도 그런 일을 할 수 있을 것같은가?

주(註)

1. John Dawson, *Taking Our Cities for God* (Lake Mary, FL: Creation House, 1989).
2. Cindy Jacobs, *Possessing the Gates of the Enemy* (Tarrytown, NY:Chosen Books, 1991).

제7장
흑암에 처한 도시 복음화하기

빅토르 로렌조(Victor Lorenzo)

영적 전투, 특히 영적 도해에 대해서 말할 때에 이 활동과 관련하여 교회의 역할을 분명히 해야 한다.

교회가 받은 명령

교회는 전세계에 복음을 전하고 하나님 나라와 그의 의를 확장시켜야 한다는 명령을 받고 있다. 영적 전투와 영적 도해는 순전히 이 명령을 수행하는 일을 돕는 활동일 뿐이다. 이것은, 사단이 사람들을 그의 권세 아래 두고 예수 그리스도의 영광스러운 메시지에 대해서 사람들의 눈을 가리기 위하여 사용하는 전략과 간계를 발견하여 파괴하는 일을 도와준다.

영적 도해가 아무리 정밀하다 하더라도, 복음 증거에 깊은 관심이 없이 행하면 의미가 없다. 그것은 영적 도해 자체가 목적이 아니기 때문이다. 마찬가지로, 영적 전투를 통하여 마귀의 권세를 다루는 일을 진지하게 생각지 않는 복음 전도도 역시 극히 미미한 결과를 낳을 뿐이다.

하나님은 교회와 그 지도자들에게 대륙은 물론 이웃과 도시와 국가를 예수 그리스도께로 인도할 수 있는 권세를 주셨다. 그러므로 불신자들을 그리스도에게로 인도하는 일과 사회를 변화시키는 일은 교회가 이 전투를 얼마나 능동적으로 수행하려고 하는가에 달려 있다. 교회의 영적 일치와 헌신적인 중보기도가 승리의 중요한 전제 조건이다.

하나님께서 영적 도해를 명하심

영적 도해에 대한 나의 사명감은 '레지스텐시아 계획'에 참여하면서부터 생겨났다. 나는 지금 동료 에드가르도 실보소(Edgardo Silvoso)의 지도 아래 복음주의 추수(Harvest Evangelism) 사역에 종사하고 있다. 우리는 북아르헨티나에 있는 인구 사십만의 도시인 레지스텐시아를 3년에 걸쳐서 복음화하기 위하여 팀을 구성하였다. 중요한 목표는 레지스텐시아에 있는 그리스도의 몸의 일치를 이루는 일, 전략적 수준의 영적 전투를 수행하는 일, 집중적인 중보기도를 하는 일, 새로운 교회를 많이 세우는 일과 아울러서 복음 전도의 전통적인 방법들도 이용하는 것이었다. 첫 해에, 요구되는 영적 전투의 규모는 우리가 생각했던 것보다 훨씬 더 크다는 것을 성령께서 우리에게 보여주셨다.

영적 전투에 대한 나 자신의 안목은 1990년 초에 크게 높아졌다.

나는 영적 전투는 전략적 수준에서는 물론 지상적 수준에서도 행해져야 한다는 것—사람들을 괴롭히는 적들을 내어쫓는 것—을 깨닫게 되었고, 전략적 수준의 영적 전투는 복잡하고 광범위한 것으로 밝혀진, 마귀가 사용하는 전략 차원에 대한 것이었다. 내가 존 도슨의 책 『하나님을 위해 우리의 도시들을 구해내자』(Taking Our Cities for God)를 읽었을 때, 나는 도슨의 원리들을 레지스텐시아에 적용할 필요성에 대하여 생각하기 시작하였다. 그러나 나는 주저하였다. 왜냐하면 악한 영들에게 사로잡혀 있는 많은 사람들을 위해서 사역해 보았으므로 직접적인 경험을 통하여 마귀의 무시무시한 활동에 대해서 잘 알고 있었기 때문이다. 나는 샤단의 비밀스런 전략에 대해서 더 깊이 파고들어 가고 싶지가 않았던 것이다.

곤잘로와 수호 천사

내가 그때까지 하나님의 뜻을 알고 있으면서도 행하지 않자 원수가 우리 가족을 공격하였다. 15개월 된 아들 곤잘로가 밤 1시만 되면 소리를 지르며 깨곤 하였다. 매일 밤 아기를 다시 재우느라 4시간이나 낭비하였다. 마침내 어느날 밤 이래서는 안되겠다는 생각이 들었다. 하나님의 뜻을 곧바로 행하지 않은 내 반항적인 태도가 우리 문제의 뿌리라는 것을 알게 되었다. 그래서 나는 아내에게 내가 이 일을 처리하는 동안 그냥 자리에 누워 있으라고 했다.

곤잘로의 방으로 가기 전에, 식당으로 가서 기도를 드렸다. "주여, 제가 불순종하였음을 용서해 주옵소서. 저는 이 일을 처리할 힘이나 능력이 전혀 없습니다. 기도하옵나니, 저의 눈과 귀를 열어서 성령께서 제게 보여주시고자 하는 것을 이해할 수 있게 해주옵소서. 하나님, 엘리사가 영적인 실재를 분별할 수 있었을 때 가졌던 기름부으심을 제게도 주시옵소서. 제게 저의 원수를 볼 수 있는 눈을 주시되 저와 함께 하는 이들이 저를 대적하는 이들보다 더 많고 더 강력하다는 것을 확신할 수 있게 해주옵소서. 제가 당신의 천사들이 진치고 있는 것을 볼 수 있게 해주옵소서."

주님의 응답을 확신하고 곤잘로의 방으로 들어갔다. 문을 열었을 때, 나는 무시무시한 악마의 세력에 의해 압도당하였다. 한기를 느꼈으며 사망의 세력이 있다는 것을 즉시 느낄 수 있었다. 주께서 나의 원수의 정체를 보여주고 계시다는 것을 알 수 있었다.

나는 성령께서 "예수 그리스도의 이름으로 명령하라"고 말씀하시는 것을 느꼈다. 그래서 나는 사망의 영에게 내 아들의 방에서 나가고 다시는 돌아오지 말라고 명령했다. 바로 그 순간에 나는 잘 아는 수호 천사의 임재를 내 마음속에서 느낄 수가 있었다.

나는 "주여, 주님은 천사들을 보내어서 우리를 보호해 주시겠다고 약속하셨습니다. 만일 당신의 뜻이라면 저는 지금, 특히 저의 가족을 위하여서 그 보호가 필요합니다"라고 말하였다. 그러자 즉시 침실이 밝은 빛으로 가득 차게 되었다. 곤잘로가 누워 있는 침대 쪽을 바라보니 큰 천사가 칼을 빼들고 서 있었다. 천사는 나에게 "오늘 이후로 네가 너의 성직을 감당하느라 바쁠 때에는 내가 네 아들 곁에서 그를 보호하고 돌봐주리라"고 말하였다.

곤잘로는 이제 세 살 되었는데 그때 이후로는 악한 영들에 의하여 고통받은 적이 한번도 없었다. 이 애는 지금 영적 전투에 대하여 비상한 이해력을 갖고 있으며 그도 이제는 자신이 분별할 수 있는 어두움의 권세에 대해 예수의 이름으로 명령할 줄 안다.

레지스텐시아 도해하기

나는 하나님께서 내가 레지스텐시아를 조사하기 원하신다는 것을 알게 되었다. 나의 유일한 도구는 존 도슨의 저서 『하나님을 위해 우리의 도시들을 구해내자』였다. 나는 도슨이 질문했던 것들을 가지고 시립 도서관으로 갔다. 4일 간에 걸쳐서 수백 페이지의 책들을 뒤진 후에 완전히 실망하게 되었다. 많은 양의 정보를 가지고 있기는 하지만, 정작 우리의 임무를 감당하는 일과 관련된 정보는 가지고 있지 못하였다.

이런 경험을 통하여 겸손해진 나는 다시 한번 기도드리기 시작하였다. 새로운 영감을 주시사 내가 나아갈 길을 보여달라고 성령께 간구하였다. 집에 돌아와 보니 내가 한 일에 대하여 자세히 알지 못하는 아내가 토속 미술 전시회에 가보지 않겠느냐고 제안했다. 왜 그런 제안을 하는지 잘 알 수는 없었지만 그 제안을 따른다면 뭔가 해답을 찾을 수도 있을 것이라는 느낌이 들었다.

확실히 그랬다. 전시회에 가서 다섯 명의 대학 교수를 만났는데, 그들은 아주 흔쾌히 많은 것들을 알려주었다. 그들은 레지스텐시아의 영적인 정체를 아는 것이 중요하다는 말에 동의하였다. 그리고 열흘 간에 걸쳐서 전혀 믿을 수 없는 방식으로 내가 필요로 하는 모든 것들을 제공해 주었다. 나는 이 모든 일에 강력한 하나님의 손이 함께 하시는 것을 보고 놀랐다. 우리 도시의 모든 이들이 존경하는 유명한 교수들의 도움은 믿기 어려운 일이었다.

도시를 지배하고 있는 권세

민간 풍속으로부터 얻은 정보를 통해서 나는 우리 지역에 네 가지의 영적 권세가 있다는 것을 알게 되었다. 그것은 산 라 무에르테(San La Muerte, 사망의 영), 폼베로(Pombero, 공포의 영), 쿠루피(Curupi, 성 도착의 영), 그리고 피톤(Piton, 파이돈, 즉 마술과 주술의 영) 등이다.

이런 자료를 가지고는 있었지만 그것을 이렇게 사용해야 할시 알지 못했기에 나에게 길을 보여달라고 주님께 다시 한번 간구하였다. 이번 응답은 '기다려라' 이었다. 그리고 한 달 반을 기다렸다. 그러던 어느날 신디 제이콥스가 아르헨티나를 처음으로 방문하였다. 복음주의 추수 선교회의 파송을 받고 기독교 지도자들과 중보 기도자들에게 영적 전투에 대해서 가르치고 있었던 것이다.

신디는 부에노스 아이레스에서 굉장한 권능으로 사역한 후에 이틀 간의 세미나를 인도하기 위하여 레지스텐시아에 도착하였던 것이다. 첫날 내가 수집한 정보에 대하여서 그녀에게 말하였다. 나는 그녀에게 중앙 광장에 있는 커다란 현대 미술 벽화에 대해서 말하였다. 그것은 그것들이 이 도시에 대한 영적인 지도를 제시해 줄 수 있을 것이라고 생각했기 때문이다.

그날 오후, 신디가 그 그림들을 보았을 때에 주께서는 그녀의 영 분별의 은사를 통하여서 피터 와그너가 제2장에서 논의한 바 있는 가시적인 것 뒤에 있는 불가시적인 것을 그녀에게 분명하게 보여주셨다. 그녀는 레지스텐시아에는 네 개의 정사 외에 다른 두 개가 더 있다고 말하였다. 이 두 개는 그녀가 부에노스 아이레스에서는 처음으로 만난 고위급 정사로 그것들은 국가를 관할하는 영일는지도 모른다고 생각하였다. 그것은 프리메이슨(Freemason)주의와 하늘의 여신인 레이나 델 시엘로(Reina del Cielo)의 영이었다.

세미나에서 신디는 깊게 그리고 계시적으로 통찰한 내용을 우리에게 전해 주었다. 그녀는 교회 지도자들에게 땅을 예수 이름으로 구해내는 실제적인 방법에 대하여 지도해 주었을 뿐만 아니라 영적 전투에 대하여 훨씬 더 폭넓은 이해를 갖게 해주었다.

광장 전투

다음 날 훈련받은 중보 기도자들과 신디 제이콥스가 속해 있는 우리 팀은 레지스텐시아 시의 교회 목사들과 함께 그 광장으로 갔다. 우리는 우리 도시를 지배하고 있는 불가시적인 권세에 대항하여서 네 시간 동안이나 격렬하게 전투를 벌였다. 우리는 우리가 생각하는 그들의 계급에 따라 아래로부터 위로 그들을 공격하였다. 처음에는 폼베로, 그 다음에는 쿠루피, 산 라 무에르테, 프리메이슨주의 영, 하늘의 여신, 그리고 마지막으로는 이 도시에 있는 모든 악한 영들의 조정자 역할을 하는 피톤을 공격하였다. 전투를 다 끝마쳤을 때 우리 참석자들 모두는 자유와 평화를 거의 감각적으로 느낄 수가 있었다. 이 첫번째 전투에서 승리했으며 따라서 우리 도시는 주님의 것으로 회복될 수 있다는 확신을 갖게 되었다.

이 일 후에 레지스텐시아의 교회는 마음껏 복음을 전할 수 있게 되었다. 불신자들은 복음에 대해 달리 반응하기 시작했다. 3년에 걸친 복음전도의 결과, 교인들의 교회 출석율이 102%나 증가했다. 그 효과는 우리 도시의 사회 전반에 걸쳐서 나타났다. 우리는 가난한 이들에게 식수를 공급하는 것과 같은 공동 계획을 세울 수가 있게 되었고, 복음적인 교회에 대한 대중의 인식도 크게 향상 되어서 정치 사회적인 지도자들로부터 존경과 인정을 받게 되었다. 대중 전달 매체를 사용하여서 우리의 메시지를 전하도록 초빙되기도 하였다. 영적 전투와 영적 도해를 통하여 레지스텐시아에는 복음 전도, 사회 개선, 그리고 영적 수확의 문이 열려지게 되었던 것이다.

영적 도해란 무엇인가?

내가 알고 있는 바대로 말한다면, 영적 도해는 조사, 신의 계시, 그리고 학실한 증기들을 한데 묶음으로써, 어두움의 영적 세력들의 정체 그리고 그들이 어떤 도시의 사람들과 교회에 영향을 끼치기 위하여 사용하는 전략과 방법들에 대한 완전하고도 정확한 자료를 제공한다.

이것은 성경적인가?

성경에서는 '영적 도해'라는 용어를 사용하지 않고 있다. 하지만 이것은 성경에 나와 있는 영적 전투를 수행하는 과정 상의 많은 실천적인 활동들 중의 하나라고 우리는 생각한다. '마귀의 궤계'를 알아내는 것은 성경적인데(고후2:11), 영적 도해는 순전히 우리가 그런 일을 할 수 있도록 돕는 것이다. 내게 있어서 영적 도해는, 성경에는 언급되어 있지 않지만 시내를 행진하면서 전도하는 것이 성경적인 것은 그것이 성경적인 복음 전도의 방법이기 때문이며 또 주일학교가 성경적인 것은 그것이 성경적인 기독교 양육의 수단이기 때문이라고 말하는 것과 같다.

영적 도해는 군대의 첩보 부대와 같은 것이다. 이것을 통하여서 우리는 원수의 전선의 이면을 조사하여 원수의 계획과 진지들을 알아낼 수가 있는 것이다. 쉘 쇠버그가 4장에서 말했듯이 우리는 '영적인 정찰 활동'을 하고 있는 것이다.

우리는 구약 이스라엘의 경험을 통하여 도시들을 탈취하는 모범을 배우게 된다. 이스라엘 사람들은 원수의 규모를 알아보기 위하여 먼저 정탐꾼들을 보냈다. 예를 들면, 민수기 13장에서 우리는 이스라엘 사람들이 약속의 땅으로 들어갈 수 있는 위치에 있는 것을 보게 된다. 모세는 열두 명의 정탐꾼을 보냈다. 그들은 모세와 하나님의 권위를 가지고 갔으며 정탐해야 할 것들에 대하여 분명한 명령을 받아 가지고 있었다. 그들은 정보를 가지고 돌아왔는데, 대부분이 부정적인 견해가 섞인 정보를 가지고 돌아왔다. 그 결과는 어떠했나? 40년 동안의 광야 생활이었다.

그후에 여호수아 2장에서 이스라엘 사람들은 약속의 땅에 들어갈 또 한 번의 기회를 얻게 되었다. 여호수아는 두 명의 정탐꾼을 보냈다. 그들은 권위를 가지고 있었다. 그들도 또한 분명한 명령을 받아 가지고 있었다. 그들은 원수의 진 중에 살고 있는 한 사람 라합으로부터 정보를 수집하였다. 그들은 정보를 가지고 돌아왔는데 개인적인 의견이 섞이지 않은 정보였다. 그 결과는 어떠했나? 여리고 성의 정복이었다.

영적 도해는 조사, 신의 계시, 그리고 확실한 증거들을 한데 묶음으로써, 어두움의 영적 세력들의 정체 그리고 그들이 어떤 도시의 사람들과 교회에 영향을 끼치기 위하여 사용하는 전략과 방법들에 대한 완전하고도 정확한 자료를 제공한다.

여호수아 7장에서는 이스라엘 사람들이 아이 성을 정복하려 하고 있었다. 그들도 정탐꾼을 보냈으나, 그들의 진 중에는 죄가 있었다. 그들은, 신디 제이콥스가 늘 사용하는 말을 따르면, '그들의 갑옷에 구멍'이 나 있었던 것이다. 그들은 적당치 못한 시간에 파견되었으며 따라서 원수의 속임수에 넘어가서 잘못된 보고를 하게 되었다. 그 결과는 어떠했나? 이스라엘 사람들의 패배였다.

이런 성경 구절들로부터 나는 영적 전투에 대한 몇 가지 원리를 도출하였는데, 나는 그것들이 성경적이라고 믿는다.

1. 우리는 하나님의 말씀과 그의 계시에 기초하여 사역을 감당하여야 한다.
2. 우리는 앞으로 전진하기 전에 우리가 성결하게 살고 있는지를 확인하여야 한다.
3. 우리는 하나님에 의해서 하나님의 시간에 하나님의 권위를 가지고 파견되어야 한다.
4. 우리는 우리가 받은 명령에 따라서 조사 활동을 하여야 한다.
5. 우리는 개인적이거나 편벽된 사견이 없는 보고를 해야 한다.
6. 우리는 하나님의 능력 안에서 믿음의 태도를 견지해야 한다.

새로운 도전 : 라 플라타

부분적으로는 레지스텐시아에서 사역한 결과이기도 할 것인데, 라 플라타 시의 목회자 연합에서 복음주의 추수 선교회를 초청하여 그들과 공동으로 향후 3년 동안 복음 전도 계획을 시행하자고 하였다. 우리는 레지스텐시아에서 배운 교훈 덕분으로 라 플라타에서 우리가 한층 더 일을 잘할 수 있기를 바랐다.

우리에게 있어서 레지스텐시아는 실험실이었으며, 어려운 여건이 유달리 많은 그곳에서는 우리 계획의 모든 국면들을 현장에서 시험할 수가 있었다. 그 실험을 통하여 우리 계획이 갖고 있는 장점과 단점들이 모두 드러났다. 우리가 배운 한 가지는, 그러한 계획의 성공 여부는 그 도시 목회자들의 태도와 교회가 그러한 프로그램을 시행할 능동적인 의사를 가지고 있느냐에 달려 있다고 하는 것이었다. 우리는 어떤 도시에서 복음 전도가 잘 이루어지지 못하는 것은 그곳에 있는 교회들의 영적인 자세와 직접적인 연관이 있다는 결론을 내렸다.

  라 플라타에서 우리는 레지스텐시아에서 잘 하였던 것은 다시 시도하고 그릇 행하였던 것은 피하기로 했다. 우리는 어떤 도시를 복음화하고자 하는 노력의 결과는 그 도시를 지배하고 있는 세력과 벌이는 영적 전투의 성공 여부에 정비례할 것이라고 믿는다. 동시에 최후의 승리는 교회의 내적인 영적 건강에 달려 있다. 교회가 건강하려면, 마귀에게 자리를 내주는 빌미가 될 수 있는 죄된 조건들을 목사들과 다른 지도자들이 정직하게 직시할 필요가 있다. 그들은 주께서 그의 교회에 주신 영적인 무기들을 사용하는 법을 배워야 한다. 반항, 다툼, 그리고 분리는 그 어떤 형태나 모양이라도 배격하여야 한다.

  레지스텐시아에서 3년간 집중적으로 일한 후, 우리는 많은 기적과 이적을 보았다. 그리스도의 복음 전도에 대하여 문을 연 도시를 보게 되었고, 사회가 개선되는 것을 보았고, 불신자들로부터 호감을 사기도 하였다. 그러나 한편으로, 우리는 목회자들 간의 쓰라린 상처를 모두 치료하는 데는 성공하지 못하였다. 따라서 비록 교회들 간의 단합이 상당히 향상되기는 하였지만, 하나님이 바라시는 수준에는 이르지 못하였던 것이다. 원수가 교회 사이에 만들어 놓은 견고한 진에 대해서 공개적으로 대항하는 용기를 갖지 못한 지도자들도 있었다. 그 결과로서, 교회들은 필요 이상으로 영적인 공격에 노출되어 있었으며, 따라서 우리가 기대했던 만큼 그렇게 복음 전도 계획이 성공적이지 못하였다.

  참고로 말하자면, 이 글을 쓰고 있는 지금 상황은 크게 개선되어서 레지스텐시아에 있는 그리스도의 몸이 결국은 영적으로 단합을 이루고 있다는 소식에 우리는 감사를 드린다. 만일 이런 일이 2, 3년 전에 일어나기만 했어도, 우리는 훨씬 너 많은 수확을 거뒀을 것이다. 그러나 교인 출석률이 102% 증가했다는 것은 가슴 뿌듯한 일이다.

라 플라타로 이주함

라 플라타 복음화 계획은 도시를 그리스도께로 회복시키기 위하여 하나님께서 에드가르도 실보소에게 주신 비전을 지속적으로 실현시키는 일이다. 실보소는 네 개의 근본적인 원리 위에서 그의 전략을 전개하였다.

1. 그 도시와 교회들의 영적인 단합
2. 강력한 중보기도
3. 전략적 수준의 영적 전투
4. 새로운 교회의 증가

피터 와그너는 "어떤 도시를 복음화하기 위하여 우리가 현재 가지고 있는 가장 발전된 전략은 에드가르도 실보소의 추수 복음전도 전략이다"라고 말하였다. 영적 도해가 전체적인 복음 전도 계획과 얼마나 어울리는지 알아보기 위하여, 어떤 도시를 구해 내는 것과 관련하여 에드 실보소가 제시한 여섯 가지 조치를 요약해 보도록 하겠다.

1. 도시에 하나님의 본거지를 마련하라

그 도시에서 하나님의 나라를 구성하고 있는 사람들이 누구이며 몇 명이나 되는지 알아보라. "충실한 남은 자들"을 찾아내도록 하라. 그들은 부흥 운동이 초래할지도 모르는 대가를 흔쾌히 지불할 사람들이다.

2. 본거지를 강화하라

원수가 도시에 침투했을 뿐만 아니라 교회 내에도 침투했다는 것을 인식하라. 성도를 양육하고 붙들어 주도록 하라. 원수의 견고한 진을 확인하라. "평안의 매는 줄로 성령의 하나되게 하신 것을 힘써 지키라"(엡4:3). 그 도시에서 기도 운동을 시작하고 기도 처소들을 확보하라.

3. 도시에 있는 하나님의 본거지를 확장하라

그 도시에서 하나님의 나라를 확장하기 위하여 구체적인 계획을 세우라. 목표와 목적을 구체적이고 뚜렷이 설정하라. 이용 가능한 모든 자원을 사용하라. 교회 지도자들과 교회 개척자들을 훈련하기 시작하라.

4. 사단의 본거지로 뚫고 들어가라

불신자들을 지배하고 있는 사단의 통치를 약화시킬 목적으로, 그들은 복음에 대해서 우호적인 자세를 가지고 있다고 주장하면서, 수 백 또는 수 천의 기도 처소(기도 모임)들을 통하여서 특수하고 전략적인 중보기도의 '공중 공격'을 시작하라. 동시에 많은 수확이 있을 것을 기대하고 개척 교회들('등대들')을 세우기 시작하라.

5. 사단의 본거지를 공격하여 파괴하라

'정면 공격'을 시작하라. 그 지역을 지배하고 있는 영적인 세력을 묶고 내어쫓은 후에 그 도시를 영적으로 탈취하라. 그 도시에 있는 모든 사람들에게 복음의 메시지를 선포하라. 이미 설립된 '등대들'을 통하여서 새로운 신자들을 제자화하라.

6. 사단의 본거지가 있던 곳에 새로운 하나님의 본거지를 세우라

연합 세례 예배를 통하여 새신자들에게 세례를 줌으로써 영적으로 그리고 가시적으로 승리를 선포하라. 제자 삼는 일을 계속하라. 새로운 교회들의 힘을 북돋아 주라. 그들이 살고 있는 도시에 대한 복음 선교의 사명감을 고취시키라. 이런 일들을 반복해서 하라!

지금 라 플라타 계획은 아직 그 절반도 진행되지 못한 상태이다. 그것은 1991년에 시작되었는데, 1993년 말까지 전인구의 5%가 복음적 기독교인이 되도록 하는 것이 그 목표이다. 이것은 1991년에 있던 85개의 기독교회가 1993년 말까지 300개 교회로 늘어날 필요가 있음을 의미할 것이다. 지금까지 1,700개의 기도 모임이 시작되었으며 집중적인 훈련 세미나가 많이 열렸다. 1992년 6월에는 신디 제이콥스가 두번째로 라 플라타를 방문하였다. 처음에 이곳에 왔을 때, 신디는 대부분이 영적으로 별로 건강하지 못한 교인들을 위하여 영적 치유 세미나를 인도하였다. 신디가 두번째로 방문하였을 때에는 내가 후에 자세히 이야기하겠지만, 목사들과 중보 기도자들에게 '공중 공격'을 강화함으로써 자기의 도시에 대한 영적인 권위를 탈취하기 시작하는 방법을 지도해 주었다.

영적 도해가 시작되다

에드가르도 실보소의 복음 전도 계획에 따르면, 영적 도해는 대체로 다섯번째 조치인 '사단의 본거지를 공격하여 파괴하라' 이전에 행해져야 한다. 영적 도해는, 신디 제이콥스가 방문했던 6월 이전에, '내가 지도하는 가운데 대부분 완성되었다.

내가 나의 가족과 레지스텐시아에서 라 플라타로 이주하기 얼마

전에 잠시 기도 하기 위하여 한적한 곳으로 갔다. 라 플라타의 영적인 상황을 보여달라고 주님께 간구하였다. 그랬더니 주께서 내게 말씀하시는 것을 느낄 수가 있었는데, 놀랍게도 단 한 단어만을 주시는 것이었다. '프리메이슨주의'(Freemasonry). 즉시 나는 레지스텐시아를 지배하고 있는 영들 중의 하나이며 신디 제이콥스와 도리스 와그너가 국가를 지배하고 있는 영일 것이라고 생각하였던 영인 프리메이슨주의의 영을 떠올리게 되었다. 나는 프리메이슨주의가 시몽 볼리바(Simon Bolivar)와 호세 드 산 마르틴(Jose de San Martin)을 통하여서 라틴 아메리카를 스페인의 지배로부터 해방시키는 역할을 했다는 것에 대해서 조금 알고 있었다. 그러나 이 비의 종교에 대하여, 그 이상은 알고 있지 못하였다.

라 플라타에 도착하였을 때, 나는 먼저 몇몇 교회의 중보 기도자로 인정된 이들을 찾아서 그들과 인사 했다. 그들끼리 어떤 교신도 없었고 내가 프리메이슨주의에 대하여 한 마디도 언급하지 않았는데도, 세 명의 중보 기도자가 최근 기도중에 프리메이슨주의의 영을 주의하라는 경고를 받았다는 얘기를 스스로 털어놓았다. 이것은 내가 주님으로부터 받은 메시지를 확증해 주는 것이었으며, 내가 하고 있는 조사를 계속하도록 하는 확신을 주었다.

라 플라타의 건설자들

조사를 해보니 일백여 년 전에 이 도시를 건설하는 일에 참여하였던 사람들 모두가 메이슨(Mason)이었다는 사실이 밝혀졌다. 이 도시의 아버지로 알려져 있는 다르도 로카(Dardo Rocha)는 고수급의 메이슨이었다. 건설자들은 메이슨 동부 아르헨티나 지부에 소속되어 있었다. 라 플라타 창건 100주년 기념으로 엘 디아(El Dia) 신문사에 의하여 출판된 책에는, '라 플라타라는 도시는 동부 아르헨티나의 메이슨 가족에게 피난처를 제공하기 위하여 창설되었다' 라고 쓰여 있다.

원수를 영화롭게 하기 위하여 계획된 도시

이 도시의 건설자들이 창조주가 아닌 피조물을 영화롭게 하기 위하여 의도적으로 고안했다는 사실을 설명하기 위하여, 나는 다음 페이지에 라 플라타의 중앙부에 있는 1,254개 도시 구획에 대한 지도를 복사해 놓았다. 핵심되는 숫자는 주술에서 현저하게 사용되는 6이란 숫자로서, 6개의 구획마다 광장이 있다. 666이란 숫자가 여러 공공 건물 위에 분명하게 새겨져 있다. 이 도시에서 고도상 가장 높은 지점은 중앙 광장인데, 이곳으로부터 두 개의 길, 즉 73번 도로와 74번 도로가 뻗어 내려와 네 개의 주요 방위점에 이르고 있다. 이 도시는 라틴 아메리카의 대부분의 도시들처럼 동서남북을 향하여 놓여져 있지 않고 네 개의 주요 방위점에 대하여 45°각도의 대각선 방향으로 놓여져 있기 때문에, 대각선의 도로들은 네 개의 주요 방위점들과 일치하지만, 보통의 도로들은 그렇지 않다. 지도에서 알 수 있는 바와 같이 대각선 도로들은 피라미드 모습을 거의 완전하게 그려내고 있다.

라 플라타라는 새로운 도시를 건설하는 과정에서 다르도 로카는 피라미드의 땅이요 고대 프리메이슨주의의 고향인 이집트를 방문하였다고 한다. 거기서 그는 열여섯 개의 미이라를 사왔는데, 이 도시를 어둠의 천사들의 권세 아래에 영원히 두고자 하는 의도에서였던 것 같다. 그것들 중에서 네 개는 오늘날 자연 과학 박물관에 소장되어 있다. 내가 만났던 사람들 중에는 나머지 열두 개가 어디 있는지 아는 사람이 한 사람도 없었으나, 그것들을 이 도시의 전략적 요충지에 묻어둠으로써 그것들이 가지고 있는 잠재적인 주술적 권능이 가장 많은 수의 주민들에게 영향을 끼칠 수 있도록 하였을는지도 모른다고 추측하는 역사학자는 몇 명 있었다.

네 명의 여인상

중앙 광장인 모레노(Moreno) 광장에는 언뜻 보면 매력있는 여인처럼 보이는 네 개의 큰 조각상이 있다. 그러나 좀더 자세히 살펴보면 그 여인은 모두 한 손의 집게손가락과 새끼손가락을 뻗쳐서 저주를 표시하고 있는 것을 알 수 있다. 그 조각상들 중 하나는 서쪽으로 뻗어져 있는 대각선 도로인 73번 도로상에 놓여져 있는데, 천주교 대성당을 가리키면서 이 도시에 있는 종교적인 세력을 저주하고 있다. 대각선 도로 37번의 동쪽 부분에 놓인 두번째 조각상은 한 손으로는 말라 빠진 밀을 들고 있고 다른 한 손으로는 우리의 일용할 양식의 근원인 땅을 저주하고 있다. 세번째 조각상은 74번 대각선 도로의 북쪽에 있다. 그녀는 관능적인 자세로 한 손으로는 꽃을 내밀고 다른 손으로는 저주의 싸인과 함께 꽃다발을 쥐고 있는 모습이다. 그녀는 사랑과 가정에 관련된 모든 것들을 저주하고 있다. 네번째 상은 74번 대각선 도로 상에 있는데, 시청 쪽으로 손을 뻗어서 이 도시의 정치적 권력을 저주하고 있는 모습이다.

이 사악한 조각상들의 근원에 대하여 조사하기 시작했을 때, 나는 이것들이 프리메이슨(Freemason; 공제와 우애를 목적으로 하는 비밀 결사인 프리메이슨단의 일원—역자 주)들이 소유하고 운영하고 있는 주물 공상인 프랑스 파리의 발 도즈메 주물 공장(Val D'Osme Foundry)에서 발행한 안내 책자를 보고 거기서 선택하여 주문한 것들이라는 사실을 알게 되었다. 나는 또한 아르헨티나 전역에 있는 광장의 조각상 대부분도 이 동일한 주물 공장에서 제조하였나는 사실을 알고는 무척 애석하게 생각하였다.

또한 중앙 광장에는 그 동일한 주물 공장으로부터 주문하여 들여온 커다란 항아리 두 개가 있는데, 이것들은 메이슨식 전통 양식을 따라 제조된 것들로서, 그 손잡이들은 마귀의 얼굴 모양으로 되어 있다.

라 플라타 건설에 있어서 프리메이슨주의가 한 역할에 대하여 이 모든 정보를 수집한 후에도, 나는 영적 도해에 참으로 열쇠가 되는 것을 아직 발견하지 못하였다는 느낌이 들었다. 그래서 며칠 동안 집중적인 기도를 하면서 좀더 많이 보여달라고 주님께 간구하였다. 하루는 주님이 '네가 찾고 있는 열쇠는 그 도시의 지도에 그려져 있느니라'고 하시는 것을 느끼게 되었다.

메이슨의 신전인 라 플라타?

만일 우리가 라 플라타의 지도를 더욱 자세히 들여다 본다면, 우리는 전체적인 기하학적 구조가 기본적으로 메이슨을 상징하고 있음을 알게 될 것이다.

1. **나침반.** 메이슨적 나침반의 경첩은 리바다비아(Rivadavia) 광장과 알미란테 브라운(Almirante Brown) 광장으로 표시되는데, 전자의 광장 이름은 프리메이슨이었던 아르헨티나의 초대 대통령의 이름을 딴 것이고 후자의 광장 이름은 스페인 항거 운동에 참여한 프리메이슨이었던 어느 군인 장교의 이름을 딴 것이다. 이 나침반의 두 개의 팔은 77번 도로와 78번 도로로 표시되고 있다.

2. **시구획.** 메이슨적 시구획의 안쪽은 산 마르틴 광장에서 직각의 꼭지점이 형성되어 있는데, 이 광장은 프리메이슨이었던 아르

라 플라타의 지도

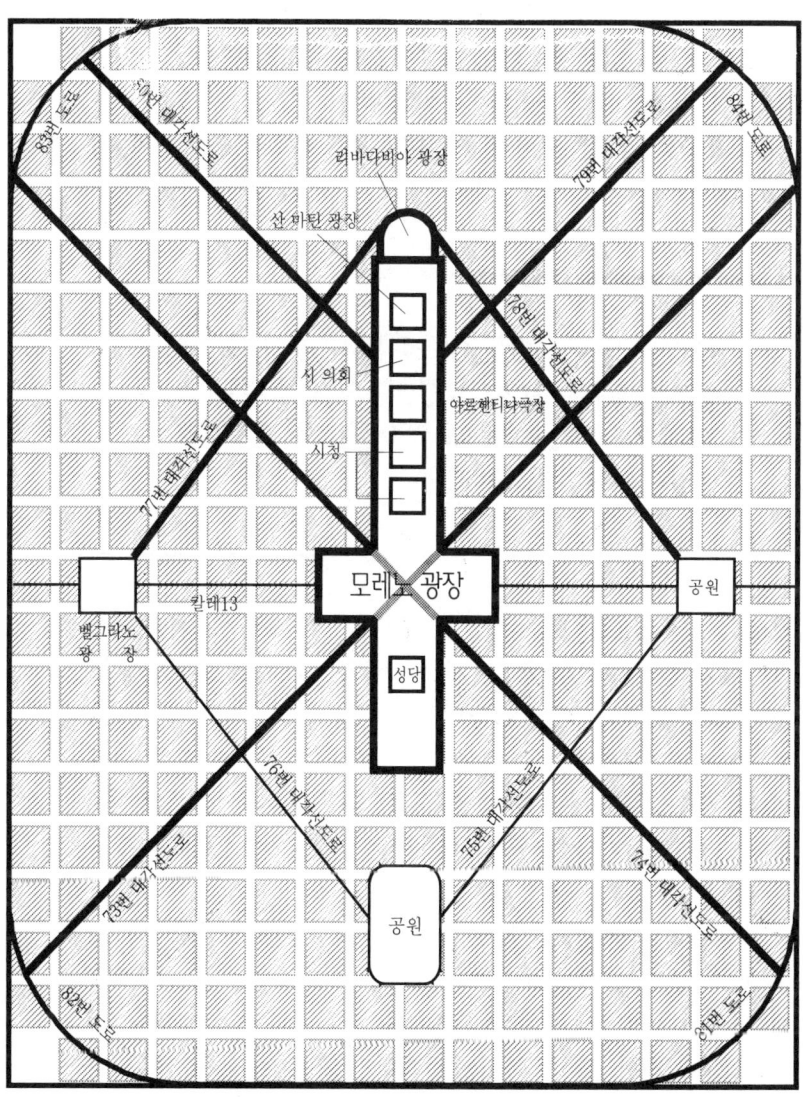

헨티나의 한 국가적 영웅의 이름을 딴 것이다. 바깥쪽은 모레노 광장에서 직각의 꼭지점이 형성되어 있는데, 이 광장은 네 개의 악명 높은 조각상이 있는 곳이기도 하다. 모레노는 1810년 5월 혁명의 핵심 인물이었고 또한 프리메이슨이었다.

  3. 거꾸로 된 십자가. 앞 페이지의 지도에서 볼 수 있듯이, 거꾸로 된 십자가는 라 플라타 시의 종교적 그리고 정치적 권력이 주

영적 도해는 군대의 첩보 부대와 같은 것이다. 이것을 통하여서 우리는 원수의 전선의 이면을 조사하여 원수의 계획과 진지들을 알아낼 수가 있다. 우리는 '영적인 정찰 활동'을 하고 있는 것이다.

재하고 있는 건물들이 늘어선, '이 도시의 역사적인 축'이라고 불리는 도로에 의하여 형성된다. 십자가의 수직선은 십자가 밑에 있는 경찰서(십자가가 거꾸로 되어 있기 때문에 경찰서는 이 지도의 윗부분에 있다)로부터 시작하여, 지방 행정 본부, 지방 의회, 아르헨티나 극장, 시청, 천주교 대성당, 보건부를 지나서, 군부대 앞에서 끝난다. 십자가의 횡선 왼쪽에는 법원이 있고 오른쪽에는 교육청이 있다.

  민주 정치의 한 원리는 서로 독립적인 지부들을 두는 것이다. 그러나 메이슨들에 의하여 꾸며진 대부분의 도시에는 그 지부들을 연결시키는 비밀 지하 통로들이 있다는 것을 나는 발견하였다. 이 도시의 역사적인 축이라 불리는 플라타의 52번가에는 표면에 나타

난 도로는 하나도 없는데, 지하에는 한 개의 터널이 있다. 메이슨들은 이 도시의 권력 중심부 아래서 비밀 의식을 시행함으로써 사람들에게 가능한 한 최대한의 영적 통제권을 행사했다고 어떤 이들은 말한다.

메이슨들은 십자가 위에서 흘리신 예수의 피가 우리의 죄를 위한 유일한 희생이며 따라서 구원을 얻는 유일한 길이 된다고 믿지 않기 때문에, 그들이 만든 대각선 간선도로 73번과 74번에 의하여 형성되는 X자 모양은 외형상으로 볼 때 십자가 위를 가로 질러서 십자가를 무효화시키는 것처럼 보인다. 이 대각선 도로는 모레노 광장의 한 가운데에 있는 이 도시의 기초석에서 서로 교차하는데, 이 기초석 안에는 다르도 로카가 넣어 놓은 메이슨의 타임 캡슐(장래에 발굴될 것을 예상하고 현재의 기물과 기록같은 것을 넣어서 땅 속에 묻는 용기—역자 주)이 있다고 한다.

지도에다 뚜렷이 표시해 놓지는 않았지만, 나는 이 도시의 도로들의 형태에서 동방성이나 별표 등과 같은 메이슨적 상징들을 더 많이 발견하게 되었다. 이 도시의 조각상과 기념물의 형태에서도 그런 상징들이 추가로 발견되었다.

1992년 초 미국에서 약간의 조사를 더하고 난 지금, 나는 라 플라타가 메이슨식 도시 형태의 전형으로서 손색이 없을 것이라는 가정을 제시할 수가 있게 되었다. 또한 만일 이 도시 자체가 미주 대륙 전체에서 프리메이슨주의의 중앙 신전으로 간주된다고 하더라도 나는 놀라지 않을 것이다.

프리메이슨주의란 무엇인가?

나의 연구에 따르면, 프리메이슨주의는 마귀 세력을 숭배하고 섬기는 비의적인 주술 운동이다. 그늘은 인간사에서 권력, 권위,

그리고 영향력을 얻는 데 필요한 것이라면 어떠한 수단이든지 사용한다. 많은 신조들의 결합체로, 고대 이집트에 그 뿌리를 두고 있으며, 앗수르, 갈대아, 바벨론, 중국, 인도, 스칸디나비아, 로마, 그리고 헬라를 거쳐서 오늘에 이르기까지 이어져 내려왔다.

많은 사람들은 우애와 자선을 목적으로 하는 단체인 줄 알고 메이슨에 가입한다. 그러나 계통을 통해 거슬러 올라가 보면 사단의 자취가 드러나게 되는데, 고위급은 사단과 그의 세력과 분명하고도 파기 불가한 약조를 맺는다고 한다. 여러 경우에 있어서 그 최종적인 결과는 자선이 아니라 도적질하고 죽이고 멸망시키는 사단의 목적을 도와주는 것이 될 것이다.

프리메이슨주의의 현대적인 모습 중의 하나는 뉴 에이지 운동과 관련이 있다. 사실 뉴 에이지 잡지는 워싱턴 시에 그 본부가 있는, '세계 최고 모체 회의, 제3세계 최고위급의 최고회의, 프리메이슨주의의 고대적이고 공인된 스코틀랜드 의식의 미국 남지부(Ancient and Accepted Scottish Rite of Freemasonry, Southern Jurisdiction, U.S.A.)'에 의하여 발행되고 있다.

라 플라타를 지배하고 있는 권세

프리메이슨주의와 그 신조에 대해서 조사를 해본 결과 우리는 라 플라타를 지배하고 있는 여섯 개의 영적인 정사를 발견하였다. 이 지역 귀신들은 다음과 같다.

1. **관능의 영** : 프리메이슨주의에서 흔히 볼 수 있는 남근 상징주의에서 볼 수가 있다.
2. **폭력의 영** : 메이슨적 입문 의식에 들어 있는 형벌의 방법에 그 뿌리를 두고 있다.

3. **주술의 영**: 프리메이슨주의의 마술성과 비의성 속에서 찾을 수 있다.
4. **살아 있는 사망의 영**: 이집트의 오시리스 신화와 관련된 것으로서, 미이라들을 묻는 예식을 통하여 라 플라타에 이전되어 온 이후 이 도시에 저주를 가져다 주고 있다.
5. **메이슨의 신, 야발온(Jah-Bal-On)**: 이 도시를 지배하고 있는 강한 자이다.
6. **하늘의 여신**: 동정녀 마리아를 숭배하는 데서 가장 쉽게 찾아 볼 수 있으며, 프리메이슨주의를 통하여 고대 이집트의 여신인 이시스에게로 연결되는 듯하다.

이 도시 전역에 뻗어있는 많은 도로들은 주술적 세력들의 통로가 되어 있는 것이 분명하다. 52번 도로가 있는 이 도시의 역사적인 축은 그 대표적인 예이다. 또 다른 예는 대각선 도로 74번인데, 이 도로는 네 개의 조각상이 있는 중앙 광장과 공개적으로 부두(voodoo) 행위와 사망의 저주 행위를 하는 아프리카계 브라질인들의 거주지를 지나서, 사망의 상징인 공동 묘지에서 끝난다.

라 플라타에 대한 권위를 탈취하다

영적 도해를 포함한 다른 많은 준비 활동을 하면서 1년이 시나 갔다. 그 동안에 시 전역에 걸쳐서 영적 치유 세미나를 개최하였고, 중보 기도자들의 협의회를 창설하였다. 많은 목회자들의 기도 모임을 개최하였고, 1,700여개의 기도 처소를 확립하였다. 1992년 6월에 이르자 이 도시의 목시들은 라 플라타를 지배하고 있는 사단의 세력에게 대항하는 첫번째 영적 전투를 벌일 때가 되었다고 느끼게 되었다. 그리고 아르헨티나의 지도자들로부터 크게 존경받고 있는 신디 제이콥스가 이 일에 참여하기 위하여 라 플라타를 방문하였다.

목회자들은 역대하7:14을 그들의 지침으로 삼았다. "내 이름으로 일컫는 내 백성이 그 악한 길에서 떠나 스스로 겸비하고 기도하여 내 얼굴을 구하면 내가 하늘에서 듣고 그 죄를 사하고 그 땅을 고칠지라."

이 도시의 신자들이 한 큰 교회로 모였다. 네 시간 동안, 라 플라타의 교회는 이 도시를 위하여 열렬히 기도를 드리면서 이 도시가 범하고 있는 허물과 죄를 용서해 달라고 간구하였다. 지도자들도 이 모든 죄의 결과를 지워주시고 이 도시에서 저주를 없애 달라고 하나님께 겸손히 탄원하였다. 정치 지도자들과 불합리한 사회 구조로 인하여 상처받은 이들을 위하여 그리고 교회와 교회 지도자들에 의하여 상처받은 사람들을 위하여 기도드렸다. 이 도시에 프리메이슨주의가 있다는 것과 이 도시가 사단의 손에 넘어간 것에 대하여 회개를 하였다. 그들은 온갖 형태의 성적인 죄와 이 도시에 있는 폭력(특히 폭력주의자들이 활동하던 시기에 있었던), 군대의 억압, 하늘의 여신으로 알려진 정사의 숭배, 그리고 이 도시의 마술과 주술들에 대하여 용서를 구하면서 그들의 마음을 주님 앞에 쏟아놓았다. 마지막으로 그들은 이 도시에 살아 있는 사망의 신이 있다는 것과 그 결과로서 사람들이 무심하게 된 것에 대하여 회개하였다. 한참 동안 겸손히 회개하며 눈물을 흘리고 난 뒤, 다음과 같이 선포하였다. "이제 라 플라타를 위하여 하나님께서 일하실 시간이 되었다!"

이 놀라운 사건이 있은 후, 우리의 기도 응답으로 하나님께서 죄를 용서하시고 구원을 주셨다고 느낀 20명의 목사와 중보 기도자들은 신디 제이콥스와 남편인 마이크 함께 중앙 광장인 모레노 광장에서 전투를 벌일 전략을 짰다. 나머지 사람들은 뒤에서 우리의 보호를 위해서 기도하기로 하였다. 모레노 광장에 모인 목회자들은 두 명씩 짝을 지어서 기도를 드리되, 첫번째 목사가 귀신의 권세를 깨뜨리면 두번째 목사는 성경을 사용하여서 그와 반대되는 영과 하나님의 구속적 은사를 불러 초청하기로 했다. 그들은 다음 순서대로 기도하였다.

1. **관능의 신에 대항하여서**: 그들은 대각선 도로 73번 상에 있는 이 도시의 기초석 위에서 동쪽을 향하여 서서, 대부분이 범죄자들과 매춘부들이었던 이 지역 최초의 거주자들이 이주해 왔던 유럽 쪽을 향하여 기도를 드렸다.

2. **폭력의 영에 대항하여서**: 우리는 대각선도로 73번 상에서, 인디언 부족을 잔인하게 공격하여 많은 피를 흘리게 하고 어떤 부족들을 전멸시키기까지 하였던 이 나라의 내륙쪽을 바라다 보면서 기도를 드렸다.

3. **주술의 신에 대항하여서**: 대각선도로 74번 상에서 북쪽을 향하여, 아프리카계 브라질의 강신술이 옮겨 온 브라질쪽을 바라보면서 기도를 드렸다.

4. **살아 있는 사망의 영에 대항하여서**: 대각선도로 74번상에서 사망의 상징인 공동 묘지의 남쪽을 바라보면서 기도를 드렸다.

5. **하늘의 여신의 영에 대항하여서**: 동정녀 마리아 숭배의 잘못된 신앙을 대표하는 대성당을 바라보면서 기도를 드렸다.

6. **메이슨의 영 야발온에 대항하여서**: 이 도시의 기초석 위에 서서 이 도시를 지배하고 있는 강한 자를 대적히면서 기도드렸다.

우리는 6이라는 숫자가 중요하다고 생각하였기 때문에, 오후 6시에 위와 같은 순서로 기도하기 시작하였다. 거기서 기도하고 있는 동안에 하나님께서 중요한 표징을 주셨다는 것을 느꼈다. 예를 들면, 우리가 폭력과 파괴의 영에 대항하여서 기도를 드리고 있을 때, 시청에 있는 종이 뚜렷한 이유 없이 울린 사실이다. 우리는 마르 델 플라타(Mar del Plata)와 레지스텐시아에서도 동일한 일이 발생하는 것을 보았으므로, 그것을 하나님의 표징이라고 해석하였다. 우리는 후에 교회로 돌아와서, 우리가 폭력의 영을 묶고 있던 바로 그 시간에 무예를 익혀 오던 한 젊은이 안에 있던 귀신이 발작했다는 사실을 알게 되었다. 그는 공중 9피트나 뛰어 오르더니 자신의 머리를 벽에다가 부딪치고 탁상과 의자들을 부수기 시작하였으며, 신자들이 그의 구원을 위하여 기도 드리자 사단의 공격으로부터 해방 받았다는 것이다.

후에 우리가 모레노 광장 중앙에 있는 이 도시의 기초석 위에 서서 프리메이슨주의의 영에게 대항을 하며 동시에 이 도시의 대각선 목초지 도로 위에 있는 저주를 깨뜨리자, 우리는 성령 안에서 자유를 느끼게 되었다. 우리는 이 도시가 예수 그리스도를 기초석으로 하는 새로운 라 플라타로 바뀔 것이라고 선언하였다. 그런 다음에 우리는 라 플라타의 구원을 상징하기 위하여, 모레노 광장의 중앙에서 이 도시의 기초석을 중심으로 올바로 세워진 십자가의 형태로 대열을 잡아 늘어섰다. 그리고는 예수께서 이 도시의 주인이라고 소리 높이 외쳤다.

결론

우리는 라 플라타를 복음화하고자 하는 노력을 여러 달 동안 계속 해오고 있다. 그 결과는 레지스텐시아에서보다 한층 더 클 것이라고 믿는다. 내가 이 장을 마무리하고 있는 지금, 우리는 하나님의 가장 강력한 복음 전도자들 중의 하나인 카를로스 아나콘디아(Carlos Annacondia)와 함께 이 도시 전체를 복음화하고자 하는 운동을 한창 진행하는 중에 있다. 의미 심장하게도, 이 운동은 거꾸로 된 십자가의 바로 밑쪽(올바른 십자가로 치면 꼭대기가 될 것이다)에 있는 군부대에서 진행되고 있다. 나는 지금 일어나고 있는 일과 앞으로 일어날 일을 인하여 즐거워하고 있다. 그리고 영적 도해를 통하여서 하나님 나라의 확장에 조금이라고 기여할 수 있는 특권이 있었음을 인하여 즐거워하고 있다.

❖ 토의할 문제 ❖

1. 어떤 사람들은 빅토르 로렌조가 실제로 천사를 보았다는 사실을 믿기가 어려울 것이다. 당신은 그것이 가능하다고 생각하는가? 당신은 천사를 직접 본 사람을 알고 있는가?
2. 로렌조가 제시한 영적 도해의 6가지 원리를 검토해 보라. 그리고 각 원리에 대한 이유를 당신의 말로 설명해 보라.
3. 전도시를 복음화하고자 한 에드가르도 실보소의 전략은 전략적 수준의 영적 전투와 영적 도해를 통합한 것이다. 당신은 이와 같은 일을 하기 위한 다른 진도시적인 선략에 대해서 아는 바 있는가?
4. 라 플라타의 지도를 자세히 살펴보라. 로렌조가 설명한 특징들을 정확히 지적할 수 있도록 하라. 왜 주술적인 형태를 따라서 도시를 설계하고 싶어하는 사람이 있는 것일까?

5. 프리메이슨주의는 당신이 살고 있는 마을에서 어떠한 영향력을 가지고 있는가? 일반 대중은 그것을 어떻게 인식하고 있는가? 기독교인들은 그것을 어떻게 인식하고 있는가?

주(註)
1. John Dawson. *Taking Our Cities for God* (Lake Mary, FL: Creation House,1989), p.85.
2. C. Peter Wagner, *Warefare Prayer* (Ventura, CA: Regal Books, 1992), p.162.

제8장
시애틀 도해와 그 분석

제1편: 시애틀에 대한 도해(마아크 맥그레거)

　본 장의 내용은 존 도슨의 책『하나님을 위해 우리의 도시들을 구해내자』(Taking Our Cities for God)의 85면에 있는 20개 질문에 근거한 것이다. 도슨에 따르면, 이 20가지 질문의 목적은 어떤 도시나 국가의 역사를 살핌으로써 다음 두 가지 사항을 확인하고자 하는 것이다. 첫째, 회개와 용서를 필요로 하는 과거의 죄. 둘째, 그 도시의 구속적인 은사. 이것이 왜 중요한가?
　첫째로, 도슨은 어떤 도시나 국가의 과거의 죄 때문에 그 지역이 마귀의 세력과 영향력 아래 있게 되고 그 도시와 그곳에 사는 사람들이 마귀의 지배를 받으므로 영적인 속박 상태에 있게 된다고 한다.
　둘째로, 도슨은 하나님께서 각 도시에 어떤 구속적인 '은사들'을 주셨는데, 원수는 이 은사들을 왜곡시켜서 그 도시가 영적 열매를 맺지 못하도록 하려 한다고 한다. 기독교 지도자는 자기가 살고 있는 도시의 과거의 죄와 구속적인 은사를 찾아내어서 그 도시를 묶고 있는 세력을 깨뜨리고 하나님이 원하시는 참된 영적 환경이 이루어지도록 해야 한다.

1. 역사에서 어떤 위치를 차지하고 있나?

워싱턴 지역은 영국과 미국 사이에서 국경 문제가 최종적으로 타결되었을 당시에 건설되었다. 미국은 빅토리아 섬을 제외하고는 북위 48도와 콜롬비아 강 사이에 있는 모든 것을 자기의 것이라고 주장하여 소유하게 되었다. 시애틀 지역 최초의 거주자는 오레곤 지역으로부터 이주해 왔으며 1850년대 초에 도착하였다. 최초의 산업은 모피와 목재업이었다. 수달 모피는 중국으로, 목재는 샌프란시스코로 운반되었는데, 금광의 발견과 함께 많은 사람들이 몰려들었기 때문에 이런 산업은 한때 큰 호황을 누리게 되었다.

시애틀은 남북 전쟁 후에 발전하기 시작하였다. 노예 제도를 찬성하는 지역이 아니었음에도 불구하고 그 전쟁에서 아무런 역할도 하지 않았다. 이 지역에는 강력하고도 안정적인 산업이 없었기 때문에 성장은 간헐적으로 이루어졌다. 시애틀은 지리상으로 연안 여행의 거점 역할을 하였다. 그러므로 처음에는 프레이저(Fraser) 금광의 발견이 그리고 후에는 유콘(Yukon) 금광의 발견이 시애틀의 성장을 도와주었다. 시애틀은 북위 48도 아래에 있는 주들과 알래스카 주 사이의 교통의 요충지가 되었고 지금도 역시 그러하다.

시애틀은 산업 도시로 그리고 알래스카와 극동 지역의 주들이 만나 장사하는 상업 중심지로 발전하였다. 선박과 항공기 제조는 중요한 두 개의 산업이었다. 제2차 세계 대전중에 시애틀은 전쟁의 핵심 도시 역할을 하였는데, 이는 이 도시가 태평양 연안에 있기 때문에 전략적일 뿐만 아니라 보잉사의 영향력도 있었기 때문이다. 이 시기가 아마도 시애틀에게는 현대사에서 가장 의미있는 시기였을 것이다.

2. 정복을 통해서 새로운 문화나 언어가 들어온 적이 있었는가?

있었다. 비록 그런 사건들을 묘사하기에는 정복이라는 말이 가장 좋은 단어가 아닐는지 모르지만.

백인들이 이 지역에 처음 왔을 때, 인디언 부족들은 '연안 세일리쉬' 언어 집단에 속해 있었고, 연어 잡이를 중심으로 하는 독특한 사냥꾼, 채집인 문화를 가지고 있었다. 스페인, 프랑스, 영국, 러시아, 그리고 미국의 문화도 백인들과 함께 들어왔다. 중개 언어인 '치눅'(Chinook)어가 발달하게 되었는데, 이것은 세일리쉬어, 불어, 그리고 영어를 조합한 것이다. 시애틀 추장을 포함하여 많은 인디언들이 치눅어를 증오하였으나, 백인들은 세일리쉬어 배우기를 거부하고, 영어나 가능하면 치눅어로만 의사 소통을 하려고 하였다.

또 백인 문화의 유입으로 인하여 많은 부족이 없어졌고 인디언 문화도 사라지기 시작하였다. 수천 명의 인디언이 병으로 죽어갔다. 생업이 고기잡이에서 통나무 자르기, 건축일, 그리고 기타 다른 형태의 비천한 노동으로 바뀌었다. 인디언들도 술을 마시기 시작하였다. 긴 집을 짓고 사는 형태의 공동체 생활이 사라져 갔다. 많은 지역에서는 문화가 뿌리채 뽑혀버렸기 때문에 오늘날 인류학자들과 사회학자들은 본래의 부족 생활 양식을 복원하느라 애쓰고 있다. 예를 들어서, 두와미쉬(Duwamish) 부족은 맨 처음에 시애틀이 건설된 바로 그 지역에서 살고 있었는데, 그들의 문화는 오늘날 완전히 말살되어 버렸다. 그들은 땅을 이어받지 못하였고, 오늘날 더 이상 부족으로 존재하지 않는다.

언어와 문화가 이런 식으로 유입된 것과 관련하여 아직도 여러 면에서 반발이 일어나고 있다. 인디언들은 여전히 그들의 거주 보호 지역에서 살고 있으며, 그들의 옛 문화 유산을 되찾으려고 노력하고 있다. 인디언들은 조상이 그랬던 것처럼 사냥도 하고 고기도 잡을 권리가 있다고 주장하고 있어서, 이것과 관련하여 분쟁이 끊이지 않고 있다. 큰 분쟁거리 가운데 하나는 인디언들이 시애틀 지역의 바다와 강에서 자망으로 연어를 잡을 권리를 갖고 있느냐 하는 것이다. 어떤 부족은 연어 신을 숭앙하는 이교적인 축제를 다시 부활시키려 노력하고 있는데, 그 신은 그들의 많은 종교적인 의식에서 중심을 차지하던 존재였다.

3. 이 지역에서 살던 옛날 사람들의 종교적인 관습은 어떤 것이었나?

세일리쉬 인디언은 '토템 부족'의 남단에 살고 있다. 그들의 종교적인 관습과 신조는 시애틀에서 알래스카에 이르는 대서양 연안에 살고 있는 대부분의 부족들의 관습과 유사하다. 종교지도자는 신접자인데, 그는 축복과 저주와 병고침의 분야에서 커다란 권세를 가지고 있다고 믿고 있었다. 그 신접자의 위치는 영매자와 만난 때로부터 효력이 있게 되었는데, 그 영매자의 정체는 비밀에 싸여 있다. 신접자에는 남자도 있고 여자도 있었으며, 그들의 권능이 반드시 가계를 통해서 유전되는 것은 아니었다. 신접자가 최초로 영매자를 만나는 사건은 아주 중요하고도 필수적인 일이었다.

영과의 만남은 신접자에게 국한된 일이 아니었다. 일반 사람들도 영매자를 찾아 자신을 도와달라고 하였다. 영매자는 사람들을 조선(造船)과 같은 어떤 특정한 직업으로 인도하는 일이 종종 있었다. 아주 유능한 기능공은 대부분 영매자를 가지고 있다고 생각되고 있었다. 영매자는 보통 동물의 형태로 나타났다. 그 한 예는 나무 조각을 하던 사람의 경우인데, 그의 영매자는 딱다구리 형태로 나타났다. 그 사람이 딱다구리의 소리를 들을 때마다 영이 가까이 있어서 그를 지켜 주고 있다고 사람들은 생각하였다.

영매자를 만나는 것은 대개 기도와 금식 시간을 통해서 였다. 사람들은 자신의 몸을 의례적으로 정결케 하고 식사를 금하면서 영적 세계와의 접촉을 시도하곤 하였다. 종종 그들은 황홀경 같은 상태에 빠지기도 하였는데, 그때에 영매자를 만나곤 하였다.

세일리쉬 신들은 다소 비인격적인 신들로서 멀리 떨어져 있는 것으로 인식되고 있다. 인간들에게 주어진 많은 이기(利器)들(불이나 도구 같은 것들)은 까마귀나 코이옷(이리의 일종—역자 주)으로 묘사되는 신화적 형상을 통해서 주어졌다. 신화적 형상은 사람들에게 그들이 가질 수 없는 것을 제공해 준다. 하나님은 반드시 친절한 분이 아니지만, 그 신화적 형상은 항상 친절하다.

한해의 중요한 종교적 예식은 연어가 회귀할 때를 전후해서 치뤄졌다. 인디언들은 연어가 그들의 주식 중 하나였기 때문에 굉장히 귀하게 여겼다. 제일 먼저 잡은 연어는 예식에 쓰기 위하여 마을로 가지고 왔는데, 거기서 특별한 의식을 행함으로써 연어가 다시 돌아온 것에 대하여 신들에게 감사를 드리곤 하였다.

반드시 종교적이라고 할 수는 없지만 극히 중요한 또 다른 예식 행위는 포틀래치(potlatch)였다. 포틀래치 때 주인은 초대된 손님들에게 선물을 후하게 주는 것은 물론 큰 잔치를 벌이곤 하였다. 이 예식 행위는 주는 것을 그 특성으로 하고 있었다. 포틀래치를 벌이는 두 가지 중요한 이유가 있다. 첫째, 자기를 뽐내기 위해서였다. 주인은 자신의 부와 지위를 자랑하였다. 둘째, 참여한 손님들은 반드시 보답의 선물을 해야만 하였다. 보답의 선물은 포틀래치가 갖고 있는 '함정'이었다. 체면을 세우고 가족의 명예를 유지하기 위해서 손님들도 그와 유사한 파티를 열고, 더 크고 좋은 선물을 주어야 했다. 이 때문에 부자들은 더욱 부해지고 가난한 자들은 더욱 가난해지게 되었다. 포틀래치의 또 다른 형태는, 선물을 주는 대신에, 주인이 자기의 소유물들을 파괴함으로써 자신의 위대함을 보이는 것이었다. 주는 대신에 그 사람은 파괴하는 것이다. 이 파괴에는 노예들을 죽이거나 불구로 만드는 것이 포함되기도 했다.

종교적 관습의 마지막 사항은 죽은 자와 관련이 있다. 그들은 조상의 영을 매우 두려워하였다. 부족들은 죽은 자의 영이 다시 그 부족에게로 돌아와서 그들을 괴롭게 하는 일이 없도록 하기 위하여, 죽은 자들을 매우 조심스럽게 매장하고 숭앙하였다. 그들이 가지고 있는 신조 중의 하나는, 죽은 사람의 이름 부르는 것은 그들로 하여금 무덤 속에서 '편히 쉬지 못하게' 만드는 일이라는 것이다. 따라서 추장 시애틀은 한 도시의 이름을 자기 이름을 따라서 짓는 것을 자기에게 큰 위협이 되는 일로 간주하였을 것이다. 왜냐하면 그가 죽은 후에 자기의 이름이 불려질 때 그것은 자기를 괴롭히는 것이 될 것이기 때문이었다. 종종 무덤을 조각물들과 신상으로 장식하곤 하였는데, 내 생각에 그것은 섬뜩하고 무섭게 보이도록 하려는 의도였던 것 같다.

4. 새로운 종교가 생겨난 때가 있었는가?

내가 아는 한은 없었다. 인류학자들은 샤머니즘은 아시아로부터 왔는데, 기독교가 전파될 때까지 이 지역에서 지배적인 형태의 인디언 종교였다고 생각하고 있다.

5. 복음이 처음으로 들어올 때 이 도시는 어떤 상황이었는가?

1852년 데메르 주교가 이 도시에서 최초로 종교 예식을 집전하였는데, 거의 모든 주민이 참석하였다. 같은 해에 감리교 목사인 벤자민 클로스가 시애틀 주거 지역에서 개신교 예배를 집례하였다. 그후 데메르 주교는 포트 빅토리아로 갔고 클로스는 올림피아에서 살고 있었기 때문에 이들은 순회하면서 예배를 집전하였다.

최초의 전임 주재 목사는 1853년 가을에 도착하였다. 데이비드 블레인과 그의 아내 캐더린이 감리교회를 설립하였던 것이다. 아더 데니가 그들을 환영하고 후원하였는데, 그는 그들에게 주택을 제공하였고, 그와 그의 아내는 최초의 회중의 2/3를 차지하였다. 이 교회는 이 지역에서 10년 이상이나 유일한 교회로 남아 있었다.

블레인 가족은 시애틀에게 깊고 지속적인 인상을 주지 못하였다. 미국 동부의 기준에 따르면, 시애틀은 종교적인 마을이 아니었다. 블레인 목사에게 있었던 한 가지 문제점은 인디언에 대한 태도였다. 집으로 보낸 편지에서 그는 인디언들을 도울 수가 없는 이유 세 가지를 언급했다. 첫째는 언어 장벽이 있기 때문이고, 둘째는 그들의 죄악된 행위 때문이며, 셋째는 사회적 관습이 다르기 때문이라고 했다.

1856년 초부터 1860년 말까지 시애틀에는 주재하는 목사가 한 사람도 없었다. 집회는 감리교회에서 연 4회만 열리게 되었다. 1860년 말에 다니엘 배글리 목사가 오레곤으로부터 왔다. 그는 교회 개척을 잘 하는 사람으로서, 오레곤과 워싱턴에서 교회를 20개나 개척하였다. 배글리는 도시 건설의 제2세대 주역들 중의 한 사람이 되었고, 시애틀에 최초의 대학(후에 워싱턴 대학이 되었다)이 설립되도록 하기도 하였다. 그런데 그 역시 다른 몇몇 도시 건설자들처럼 프리메이슨이었다.

1865년에 더 많은 목사들이 오기 시작하였고, 그때 성공회 교인들이 올림피아로부터 이 시역으로 와서 교회를 시작하였다. 장로교는 1866년에 조지 횟워드를 통해서 들어왔는데, 그도 배글리 목사처럼 산업 지도자가 되었다. 이 초기 시절에는 교회들간에 협력이 잘 되었다. 네 개 교파에 속한 두 개의 예배당과 네 명의 목사가 있었다. 따라서 한 교회에서 두 명의 목사가 교대로 설교하면서 일 하였는데, 문제가 없었다. 천주교인들은 1867년에, 회중교회와 침례교회는 1869년에 각각 도착하였다. 침례교 목사는 에드워드 핸포드였는데, 그는 시애틀 초기의 위대한 영적 지도자들 중의 한 사람이었다.

회개와 용서를 필요로 하는 과거의 죄와 그 도시의 구속적 은사를 확인하기 위하여, 어떤 도시나 국가의 역사를 살피는 것은 중요하다.

인디언 추장 시애틀이 조약 조인식에서 한 연설은 '백인의 하나님'에 대한 인디언들의 입장을 가장 잘 표현한 것일 것이다. 그 연설의 일부는 이렇다. "당신들의 하나님은 우리의 하나님이 아닙니다. 당신들의 하나님은 당신들은 사랑할는지 모르지만 우리는 미워하십니다. 그는 그 보호해 주시는 강한 팔로 창백한 얼굴을 사랑스럽게 감싸 주십니다…그러나 그 붉은 자녀들이 참으로 자기의 자녀들이라 할지라도, 그는 그들을 버리셨습니다. 그리고 우리의 신인 위대한 영도 우리를 버린 듯합니다." 시애틀 추장의 표현은, 교회가 하나님의 참 모습을 보여줄 수 없었다는 말이다. 불행하게도, 인디언들은 욕심많고 살인하고 도적질하는 백인들의 하나님으

로 보았던 것이다. 그들은 백인들의 침입을 영적인 권력 다툼으로 보았으며, 그 다툼에서 그들의 위대한 신이 졌다고 보았던 것이다.

6. 국가나 도시 정부가 붕괴된 적이 있었는가?

어떤 의미에서는 그렇다고 말할 수 있다. 이 도시의 초기 정부는 아주 타락하였다. 큰 제재소 소유주였던 예슬러는 이 도시 초기에 강력한 권력을 행사하고 있었는데, 그때에 그는 자신의 영향력을 사용해서 이 도시를 희생시키고 자신의 부를 축적하였다. 이러한 타락 때문에 이 도시는, 예슬러가 권좌에서 물러난 뒤에, 기본적으로 개편되지 않으면 안되게 되었다. 예슬러의 사기로 인하여서 이 도시가 여러번 파산했기 때문이다.

7. 과거 정부의 지도 형태는 어떠했는가?

시애틀 정부의 형태는, 기업 우선의 철학을 채택하여 왔다고 말할 수 있다. 여러 면에서 기업은 정부를 지배하고 있었고, 따라서 기업 활동에 대한 규제는 거의 없는 상태였다. 앞에서 언급하였듯이, 헨리 예슬러는 시애틀 정부에 대하여 강력한 힘을 행사할 수 있는 자리에 여러 해 동안 있었다. 그런 자리에 있을 때에 그는 정직하지도 공평하지도 않았다. 기업이 사람들을 지배하도록 편애하였으며, 또 자기 사업이 다른 사업을 지배하도록 편애하기도 하였다. 자기에게 이익 되지 않는 것을 제안할 때에, 그는 그 안을 거부하거나 다른 목적을 위하여 자금을 전용하도록 했다. 예슬러는 성의와 공평 그리고 공익을 왜곡시킴으로써 이 도시 건설의 초기에 부를 축적하였던 대표적인 사람이다.

1900년으로부터 1920년 사이의 기간은 시애틀 시의 골조가 형성된 중요한 시기다. 시애틀 시에서 도박, 음주, 그리고 공창을 금지

할 것이냐에 대하여 투표가 있었다. 개표 결과는 가부 사이를 오락가락하다가, 결국 시애틀은 유콘 금광의 붐이 일 때만큼은 아니었지만 어쨌든 열린 도시로 남아 있게 되었다. 그 당시는 정부와 경찰이 부정과 부패로 인하여 고통당하고 있던 때다.

8. 이 도시가 전쟁의 영향을 받은 적 있었는가?

전쟁이 시애틀에게 가져다 준 가장 큰 결과는 경제적인 번성이었다. 두 번에 걸친 세계 대전은 이 도시의 조선업, 항공 산업, 제조업, 그리고 무역업이 발전하도록 여러 면에서 도와주었다.

9. 이 도시가 전쟁의 장이 된 적 있었는가?

1856년 무렵에 인디언과의 작은 전투가 벌어졌다. 시애틀 시는 경계 태세에 돌입하였고, 뒤이어 짧은 전초전이 있었다. 시애틀 시민 두 명과 많은 인디언이 죽었다. 인디언들은 백인들이 조약을 위반하였기 때문에 침입하였던 것이다. 시애틀이 이 전쟁에서 승리할 수 있었던 것은 인디언들이 너무 느리게 공격함으로써 시애틀이 원군을 부를 수 있도록 여유를 주었기 때문이라고 오늘날 역사가들을 생각하고 있다. 원군은 포로 무장한 배를 타고 침입하였는데, 인디언들의 사상자 대부분은 이들의 포격으로 인하여 발생하였던 것이다.

10. 이 도시를 지칭하기 위하여 어떤 이름이 사용되어 왔으며 그것들이 갖고 있는 의미는 무엇인가?

에머랄드 도시. 이것은 시애틀의 환경을 가장 잘 지칭하는 말로 이해되고 있다. 시애틀 주위에는 호수와 산이 있을 뿐만 아니라 상록수도 많이 있다. 이 이름은 시애틀의 푸른 경관을 표현하는 말이며, 또한 이 지역의 부를 나타내 주는 말이기도 하다.

11. 이 도시에 사람들이 살게 된 동기는 무엇이었는가?
  인디언들은 천연 자원이 풍부하고 기후가 좋기 때문에 처음에 시애틀에서 살기 시작했던 듯하다. 흐릴 때가 종종 있기는 하지만, 겨울에도 기온이 영하로 떨어지는 일이 거의 없고 눈도 자주 내리지 않으며 또 온다고 하더라도 즉시 녹아버린다.
  백인들은 돈을 벌 목적으로 이곳에 오게 되었다. 초기의 상인들은 중국으로 가던 도중 이곳에 들러서 해달 가죽을 사곤 하였다. 그들은 해달의 가죽을 중국으로 가져 가서 팔면 큰 돈을 벌 수 있었다. 따라서 초기 거주자들은 인디언들로부터 해달 가죽을 사 중국으로 가져가서 파는 데 노력하였다. 그러나 이런 일은 해달이 거의 멸종 상태에 이르자 비교적 단기간에 끝나고 말았다.
  아더 데니와 그의 일행(초기 건설자들)은 미국 극동쪽으로 향하는 항구를 하나 물색하기 위하여 이곳으로 왔다. 그들은 돈을 벌 수 있는 가장 좋은 장소를 찾고 있던 사업가였다. 그들은 이곳이 조금 질퍽질퍽한 지대로서 깊은 만이 조성되어 있고 목재와 기타 다른 천연 자원이 풍부한 곳이라는 사실을 발견하였다. 그러나 그들은 초기 교역의 대부분을 샌프란시스코와 하였는데, 이는 샌프란시스코가 캘리포니아 금광 발굴에 관련된 거점 도시였기 때문이다. 시애틀은 샌프란시스코가 크게 필요로 하던 목재를 만들어 운송하기에 알맞는 곳이었다.
  그후에도 대개는 더 부요해지고자 하는 사람들이 이곳으로 왔다. 따라서 이 도시에는 주로 중류층이 살게 되었다. 이들 중 많은 사람들은 참으로 부자가 되었는데, 따라서 상류층의 뿌리는 바로 중류층에 있었디 히겠다. 목재입, 세조업, 그리고 농업과 관련하여 일할 기회가 많았다. 이 도시는 1920년대에 이르기까지 놀라운 속도로 발전하다가, 그 이후 제2차 세계 대전의 특수기까지는 정체 상태를 유지하였다.

12. 이 도시를 건설한 사람이 있었는가? 그의 꿈은 무엇이었는가?

시애틀은 아더 데니, 카슨 보렌, 그리고 윌리엄 벨에 의하여 건설되었다. 이 집단은 깊은 수로와 만이 형성되어 있는 곳을 보자 이곳에 마을을 세울 계획을 세웠다. 찰스 테리는 처음에는 그 만의 건너편에 있는 알키(Alki)에서 정착하였으나, 얼마 안 있어서 그 땅을 팔고 시애틀로 이주하였다.

아더 데니의 꿈은 가족을 위한 안식처를 마련하는 것이었다. 그리고 미래를 위하여 견고한 공동체 만드는 일에 관심이 있었다. 그의 주된 관심사는 부자가 되는 것이 아니라, 사업 기반과 많은 인구를 가진 견고한 마을로 만드는 것이었다. 데니는 순수하고 정직한 사람으로, 마을에서 크게 존경받았다. 그가 운영하는 사업장이나 그의 소유지에서는 술이 전혀 용납되지 않았다. 그는 최초의 교회 뿐만 아니라 학교(워싱턴 대학을 포함하여서) 설립과 관련하여서도 중요한 역할을 하였다. 인디언들을 포함하여 모든 사람들이 그를 약속을 잘 지키는 사람으로 인정하였다. 그러나 사람들이 데니를 좋아했다는 기록이 전혀 없는 것은 흥미로운 일이다. 그는 존경을 받고 정직하고 진실한 사람이었다. 하지만 사람들은 그를 크게 반기지 않았다.

그에게도 부정적인 면이 있었다. 그것은 오늘의 시애틀에게도 영향을 끼치고 있다. 그의 건전한 가치관과 순수성에도 불구하고 도덕적 사건들에 대하여는 적극적이지 않았던 것 같다. 내가 아는 한, 그는 자기 주변에서 일어나던 도덕적인 잘못에 대하여는 강력하게 대항하지 않았던 듯하다. 그는 자기 사업에만 몰두하였다. 이러한 태도는 그 당시의 시애틀 안에 편만하였을 뿐만 아니라 오늘날에도 시애틀 안에서 지속되고 있는 듯이 보인다.

13. 정치적, 군사적 그리고 종교적 지도자들이 생겨났을 때, 자신들과 이 도시를 위한 그들의 꿈은 무엇이었나?

이 도시의 비전은 중상류층을 위한 낙원 건설이었다. 이것은 1889년의 화재 이후 시애틀 재건과 확장에서 확연하게 드러났다. 건설 초기부터 시애틀은 좋은 지역과 나쁜 지역으로 나뉘어져 있었다. 나쁜 지역은 스키드 가 남쪽에 위치해 있었는데, 거기에서는 술주정뱅이, 가난한 자, 굶주린 자, 궁핍한 자와 소수 민족이 살고 있었다. 그곳은 또한 악한들과 포주와 매춘부의 주거지이기도 하였다. '훌륭한' 사람들은 좋은 지역에서 살고 있었다.

정치 권력을 가진 사람들은 대체로 '훌륭한' 사람, 곧 중상류층 사업가들을 지원하였다. 초기의 도시 확장 계획은 그들의 삶과 조건들을 개선하는 데 초점이 맞추어졌다. 전차도 좋은 지역을 통과하고 있었다. 공원이 설계되고 도로도 개선되었으나, 이런 개선책의 수혜자는 중상류층이었던 것이다.

14. 어떤 정치적, 경제적, 종교적 기관이 이 도시의 생활을 지배해 왔는가?

정치적 집단, 사업가, 그리고 자유주의적인 사상을 가진 집단이 시애틀에서 가장 큰 권세를 가지고 있다. 1900년대 초에 짧은 기간이었지만 법을 엄격하게 적용하였는데, 그것은 대체로 스키드 가 근방을 정화하려는 노력의 일환이었으나, 이것들도 대부분 무시되다가 결국은 폐지되고 말았다.

노동 조합들은 1930년대 이후로 강력한 영향력을 행사해 오고 있으며, 수년 간에 걸쳐서 몇차례 커다란 파업이 발생하기도 하였다. 노동 조합들과 강력한 기업 지향적인 시 당국 사이에서는 종종 분쟁이 발생하고 있다. 기업들은 노동력을 착취하는 경향이 있으며, 조합들은 파업과 소수 민족 반대 협약 등을 통하여 여러 모로 기업들을 괴롭혀 왔다. 부정과 부패는 물론 횡령 행위 등을 통하여 지도자들이 노동 조합들을 상당히 악용하기도 하였다.

주된 경제 형태는 시간이 흐름에 따라서 바뀌어 왔다. 시애틀 원래의 경제 기반은 목재업이었고, 예슬러 제재소는 이 분야에서 가장 앞서가는 기업이었다. 어떤 면에서는 그 상태가 오늘날에도 계속되고 있다고 하겠다. 시애틀 근처에 있는 웨이어휴저 목재 생산 회사는 약 40,000 명을 고용하고 있기 때문이다.

해운업과 무역업은 과거에도 그랬지만 지금도 여전히 중요한 산업이다. 이 지역의 교역은 대부분 미국의 극동 지역과 그리고 알래스카 지역과 이루어진다. 알래스카와의 교역은 대부분 시애틀을 거쳐가게 되는데, 이것은 매우 중요한 사실이며 특히 알래스카 금광의 붐이 일 때에는 더욱 그랬다. 오늘날에는 전체 취업 인구의 약 17%가 수출입 관련 산업에 종사하고 있다.

그러나 이 지역 최대의 경제력은 역시 보잉 항공사이다. 보잉사는 거의 항공 우주 산업이긴 하지만 기타 각종 산업에 약 100,000 명에게 일자리를 제공하고 있다. 시애틀의 경제는 보잉사와 긴밀히 연계되어 있으며, 보잉사에 의하여 좌우되고 있는 듯하다. 아마도 이 지역 기업들은 하나님께 의존하기보다는 보잉사에 더 의존하고 있다고 할 수 있을 것이다.

종교적으로는, 지금까지 특별히 지배적인 기관이 생겨난 적은 없다. 그러나 프리메이슨을 빼놓을 수는 없다. 프리메이슨주의는 건설 초기부터 이 지역에 있어 왔다. 기업과 교회의 초기 지도자들 중의 몇몇은 프리메이슨이었는데, 그중에 도크 메이나드와 다니엘 배글리 목사도 포함되어 있다. 배글리는 평생 메이슨으로 살았으며, 시애틀로 오기 전에 그는 이미 메이슨주의의 로열 아치(Royal Arch) 수준에 도달했던 사람이다. 그는 프리메이슨 최초의 지부가 시애틀에 세워지던 다음 해에 그 지부의 총본부장으로 선출되기도 하였다.

15. 이 도시에 이주한 이들의 경험은 어떠하였는가?

일반적으로 말해서, 그들의 경험은 좋았다고 할 수 있다. 시애틀 건설자들은 새로 이주해 오는 사람들을 환영하였으며, 아일랜드 사람들을 싫어한다든가 유대인들을 반대한다든가 하지 않았다. 이것은 다음의 두 가지 이유에서였다. 첫째, 시애틀에는 이주자들이 대단위로 온 적이 거의 없다(스칸디나비아인들이 발라드로 이주해 온 것을 제외하고는). 둘째, 전부는 아니지만 대부분의 이주자들이 빈민가에서 살게 되었는데, 이 지역은 1800년대 이후로 이 도시의 일부가 되고 있다. 1800년대 후반에 중국계 이주자들을 억제하려는 운동이 일어난 것처럼 보이는데, 이것은 영적으로 의미 심장한 일일 것이다.

16. 경제적 붕괴, 민족 분쟁, 또는 지진과 같은 고통스러운 경험이 있었는가?

시애틀의 초기 경제는 샌프란시스코에 연계되어 있었다. 샌프란시스코가 금광 붐 이후 쇠퇴하게 되자 시애틀도 그렇게 되었다. 큰 경제적 붕괴가 1890년대에 크게 일어났는데, 이로 인하여서 타코마의 은행들은 파산했다. 그러나 시애틀의 은행들은 자금을 공동으로 관리함으로써 생존할 수가 있었다. 그후의 경제 공황은 대체로 보잉사의 조업 단축, 특히 1970년대 초의 조업 단축과 연관이 있다.

(비백인계 사람들에 의하여 야기된) 민족 분쟁이 1968년에 일어났는데, 이때 흑인들은 심각한 변화를 겪게 되었다. 자신을 '흑인' 또는 '백인'이라고 부르던 폭력단이 거리로 나와서 종종 서로 싸움을 벌이곤 하였다.

1889년에 큰 화재로 시애틀, 스포케인 그리고 엘렌스버그가 불에 탔다. 이곳의 공장들은 사실상 전소되었다. 시애틀과 스포케인은 복구되었으나 엘렌스버그는 복구되지 못하였다. 시애틀의 도심 지역은 이 화재 이후에 거의 현재의 모습과 같이 재건되었다.

나는 두 번에 걸쳐서 상당히 큰 지진이 있었다는 기록을 발견하게 되었다. 1949년과 1965년 4월에 지진이 시애틀을 파괴시켰다. 후자의 경우에는 진도가 7.0이나 되었다.

1980년에 시애틀에서 아주 가까운 곳에 있는 세인트 헬렌즈 산에서 큰 화산 폭발이 일어났으며, 이로 인하여 이 산의 윗부분이 날아가 버렸다. 또한 이 일로 인하여 많은 사람들의 관심이 시애틀로 쏠리기도 하였다.

17. 이 도시가 사회 변혁적인 기술의 탄생을 경험한 적이 있었는가?

있었다고 할 수 있을 것이다. 비록 항공기들이 시애틀에서 제작되지는 않았다 할지라도, 보잉사가 항공 우주 산업 발전에 끼친 공은 사회 변혁적인 것으로 간주할 수 있을 것이다.

18. 유전이나 새로운 관개 기술의 개발과 같이 부를 창출해 주는 갑작스러운 기회가 있었는가?

물론 있었다. 그러나 그러한 기회는 대개 교역과 연관되어 있다. 시애틀의 첫번째 무역 기회는 샌프란시스코와의 사이에서 있었으며, 그 교역에서는 목재를 필요로 하였다. 두번째 무역의 기회는 알래스카와의 사이에서 그리고 프레이저 강의 금광 붐과 함께 왔다. 북쪽으로 가는 광부들은 대개 시애틀을 통과했는데, 그 과정에서 그들은 많은 돈을 쓰고 다녔던 것이다.

19. 종교간이나 기독교인들 간에 종교적 쟁투가 있었는가?

지금까지 나는 그러한 쟁투가 있었다는 사실을 전혀 발견하지 못하였다. 시애틀에는 각각 다른 교파에서 온 네 명의 목사가 있었는데, 예배당은 두 개뿐이었다. 그들은 예배당을 더 짓기보다는 돌아가면서 예배를 인도함으로써 문제를 해결하기도 하였다.

20. 인종들 간의 관계는 어떠하였는가?

아주 형편이 없었다. 이것은 시애틀 시의 중요한 문제이며 많은 회개와 기도가 필요한 부분이다. 대체로 1900년대 후반까지는, 대부분의 소수 민족이 국제 지구, 즉 스키드 가로 알려진 곳의 남쪽에 있는 빈민가에 밀집하여서 살고 있었다. 따라서 이 국제 지구의 역사를 이해하는 것이 중요하다. 이곳은 사창가와 술집이 있어서 도박, 음주, 그리고 매춘이 만연하던 지역이었다. 그리고 소수 민족이 모여서 시애틀 사회의 불문율에 따라서 살아가야 하던 곳이었다.

인디언들

백인들이 들어오기 전에는, 인디인들은 사기들끼리 자수 전쟁을 했다. 이러한 전쟁의 목적은 포로를 잡아가 노예로 삼는 것이었다. 왜냐하면 노예는 부와 지위를 상징하는 것이었기 때문이다. 노예들은 실질적인 권리가 전혀 없었다. 그들은 매춘부로 쓰이거나 죽임을 당하거나 불구가 되거나 기나 그 소유수가 원하는 대로 할 수가 있었다. 더 포악한 부족들은 시애틀 북쪽에 있는 브리티쉬 콜롬비아에서 살고 있었다. 시애틀 지역의 인디언들은 다른 인디언들의 침입을 두려워하면서 살고 있었다.

백인들은 이곳으로 이전해 오자마자 인디언들을 약탈했다(제수이트 교단 신부들의 경우를 제외하고는). 처음에는 모피를 사서 장사를 하였으나, 그후 시애틀이 건설되자 인디언의 노동력을 이용하고 착취하기 시작하였다. 물론 인디언들도 급료를 받기는 하였으나 그것은 백인들이 받는 보수보다는 훨씬 적은 것이었다. 백인들은 원하는 땅은 어떤 것이든지 사들이고 난 뒤, 인디언들을 '인디언들의 이익을 위하여서' 라는 명목하에 보호 구역으로 몰아넣었다. 그리고 거주지, 교육, 사업과 관련된 도움, 의료적인 도움, 고기 잡는 권리 등을 인디언들에게 약속하였다. 그러나 백인들이 이 조건들을 다 이행한 적은 전혀 없었고 오늘날에도 여전히 이행하지 않고 있다.

인디언 여자 노예들은 천한 대우를 받았다. 인디언들은 당시에 이미 매우 개방적인 성 기준을 가지고 있었으므로, 백인 남자들이 인디언 여인들을 성적으로 착취하는 데에는 별 어려움이 없었다. 존 페넬은 1861년에 샌프란시스코로부터 시애틀으로 이주해 와서 스키드 가 지역을 건설하기 시작하였다. 그는 독신 남자들을 많이 끌어들이기 위해 술집들과 사창가를 만들었다. 그의 여성 '노동자들'은 그 지역에 있던 부족들로부터 돈을 주고 산 인디언 여자들이거나(1870년대에 샌프란시스코로부터 직업적인 창녀들이 오기 전까지는 그랬다) 의식주를 약속하고 이 지역으로 유인하여 들인 인디언 여자들이었다. 그 여자들이 이곳에서 발견할 수 있었던 것은 매춘과 착취와 학대였다. 이러한 페넬의 행위를 막으려는 노력은 거의 없었던 듯하다.

인디언들은 또한 정당한 재판을 받지 못하였다. 인디언인 배드 짐을 폭행하자, 백인 폭행자들은 재판에 회부되었다. 그러나 심문을 받아야 할 백인 중 한 사람은 그 백인들을 기소하고 있는 대배심원석에 앉아 있었다(그는 자신에 대한 기소가 있을 때에는 걸어 내려와서 섰다). 한 백인이 그의 유죄를 주장하자 법원측은 재빨리 변호사를 선임하여 그의 무죄를 변호하였다. 간단한 '심문'이 있은 후에 백인들은 모두 무죄 석방되었다. 한편, 인디언들이 재판정에 서게 되면 그들은 대체로, 증거 여부에 관계없이, 폭행을 당하거나 유죄 판결을 받았다. 레스치 추장은 많은 그의 친구들(도크 메이나드를 포함하여서)이 그의 무죄를 주장하였음에도 불구하고, 매우 미미한 증거에 의하여서, 심문을 받은 후에 살인죄로 정죄되어 교수형을 받고 말았다.

아프리카계 미국인들

아프리카계 미국인들은 시애틀에 대하여 흥미있는 인연을 가지고 있다. 시애틀은 남북 전쟁 후에 발전하기 시작하였는데, 법적으로는 노예 제도를 반대하는 지역이었다. 따라서 노예 제도가 문제가 된 적은 한번도 없었다. 시애틀은 노예 제도 반대 지역이긴 하였으나, 흑인들이 환영을 받지 못하고 아무런 권리도 누리지 못했다는 점에서는 흑인 반대 지역이기도 하였다. 시애틀은 사실상 '백인들'의 도시였다. 이곳에 와 본 흑인들이라면 자기들이 참으로 한 쪽 구석의 스키드 가 남쪽에 있는 시애틀의 빈민가에서 살 수밖에 없다는 것을 깨닫게 되었을 것이다. 시간이 지남에 따라, 결국 그들은 이 도시에서 거의 모든 권리를 빼앗기게 되었다. 1940년대에 이르러서 법원에 의하여 파기된 노동 조합의 계약들도 흑인들을 배제하였다.

중국인

　1880년대 후반에 이르러서 중국인들은 학대를 받았다. 그들은 처음에는 기차 선로 작업이나 다른 위험스럽고 천한 노동을 위한 값싼 노동력으로서 수입되었다. 선로가 다 놓이자 중국인들은 시애틀과 같은 이미 자리잡힌 도시로 이주하여 스키드 가에 있는 빈민가에서 자리를 잡았다. 많은 백인들은 이것을 그들의 직업에 대한 위협으로 보았고, 따라서 중국인 노동자들에 대하여 뭔가 조치를 취하기로 했다. 몇 주 동안 회의를 하고 논란을 벌인 뒤, 행동에 들어갔다. 중국인들을 잡아다가 기차에 태워서 샌프란시스코로 보내기 시작하였다. 그때 한 법관이 나서서 그 일을 저지했다.

　대부분 시애틀로부터 중국인들을 추방하는 일에 직간접으로 가담했으나 감리교 감독교회만이 중국인 추방 운동에 반대하는 성명을 내놓았다. 결국, 법원은 중국인들은 추방할 수 없다고 판결하였다. 그렇지만, 수 백 명의 중국인들이 이 지역을 떠났다. 그 주된 이유는 두려움 때문이었다.

제2편: 시애틀에 대한 분석(베브 클롭)

　나는 시애틀에 대한 영적 도해의 기초를 놓아준 마크 맥그레거에게 크게 감사하고 있다. 그가 발견한 많은 사실들은 시애틀을 위해 기도하는 중보 기도자들에게 기도의 방향을 제시하는 이정표가 될 것이다.

　마아크가 조사하기 전부터 이미 우리들 중 몇 명은 이 에머럴드 도시를 위하여 중보기도를 해오고 있던 터였으며, 시애틀과 태평양 북서부를 위한 영적 전투에 헌신하는 신자들의 수가 급격히 증가하고 있다는 사실은 참으로 기쁜 일이다. 하지만 시애틀에서 하나님 나라가 더욱 확장되기 위해서는, 더 많은 중보 기도자들이 필요하고 또 우리 도시와 지역에 대한 더 많은 정보가 필요하다. 이 두 가지가 조합될 때에, 조지 오티스의 말을 인용한다면, 외양대로가 아닌 실체 그대로의 시애틀 모습이 우리에게 더 선명하게 나타나게 될 것이다.

본 장은 내가 우리 도시를 위하여 종종 애통해 하며 비통한 심정으로 오랫 동안 기도하던 중 생겨난 것들이다. 우리는 시애틀을 속박하려고 애쓰는 어두움의 권세에 대한 최종적인 해결책을 가지고 있지 않다. 따라서 본 장에서 말하는 것도 영적으로는 완전하지도 못한 사람에게서 나온 것이라는 사실을 인정해야 할 것이다. 또한 동시에, 영적인 발전이 이루어지고 있는 사람에게서 나온 것도 사실이다.

구속적인 기도

지도자요 중보 기도자인 우리는, 마아크 맥그레거가 행한 것과 같은 역사적인 조사를 기초로 견고한 진을 파할 구속적인 기도, 효율적인 영적 전투, 그리고 복음 부흥 운동으로 바꾸기 위한 시도를 위해 주께 부르심을 받았다. 우리는 교회가 각성하는 것과 잃은 자들이 구원되는 꽝경을 보고 용기를 얻는다. 연합하여 기도하고 회개를 할 때에 우리는 역대하7:4-16 말씀으로 부르짖는다. 엘리야처럼 우리는 이 지역에다가 성령을 더 크게 쏟아부을 준비를 하고 계시는 하나님의 임재를 보여주는 작은 구름이 일어나고 있다고 믿는다.

워싱턴 주에서 가장 큰 도시인 시애틀은 여러 모로 보아서 현대적이고 이교적인 독립 지역으로서, 신에 대한 거의 모든 종류의 거짓 숭배와 아버지의 사랑에 대한 왜곡이 존재하고 있는 곳이다. 그러한 이유로 시애틀과 태평양 연안의 북서부는 오랫 동안 영적인 어두움에 짓눌려 있었다. 그러나 오늘날에 이르러서는 용감하게 그리고 희생적으로 하나님께 복종하고자 하는 청결한 사람들에게 그 정체가 탄로남으로써 사단은 두려움에 떨고 있다. 이제 나는 주께서 우리를 불쌍히 여기셔서 그의 권능을 워싱턴 주에서 나타내시리라 믿는다.

워싱턴 주는 뉴 에이지 운동의 세계 3대 주요 거점 중의 하나로 뿐만 아니라 미국에서 가장 교회가 적은 주로도 유명하다. 얼마전에는 두 가지 중요한 투표로 인하여 주목받은 적이 있다. 그 하나는 임신 중절에 대한 권리를 강화시키는 것이었고 다른 하나는 안락사에 대한 권리를 강화시키는 투표였다. 워싱턴 주는 이 두 분야에서 앞서가는 주라고 사람들이 인정하게 되었다. 또한, 시애틀은 미국에서 가장 자유 분방한 도시 중의 하나라고 많은 사람들이 생각하고 있다. 시애틀에는 미국의 서부 연안에서 가장 커다란 동성 연애 부락들 중의 하나가 있다.

마아크 맥그레거가 시사하였듯이, 시애틀의 최초 거주자들, 아메리카 인디언들, 그리고 시애틀 초기의 건설자들의 생활은, 이교적인 뿌리나 원수와의 죄악된 관계를 드러내 보여주는 경건치 못한 관습이 있었음을 반영하고 있다. 예를 들면, 아메리카 인디언들은 시베리아와 미국 극동 지역으로부터 온 몽골인인데, 샤머니즘과 여신 숭배의 관습을 가지고 있었다.

과거에 북서부에서 살고 있던 많은 인디언 부족들은 조상신과의 접촉을 통하여 어두움의 권세와 연합하여 있었다. 그들은 전쟁, 사냥, 낚시질, 그리고 질병의 치유는 물론, 부와 노예를 잘 얻도록 하기 위하여 영매들을 부르기 위한 개인적 의례를 시행하고 있었다. 또한 고난, 다른 부족들의 침입, 약탈, 그리고 초기의 백인 거주자들의 행위로 인하여서 생기게 되는 환멸 때문에, 이 많은 귀한 사람들이 샤머니즘 속으로 더 깊이 빠져들게 되었던 것이다. 이런 사실은 추장 시애틀의 연설, "당신들의 하나님은 당신들을 사랑하십

> 우리가 과거의 죄를 회개함으로써, 교회는 효과적인 중보기도를 할 수 있게 되며 권능있게 전도할 힘을 얻게 될 것이다. 교회는 교회의 유산을 주장해야 한다. 왜냐하면 지금은 주님의 '카이로스'가 당당히 우리의 대문 안으로 들어올 때이기 때문이다.

니다…그 붉은 자녀들이 참으로 자기의 자녀라고 할지라도, 그는 그들을 버리셨습니다"에 잘 나타나 있다.

마아크 맥그레거가 말하였듯이, 추장 시애틀의 그 유명한 연설은 백인의 하나님이 인디언들을 사랑하지 않는 듯이 보인다는 그의 실망을 보여주고 있다. 시애틀 초기의 많은 이주자들이 자행하였던 탐욕, 실인, 학대, 그리고 불공평을 그가 달리 또 어떤 식으로 표현할 수 있었겠는가? 그러나 시애틀 추장은 또한 계속해서 말하기를 그의 부족의 '보이지 아니하는 죽음의 신'이 계속 시애틀에 머물러 있을 것이라고 하였다. 그는 같은 연설에서, "우리의 종교는 우리 조상들의 전봉입니다. 위대한 영이…주신…우리의 옛 사

람들의 꿈입니다…당신의 도시 거리들이…조용해지게 될 때에…밤에…그 거리들은 되돌아온 영들로 가득 차게 될 것입니다"라고 말하였다.

백인들은 인디언 토족들에게만 죄를 지은 것이 아니었다. 맥그레거는 노동력 착취, 불법적인 행위, 그리고 기타의 다른 불공평한 행위들을 통하여서 아시아인들과 흑인들에 대해서도 유사한 학대를 자행한 기록이 있다고 지적하였다. 용서와 회개를 하기는 커녕, 서로에 대하여 반대 급부적으로 죄를 행하고 앙갚음을 함으로써 이 지역을 더 많은 영들의 견고한 진으로 만들었던 것이다.

무능력한 교회

불행하게도, 교회는 하나님의 사랑의 메시지로써 이 견고한 진들을 파할 능력을 가지고 있지 못하였는데, 이는 부분적으로는 교회 자체의 오해, 세상적인 태도, 타협, 그리고 무관심 때문이기도 하였다. 결과적으로, 원수의 거짓말은 더욱 힘을 얻게 되었으며, 신디 제이콥스가 말한 대로, 서로에게 대항하여서 그리고 해방을 주시는 하나님의 진리에 대한 참된 지식에 대항하여서 새로운 '마음의 견고한 진'이 만들어지게 되었던 것이다. 더욱 커다란 분열이 초래되었으며, 이 모든 것들의 배후에 있는 악한 세력은 본질적으로 노출되지 않은 채로 남아 있게 되었다. 예를 들면, 이 지역에 있는 인디언 나라들은 실망한 나머지 그들의 보호 거주 지구 안으로 분리 수용되고 고립되게 되었으며, 한편 부요하고 힘있는 사람들은 계속 그들의 도시 '왕국' 안에 머물러 있으면서 물질주의, 쾌락주의, 이성주의, 그리고 지성주의의 신들을 섬기게 되었던 것이다.

우리는 오늘날 사단이 불신자들의 마음을 가리고 있는 것을 느끼고 있다. 종교적인 사기와 유혹, 냉담, 분리 그리고 분열을 통하여서 신자들과 불신자들의 마음을 사로잡는 '졸게 하는 주술'이 있는 듯하다. 이것은 또한 에베소서 6장에 언급된 악한 세력이, 이러한 확고한 형태의 죄와 원수와의 거룩지 못한 연합을 통하여서 자기들의 권리를 확보한 것을 보여주는 듯하다.

그러한 연합을 통하여서 원수는 워싱턴과 그곳에 사는 사람들에 대해 무한한 권세와 권한을 가질 수 있게 되었다. 이 사실은 계속되는 세대의 죄악, 뉴 에이지 운동의 확산, 사단적 의식, 불공평한 법률, 축제, 그리고 개인적인 계약들을 보면 알 수 있다. 과거에 대하여는, 아메리카 인디언들과 초기의 이주자들 간의 불공평한 토지 조약, 약조들의 파기, 소수 민족에 대한 사회적 불공평, 그리고 학교에서 기도회를 폐지한 것들을 보면 이 사실을 알 수 있다. 이러한 것들은 권리에 대한 영적 포고령으로서, 원수로 하여금 확고하고 견고한 진 안에 계속 머무를 수 있도록 만들어주는 것들이다. 오늘날 이 지역 지도자들은 이러한 견고한 진들을 파하기 위해서는 영적인 지식과 단합이 필요하다는 사실을 깨달아 가고 있으며 또 그것에 관심을 기울이고 있다.

우리가 그 권세들의 이름을 알아야 하는가?

중보기도를 하는 것과 관련하여서, 시애틀과 같은 도시를 지배하고 있는 정사와 권세의 정확한 이름을 알 수 있도록 우리가 충분히 조사해야 한다는 데에 모든 사람들이 동의를 하지는 않을 것이다. 나는 효과적인 영적 전투를 위해서 그런 이름들을 필수적으로 알아야 한다고 주장하지는 않는다(그러나 마가복음5:9과 누가복음 8:30을 보라). 피터 와그너는 그의 책『기도는 전투다』에서 이 문제를 논의하였는데, 나는 그의 결론에 동의한다. "권세들의 이름을 말하는 것이 항상 필수적인 것은 아니지만, 기능적인 이름이든지 아니면 본래의 이름이든지 간에 만일 그 이름이 밝혀진다면, 대개 그것은 전투적 기도의 촛점을 맞추는 데 도움이 된다.' 나는 이것을 교리로서 주장하지 않는다. 다만 자기의 도시를 위해 중보기도 하는 사람들은 주요 정사들의 정체에 대해서 우리와 같은 생각을 가지고 있다고 알고 있다. 이것들 대부분은 성경에서 특별하게 이름이 언급된 영들이다.

그런 이름들 중의 어떤 것들은 이 지역의 어떤 견고한 진들과 연관 하에서 생겨난 것들이라는 사실을 우리는 발견하였다. 나는 '열매'를 보고서 그것들 몇몇의 이름을 구별할 수가 있는데, 이렇게 하는 것은 이 지역을 지배하고 있는 영적 권세들을 서로 연결시키는 데 도움이 된다. 파괴자 아볼루온(계9:11)은 사망과 파괴의 영, 주술과 이세벨 행위의 영, 속이는 적그리스도의 영, 반항의 영, 우상 숭배의 영, 그리고 탐욕의 영을 가지고 있다. 귀신들의 통치자인 바알세불(마12:24)은 귀신들을 지배하고 조종할 뿐만 아니라, 마귀적 은사와 교리를 만들어 종교적 사기를 치기도 한다. 아스모데우스(Asmodeus;외경 토비트서3:8)는 종교적인 유혹, 탐욕, 성적인 왜곡을 조장한다. 벨리알(고후6:15)은 거짓 선지자들과 거짓 목자들, 사악하고 불법적이고 불의한 지도자들, 그리고 거짓된 가르침을 부추긴다. 이것들 외에도 미국 북서부에서 '위대한 영'이라고 부르는, 샤머니즘과 조상 숭배를 조장하는 인디언의 영이 하나 더 있다.

이에 더하여서, 우리는 영혼들을 죽이는 안드로지니와 드래곤이라 불리는 영들이 있다고 알고 있다. 이 영들로부터는 사람들의 파멸, 하나님의 사랑과 진리의 왜곡, 폭력, 여자들에 대한 성적인 학대, 그리고 남녀의 역할이나 관계와 연관된 온갖 종류의 타락이 초래된다. 이것들은 탐심, 음란, 주술, 인종 차별, 그리고 종교적인 영들과 연계되어 있다. 우리는 또한 레이니어 산에서 지역 귀신을 발견하였다고 생각하는데, 이 귀신은 사단 숭배, 여신과 땅바닥 숭배, 샤머니즘, 그리고 뉴 에이지 활동들을 통하여서 오랫 동안 '가장 높은' 신으로 숭앙을 받아 왔다. 마지막으로, 우리는 지금 불의한 장사, 불공정한 법률, 마약 그리고 아편의 수입과 관련된, 싸우고 약탈하는 해적의 관념과 씨름하고 있는 중이다.

회개함으로 치유가 시작되다

중보 기도자인 우리는 이 사악한 영들이 시애틀에 가져다 준 영적인 괴멸을 없애려 애써 왔다. 그것들은 우리들에게 수 년 동안 혼돈과 혼란과 고통을 가져다 주었고 우리로 하여금 사망으로 뒤덮인 길을 걷게 만들었다. 기도를 통하여, 우리는 사람들을 과거의 실패에 묶어두는 권세와 저주를 깨뜨리려 노력하고 있다. 회개를 통하여, 분파주의의 영이 노출되기를 기도해 오고 있다. 우리는 과거에 지은 죄들에 대하여 하나님의 자비와 긍휼을 구하였으며, 그 상처들을 치료해 달라고 하나님께 간구히었다. 시모를 용서하고 서로에게 은혜와 자비를 베풀며 회개하는 마음을 가짐으로써, 굳어진 죄, 무정, 그리고 기독교인들과 비기독교인들이 가지고 있는 완악함을 깨뜨려 달라고 하나님께 부르짖어 왔다.

회개와 씻음을 통하여 그리고 죄의 고리를 끊어버림으로써 이러한 영들을 쫓아버려야 한다. 새로운 법을 만들고 경건한 예배와 사랑하는 관계를 다질 때에, 이러한 지역 귀신들의 '권리들'을 몰수할 수가 있을 것이다. 쉘 쇠버그가 설명한 바와 같은(제4장을 보라) 영적 전투와 예언적 기도 행위들을 통하여, 마귀의 속박을 풀 수가 있는 것이며, 또한 사람들로 하여금 복음과 개인적인 회개와 경건한 삶을 통해 주어지는 최종적인 구원을 얻게 할 수가 있는 것이다. 중보 기도자들인 우리는 종종 금식하고 기도하면서 이 땅이 치료되기를 간구하여 왔다. 이 지역에 있는 견고한 진들을 무너뜨리기 위하여 지금까지 성령께서는 우리의 기도를 한걸음씩 인도하여 오셨다.

견고한 진을 파하다

다음은 기도와 화해를 통한 변화가 일어나도록 하기 위하여 노력한 많은 방법들 중에서 두 가지를 예로 든 것이다.

기도하기

수 년 전부터 우리는 이 도시에서 가장 오래된 지역인 파이어니어 광장에 대하여 기도해 오고 있다. 이 지역은 앞에서 마아크 맥그레거가 언급한 바와 같이 화재로 잿더미가 되었던 곳 위에 재건되었다. 이것은 이 도시의 영적인 상태를 자연스럽게 보여주는 듯하다. 우리가 이 도시와 초기 건설자들의 과거의 부패를 기억하면서 지하도 속에서 기도를 드릴 때에, 우리의 슬픔은 고조되었다. 우리는 우리 자신의 타락의 뿌리 속에서 그들의 죄를 발견할 수가 있었기 때문에, 무관심, 분열, 그리고 교회의 도덕적인 타협 뿐만 아니라 우리의 개인적인 죄에 대해서도 고백을 하였다. 우리는 '너희가 뉘 죄든지 사하면 사하여질 것이요'(요20:23)를 인용하면서 하나님의 자비와 용서를 구하였으며, 교회와 시민들의 회개와 회복을 위하여 소리치며 기도드렸다.

원수의 노골적인 악과 사기가 노출되게 되자 곧 우리 마음속에서는 사람들의 마음을 가리우는 사단의 술책에 대항하는 전투가 벌어졌다. 우리는 탐욕, 기회주의, 사취, 교만, 반항, 자기 독립, 방탕, 음행, 방종, 왜곡, 술취함, 마약 중독, 외설, 동성 연애, 살인, 인종 차별, 편견, 절망, 가난, 종교적인 무관심, 메이슨의 영향력, 자유주의, 적대 관계, 다툼, 의심, 자기 이윤 추구, 자만, 타인 지배, 불공평, 이간질, 그리고 압제의 배후에 있는 영들을 만날 때마다 예레미야1:10에 있는 원리를 이용하여서 그것들을 무너뜨리고 뿌리를 뽑기 시작하였다. 우리는 고린도후서10:4-6에 있는 원리들을 사용하여서 '거짓된 주장들 그리고 하나님과 그의 진리에 반대되는 신조들을 파괴하기 시작하였다. 우리가 예수 그리스도는 주님이시라고 선언하고 하나님의 말씀은 어두움의 권세를 이긴다고 노래부르면서 예언자적 선언을 하자, 믿음이 강하게 일어났다.

회개하기

1992년 5월에 내가 봉직하고 있는 국제 게이트웨이사역(Gateway Ministries International)에서는 우리의 개인적인 편견들을 회개하고 이 지역에서 인종간의 갈등을 해소하기 위해 이 도시의 목사들과 각계 지도자들을 오찬에 초대하였다. 거의 모든 인종의 대표들이 참석하였다. 우리는 아메리카 인디언들과 초기의 백인 이주자들 사이에서 있었던 처음의 깨어진 관계부터 다루기 시작하여서 모든 인종간의 관계를 계속해서 다루었다. 같은 시간에는 워싱턴 주 선역에서 온 200명의 중보기도자들이 시애틀의 중심부에서 24시간 기도회로 모여서 시애틀 시를 위하여 그리고 동시에 모임을 열고 있던 교회 지도자들을 위하여 기도드렸다. 그곳에 참석하였던 여러 인종 집단에게 용서와 회개가 확산되었다. 남녀 관계에서 있었던 과거의 죄들에 대한 회개도 일어났다. 놀라운 치료가 임하였으며 갱신의 씨가 뿌려지게 되었다.

시애틀의 구속적 은사들

시애틀에 있는 그리스도의 몸이 연합하기 시작하였다. 이제 우리가 연합의 효과를 극대화하기 위해서는, 전도시적인 철야기도회를 갖고 연합 복음 전도 전략 수립을 통하여서 회개와 화해를 일으킬 수 있도록 우리의 관심을 집중시켜야 한다. 우리가 서로 사랑하고 합력하여 주 예수 그리스도의 이름을 높일 때에, 견고한 진들은 무너지게 될 것이다. '내가 땅에서 들리면 모든 사람을 내게로 이끌겠노라' (요.12:32).

시애틀은 빛과 소금의 도시가 되어야 할 사명이 있다. 빛이 있는 피난처가 되도록 말이다. 시애틀은 경배와 찬양을 통하여 그리고 영적 물질적 선물들을 여러 나라에 나누어줌으로써 하나님을 영화롭게 하는 도시가 되어야 한다. 시애틀은 기도와 전도와 구제를 통하여 많은 사람들에게 예수 그리스도의 생명과 사랑을 전하는 선교적인 도시가 되어야 한다.

교회들이 연합하여 잃은 자와 상처받은 자들을 돌본다면, 수 백 년 동안 시애틀과 워싱턴 주에 대하여 영향력을 행사해 온 견고한 진들의 배후에 있는 영적인 세력이 곧 무너지게 될 것이다. 곧 약한 자 중의 가장 약한 자가, 가난한 자 중의 가장 가난한 자가, 가장 실망하고 압제받는 자가 일어나서 이 도시의 아주 초기부터 그들을 압제해 온 원수를 쳐부수게 될 것이다. 우리가 과거의 죄를 회개함으로써, 교회는 효과적인 중보기도를 할 수 있게 되며 권능있게 전도할 힘을 얻게 된다. 교회는 교회의 유산을 주장해야 한다. 왜냐하면 지금은 주님의 '카이로스' (하나님이 정하신 어떤 특수한 특징이 있는 시간을 기리키는 희랍어—역자 주)가 당당히 우리의 대문 안으로 들어올 때이기 때문이다.

❖ 토의할 문제 ❖

1. 이 장은 왜 두 부분으로 나뉘어져 있는가? 또 그것이 무슨 의미가 있는가?
2. '구속적인 기도'란 말은 무슨 뜻인가? 이러한 기도의 방법은 다른 것들과 어떻게 다른가?
3. 어떤 면에서 교회는 한 도시에서 하나님의 권능이 나타나는 것을 방해할 수가 있는가? 당신의 도시에 있는 교회들도 이 경우에 해당하는가?
4. 한 도시를 지배하고 있는 지역 귀신들의 이름을 아는 것이 얼미니 중요하다고 당신은 생각하는가?
5. 전략적 수준의 영적 전투에서 회개는 어떠한 역할을 하는가? 당신의 도시에서 진지한 회개가 이루어지도록 할 수 있는 방도는 무엇인지 생각해 보라.

주(註)
1. John Dawson, *Taking Our Cities For God*(Lake Hary, FL:Creation House1988)P.85.
2. C.Peter Wagner, *Warfare Prayer*(Ventura, CA: Regal Books,1992),P162.

제9장
요약: 당신의 마을을 도해하라

피터 와그너(C. Peter Wagner)

　대개 이렇게 질문할 것이다. 내가 살고 있는 도시에서는 어떻게 해야 그런 일을 할 수 있습니까? 오늘날 영적 도해에 대하여 충분한 지식을 갖고 있는 지도자들이 별로 없기 때문에 이러한 질문에 대답하는 일이 쉽지 않을 것이다. 우리가 빅토르 로렌조나 베브 클룹이 행하였던 방식대로 일을 하게 될 때에 이루어지게 되는 어떤 마술이 영적 도해라고 생각하지 않는 것이 중요하다. 영적 도해를 위해서는 꼭 하나의 길만 있는 것이 아니기 때문이다.
　하지만, 이렇게 말하는 나 자신도 지도 지침들이 있으면 도움이 될 수 있을 것이라는 사실을 알고 있다. 이 짧은 장은 그러한 지도 지침들 중의 몇 가지를 제공하기 위하여 마련된 것이다. 이것을 준비하기 위하여 본서의 기고가들이 질문하였던 것들과 그들이 어떤 도시나 지역에 대하여 영적 도해를 할 때에 보통 사용하는 절차들이 수록되어 있는 이 책의 모든 내용들을 다 살펴보았다. 나는 또한 신디 제이콥스가 준비한 그러나 이 책에서는 소개되지 아니한 몇몇 가치있는 자료들을 이용하기도 하였다. 이러한 자료들을 모두 함께 모아 보니, 영적 도해를 할 때에 묻게 되는 질문들에 대하여 하나의 체계적인 목록이 작성되었다. 물론 이 목록은 완전한 것도 또 최종적인 것도 아니다. 당신이 다른 질문을 덧붙일 수도 있을 것이다. 어떤 것들은 당신에게 전혀 필요치 않은 것도 있을 것이다. 그러나 어쨌든 이것은 시작이다.

영적 도해에는 여러 가지 차원이 있다. 당신이 살고 있는 지역이나 당신이 살고 있는 도시의 어떤 특정 지역에 대해서도 도해가 가능하다. 또 한 도시 전체나 한 도시와 그 주변 지역, 또는 한 주나 한 권역, 또는 한 나라 전체에 대해서도 도해할 수가 있다. 몇몇 국가들을 한데 묶어서 도해하고 싶어하는 사람들도 있을 것이다. 여기서 나는 우리가 어떤 한 도시를 도해하려 한다고 가정 하고 거기에 맞추어 질문을 작성해 보려고 한다. 그러나 실제적으로는 어떤 지역 또는 어떤 권역에 대해서도 적용될 수 있다고 생각한다.

첫번째 단계는 정보를 수집하는 것이다. 두번째 단계는 그 정보에 근거하여 행동하는 것이다. 그렇지만 첫번째 단계가 다 성취한 연후에라야 두번째 단계를 시작할 수 있다는 것이 아니다. 그것들은 동시에 할 수가 있고 또 그렇게 해야 한다. 그러나 확실한 정보에 근거하여 행동을 한다면 기도가 더욱 효과적일 것이다.

첫번째 단계: 정보 수집

해롤드 카발레로스 같은 기고자의 지도를 따라, 정보 수집 단계를 다음의 세 가지 분야로 나누려고 한다. (1) 역사적인 조사, (2) 물리적인 조사, (3) 영적인 조사. 카발레로스가 하였듯이 이것들을 세 개의 개별적인 팀에게 맡길 것인가 하는 것은 당신이 알아서 할 일이다. 그러나 그렇게 할 수만 있다면 몇몇 장점들이 있기는 하다.

역사적인 조사

1. 이 도시의 역사

A. 이 도시의 건설
1. 이 도시를 건설한 사람들은 누구였나?
2. 이 도시를 건설한 개인적인 또는 집단적인 이유는 무엇이었는 가? 그들의 신조와 철학은 어떤 것이었는가? 이 도시의 장래에 대한 그들의 비전은 무엇이었는가?
3. 이 도시의 원래 이름의 의미는 무엇인가?
 * 그 이름이 바뀌었는가?
 * 이 도시에 대한 다른 이름이나 통속적인 호칭이 있는가?
 * 이런 이름에는 의미가 있는가? 그것은 어떤 종교와 연관되어 있으며 혹 마귀적이거나 주술적인 이름은 아닌가? 그것들은 축복을 의미하는가? 저주를 의미하는가? 그것들은 이 도시의 구속적인 은사를 잘 나타내고 있는가? 그것들은 이 도시민들의 특성을 반영하고 있는가?

B. 이 도시의 후기 역사
1. 이 도시는 나라 전체의 생활 그리고 특성과 관련하여 어떠한 역할을 해왔는가?

2. 이 도시에서 특출한 지도자가 나왔을 때에, 이 도시에 대한 그들의 비전은 무엇이었는가?
3. 이 도시의 정부나 정치적 지도층에 어떤 급격한 변화가 일어난 적이 있었는가?
4. 이 도시의 경제 생활에서 의미 심장하거나 갑작스런 변화들이 있었는가? 기근이 있었는가? 경제 공황이 있었는가? 기술 혁신이 있었는가? 산업 혁신이 있었는가? 천연 자원이 개발된 일이 있었는가?
5. 의미를 부여할 수 있는 이주민들이 있었는가? 도시 전체에 새로운 언어나 문화가 유입된 적이 있었는가?
6. 이주자들은 소수 민족을 어떻게 대우하였는가? 민족이나 종족 집단들은 서로 어떠한 연관을 가지고 살아왔는가? 이 도시에는 인종 차별을 합리화시키는 법률이 있는가?
7. 이 도시의 지도자들이 조약이나 약조나 계약들을 깨뜨린 적이 있었는가?
8. 이 도시가 전쟁의 영향을 직접적으로 받은 적이 있었는가? 이 도시에서 전투가 벌어진 적이 있었는가? 피흘림이 있었는가?
9. 가난한 자와 억눌린 자들이 이 도시에서 어떠한 대우를 받아왔는가? 이 도시의 지도자들은 탐욕스러운가? 정치, 경제, 또는 종교 지도자나 기관 중에서 부정이 자행되고 있는가?
10. 이 도시에 영향을 끼친 자연 재해는 무엇이었는가?
11. 이 도시에는 표어나 모토가 있는가? 그 의미는 무엇인가?
12. 사람들은 어떤 종류의 음악을 즐겨 듣는가? 그 음악이 가지고 있는 메시지는 무엇인가?
13. 오늘날 이 도시의 대부분의 시민들이 자기들의 도시의 긍정적인 특징들을 설명하기 위하여 사용하는 말들은 무엇인가? 이

도시의 부정적인 특징들을 설명하기 위하여 그들이 사용하는 말들은 무엇인가?

2. 이 도시의 종교 역사

A. 비기독교적인 종교
1. 이 도시가 건설되기 전에 이 지역에서 살고 있던 사람들의 종교적인 견해와 관습은 어떤 것이었는가?
2. 이 도시 건설에 있어서 종교적 사항을 중요하게 고려했는가?
3. 비기독교인들이 대단위로 이 도시에 이주한 적이 있는가?
4. (프리메이슨주의 같은) 비의 종교가 이 도시에 있었는가?
5. 이 도시에서 무당들, 사단주의자 집단, 또는 그런 유의 다른 종파가 활동한 적이 있는가?

B. 기독교
1. 기독교가 언제 이 도시로 들어오게 되었는가? 또 어떤 상황에서 들어오게 되었는가?
2. 과거에 기독교 지도자들이 프리메이슨이었던 적이 있는가?
3. 기독교 공동체가 이 도시 전체의 생활 가운데서 어떠한 역할을 해왔는가? 또 이것과 관련하여서 어떤 변화가 있었는가?
4. 이 도시에 있는 기독교는 발전하고 있는가, 정체 상태인가, 아니면 감소하고 있는가?

C. 관계들
1. 이 도시에서 종교들간에 알력이 있었던 경우가 있는가?
2. 기독교인들간에 알력이 있었던 경우가 있는가?

3. 이 도시에서 교회가 분열된 적이 있는가?

물리적인 조사

1. 이 도시에 대한 여러 가지 지도를 찾도록 하되, 특히 오래된 지도를 찾아보도록 하라. 이 도시의 외형적인 특징들과 관련하여 어떤 변화가 일어났는가?
2. 이 도시를 설계한 사람들은 누구였는가? 그들 중에 프리메이슨이 있었는가?
3. 이 도시에 대한 원래의 설계도나 배치도에 어떤 의미있는 구조물이나 상징물이 첨가되어 있는가?
4. 중요한 건축물들의 건축 양식이나 장소나 위치적인 관계에 어떤 의미가 있는가? 특히 이 도시의 정치, 경제, 교육, 또는 종교적인 세력들을 나타내주는 것들이 있는가? 프리메이슨들이 기초를 놓은 건축물들이 있는가?
5. 이러한 건축물들이 하나 또는 그 이상이 있는 땅 중에서, 역사적인 의미를 가지고 있는 것이 있는가? 처음에 누가 그 땅을 소유하였는가?
6. 이 도시의 공원과 광장이 축조된 배경에는 무엇이 있는가? 누가 그것들을 조성하였으며 그것들을 만들기 위한 자금을 대었는가? 그들의 이름들은 어떤 의미를 가지고 있는가?
7. 이 도시의 조각상과 기념탑의 배경과 의미는 무엇인가? 그것들 중에는 마귀적 특성을 가지고 있거나 조물주보다 피조물을 영화롭게 하는 것이 있는가?
8. 이 도시의 특징을 이루는 다른 예술품이 있는가? 특히 공공 건

물의 안팎이나 박물관 또는 극장 안에 그런 것이 있는가?
9. 이 도시에는 고고학적으로 유수한 지역들이 있는가? 있다면 그것들은 어떠한 의미를 가지고 있는가?
10. 낙태 시술 의원, 음란물 서점이나 극장, 매춘 지역, 도박장, 술집, 동성 연애 행위 등과 같은 매우 가시적인 죄의 거점은 어디인가?
11. 탐욕, 착취, 가난, 인종 차별, 폭력, 질병이나 잦은 사고가 빈발하는 곳은 어디인가?
12. 과거나 현재에 있어서, 학살이나 전투나 살인을 통하여 피를 흘린 장소는 어디인가?
13. 나무, 언덕, 돌, 또는 강의 위치가 외관상 의미있는 모양을 갖추고 있는가?
14. 이 도시에는 하나님을 영화롭게 하지 못하는 이름을 가지고 있는 지계표가 있는가?
15. 이 도시에서 가장 높은 지리적 지점은 어디이며 거기에는 무엇이 있는가? 또는 축조되어 있는가? 이것은 권위자의 진술을 통해서 알게 될 수도 있을 것이다.
16. 당신의 도시의 어떤 지역이 자기들만의 특징을 가지고 있는 듯이 보이는가? 이 도시에서 자기 특유의 영적 환경을 가지고 있는 것처럼 보이는 지역들을 구분해 보도록 하라.

영적인 조사

A. 비기독교적인 조사
1. 이 도시의 과거나 현재와 관련된 주요 신들이나 지역 귀신들의

이름은 무엇인가?
2. 주술, 마술, 예언, 사단주의, 프리메이슨주의, 몰몬주의, 동방 종교, 여호와의 증인과 같은 것과 연관되어 있는 사당, 제단, 신당, 기념물, 또는 건물은 어디에 있는가?
3. 과거에 이 도시가 건설되기 전부터 우상 숭배가 자행되던 지역은 어디인가?
4. 우상 숭배와 연관된 기예품이나 유물이 있는 문화 센터들은 어디에 있는가?
5. 이 도시의 지도자가 의식적으로 자신을 이방신이나 정사에게 바친 적이 있는가?
6. 이 지역에 처음 거주하였던 사람들이나 이 도시를 건설한 사람들이 이 도시를 저주한 적이 있는가?

B. 기독교적인 조사
1. 이 도시는 하나님의 사자들을 어떻게 대접하여 왔는가?
2. 복음 전파가 쉬웠는가 어려웠는가?
3. 교회들은 어디에 위치해 있는가? 당신은 그것들 중의 어떤 것들을 '생명을 주는' 교회로 보고 있는가?
4. 이 도시의 교회들의 건강 상태는 어떠한가?
5. '이 도시의 장로'로 인정받는 기독교 지도자들은 누구인가?
6. 이 도시 전역에서 기도하는 것이 쉬운 일인가?
7. 교파간에 기독교 지도자의 단합의 정도는 어떠한가?
8. 기독교 도덕에 대한 시 지도자들의 견해는 어떠한가?

C. 계시적인 조사
1. 이 도시에 대한 하나님의 메시지를 들을 줄 아는 성숙한 중보

기도자로 인정을 받고 있는 이들은 누구인가?
2. 이 도시 전체를 또는 이 도시의 삶이나 지역의 어떤 분야들을 지배하고 있는 듯이 보이는 주요 정사들의 정체는 무엇인가?

두번째 단계 : 정보에 근거하여 행동하기

여러 기고자들의 글이 실린 이 책의 장점은 전략적 수준의 영적 전투에 대한 여러 가지 접근법들을 볼 수가 있다는 점이다. 우리는 신디 제이콥스가 레지스텐시아의 목회자들의 회개를 인도하였다는 사실을 알게 되었다. 우리는 쉘 쇠버그의 친구가 스웨덴의 주술적 조직 속으로 침투하였다는 사실을 알게 되었고, 해롤드 카발레로스가 과테말라의 신문에 게재된 강한 자의 이름을 발견하였다는 사실을 알게 되었다. 우리는 밥 베케트가 헤메트로 들어가는 입구에다 참나무 말뚝을 박았다는 사실을 알게 되었다. 또한 우리는 빅토르 로렌조가 라 플라타에 있는 광장의 한 가운데서 행하였던 인간 십자가 운동에 동참하였다는 사실도 알게 되었다. 그리고 베브 클롭이 시애틀의 지하도 안에서 회개하였다는 사실을 알게 되었다. 이들 모두는 그들이 사용한 방법들이 유익하다는 것을 발견하였으나, 다른 사람들도 그들이 행한 방식대로 하여야 한다고 주장한 사람은 한 사람도 없다.

하나님은 기도를 통해서 지도자들에게, 각 도시의 상황에 가장 알맞는 행동이 무엇인지를 보여주실 것이다. 한편, 전략적 수준의 영적 전투를 통해서 어떤 도시를 구원하기 위하여 생각해 볼 수 있는 일반적인 규칙들 몇 가지를 나열하면 다음과 같다. 본 시리즈의 첫번째 책 『기도는 전투다』를 읽은 사람이라면 내가 거기서 설명하였던, 어떤 도시를 구원하는 법을 잘 알고 있을 것이다. 그 책을 못 읽은 사람들이나 그 내용을 잊어버린 사람들을 위하여, 여섯가지 규칙을 설명없이 간략히 소개하도록 하겠다.

제1규칙: 지역
영적으로 뚜렷이 구분되므로 다루기 용이한 지역을 선택하라.

제2규칙: 지도자
그 지역에 있는 목회자들과 다른 기독교 지도자들의 단합을 도모하고 정기적으로 같이 기도하기 시작하라.

제3규칙: 그리스도의 몸
이러한 노력이 오순절주의자나 은사주의자들만의 행위가 아니고 그리스도의 몸 전체의 행위라는 생각을 분명하게 갖도록 하라.

제4규칙: 영적인 준비
참여하고 있는 지도자들과 다른 기독교인들은 회개, 겸비 그리고 성결을 통하여서 영적인 준비를 갖추도록 해야 한다.

제5규칙: 조사
그 도시의 역사적인 배경을 조사함으로써, 그 도시를 지배하고 있는 영적인 세력들을 파악하도록 하라(이것은 본 장의 첫번째 부분인 '정보 수집'의 내용이기도 하다.).

제6규칙: 중보 기도자들
전략적 수준의 영적 전투에 대한 은사와 사명이 특별하게 있는 중보 기도자들과 함께 일하되, 다음 사항에 대한 하나님의 뜻을 구하도록 하라. (a) 그 도시가 갖고 있는 구원의 은사. (b) 그 도시에 있는 사단의 견고한 진. (c) 그 도시에 배치된 지역 귀신들. (d) 처리되어야 할 과거와 현재의 집단적인 죄. 그리고 (e) 공격 시간에 대한 하나님의 계획.

토의할 문제

1. 이 장에는 영적 지도 작성에 대한 60개의 질문이 들어있다. 그것들 중에서 어떤 것들이 당신의 도시에 적용되지 않은가? 그것들을 제거하라.
2. 나머지 질문들을 가지고 당신의 도시를 도해하도록 하라. 한 사람이나 그 이상의 사람들이 이 일을 할 수 있을 것이다.
3. 당신이 발견한 것을 실제의 도시 지도 위에다 표시하라. 당신이 발견한 것들을 다른 기독교 지도자들과 함께 점검하여 당신의 통찰이 정확한 지 확인하도록 하라.
4. 중보 기도자 팀을 만들어서 그 지도에 대하여 기도하고 그들이 발견한 것들을 참석한 기독교 지도자들에게 알려주도록 하라. 당신의 도시를 위한 영적 도해를 실제로 시작하기 전에, 피터 와그너의 저서 『기도는 전투다』를 읽도록 하라.

저자 소개

조지 오티스(George Otis Jr.)

조지 오티스는 파수꾼그룹(The Sentinel Group)의 창립자이며 총재이다. YWAM(Youth With A Mission) 파송 선교사로 일했으며, 세계 복음화를 위한 로잔위원회(the Lausanne II Commettee for World Evangelization)의 회원이다. 현재는 서기 2000년 운동 연합 기도 모임(the A.D. 2000 Movement united Prayer Track)의 고문으로 일하고 있다.

저서: 거인들의 최후(The Last of the Giants)

신디 제이콥스 (Cyndy Jacobs)

중보기도 장군들(Generals of Intercession)의 창립자이며 총재이다. 세계 복음화 제2차 로잔회의(the Lausanne II Congress on World Evangelization)의 중보기도 분과위원이며, 서기 2000년 연합 기도 모임(the A.D. 2000 Movement united Prayer Track)의 영적 전투 조직위 위원장이다.

저서: 사단의 세력을 묶고(Possessing The Gates of the Enemy)

쉘 쇽버그(Kjell Sjoberg)

스웨덴 중보기도자들(Intercessors for Sweden)의 지도자이며 서기 2000년 연합 기도 모임(the A.D. 2000 United Prayer Track)의 스웨덴 전국 위원장이다.

저서: 기도 전쟁에서 승리하는 법(Winning the Prayer War)

헤롤드 카발레로스(Harold Caballeros)

변호사였으며 현재는 과테말라의 엘 샤다이 교회 담임목사이다. 서기 2000년과 그 이후를 위한 연합 기도 운동(the United Prayer Track of the A.D. 2000 and Beyond Movement)의 남아메리카 대표이다.

밥 베케트(Bob Beckett)

캘리포니아 헤메트의 거주지 가족교회(The Dwelling Place Family Church)의 담임목사이다.

빅토르 로렌조(Victor Lorenzo)

미래의 비전(the Vision of the Future)교회 목사이며 아르헨티나의 복음주의 추수 선교회 회원이며, 서기 2000년 연합 기도 모임의 영적 전투 조직 책임자이다.

마크 맥그레거(Mark Macgregor)

컴퓨터 프로그래머이며 훌러신학교 학생이다.

베브 클롭(Bev Clopp)

게이트웨이 사역(Gateway Ministries)의 창립자이며 서기 2000년 이후 운동의 연합 기도 모임(the United Prayer Track of the A.D. 2000 and Beyond Movement)의 회원이다.

지역 사회에서 마귀의 진을 헐라

지은이 • C. 피터 왜그너
옮긴이 • 홍용표
펴낸이 • 이상준
펴낸곳 • 서로사랑(알파코리아 출판 사역기관)
1판 1쇄 발행 • 1997. 10. 1
1판 8쇄 발행 • 2008. 8. 4
등록번호 • 제 21-657-1
등록일자 • 1994. 10. 31
주소 • 서울시 서초구 방배동 918-3 완원빌딩 1층
전화 • (02)586-9211~4
팩스 • (02)586-9215
이메일 : publication@alphakorea.org
홈페이지 : http//www.alphakorea.org
ISBN:89-86876-33-9-03230

값 7,000원

이 책의 한국어판 저작권은 Regal Books외의 독점판권 계약에 의해 도시출판 시로사랑에 있습니다.